本科规划教材

长曲棍球

CHANG QU GUN QIU

李新文 主 编

电子科技大学出版社
University of Electronic Science and Technology of China Press
·成都·

图书在版编目(CIP)数据

长曲棍球 / 李新文主编. — 成都：电子科技大学出版社，2020.11
ISBN 978-7-5647-8535-2

Ⅰ. ①长… Ⅱ. ①李… Ⅲ. ①曲棍球运动—教材
Ⅳ. ①G849.1

中国版本图书馆CIP数据核字（2020）第230012号

长曲棍球

李新文　主编

策划编辑　郭蜀燕
责任编辑　郭蜀燕
责任校对　刘亚莉

出版发行　电子科技大学出版社
　　　　　成都市一环路东一段159号电子信息产业大厦九楼　邮编 610051
主　　页　www.uestcp.com.cn
服务电话　028-83203399
邮购电话　028-83201495

印　　刷　成都市火炬印务有限公司
成品尺寸　170mm×240mm
印　　张　16.25
字　　数　310千字
版　　次　2020年11月第一版
印　　次　2020年11月第一次印刷
书　　号　ISBN 978-7-5647-8535-2
定　　价　56.00元

前言 Foreword

本书是关于长曲棍球教学与训练的参考用书，作者在前期编写过程中搜集、分析和研究了国内外关于长曲棍球的相关理论资料，根据长曲棍球教学与训练的要求以及国内外体育教学与训练理论，从长曲棍球的技、战术特点和团队比赛配合两个方面，对长曲棍球运动进行了详细的介绍。特别是针对长曲棍球爱好者和初学者的学习需要，本书系统论证了长曲棍球运动的基本技、战术概念，提高技、战术水平的训练方法；并从实战的角度，着重介绍了比赛的规则、特点，以及此项运动对青少年学生个人品质的培养和团队技能磨炼所起的作用。

本书在编写过程中紧紧围绕习近平总书记关于体育工作的重要论述：体育在提高人民身体素质和健康水平、促进人的全面发展，丰富人民精神文化生活、推动经济社会发展，激励全国各族人民弘扬追求卓越、突破自我的精神方面，都有着不可替代的重要作用。在编写中，本书注重将体育运动与青少年学生的全面素质培养有机结合，一改以往的教材只重视项目的技、战术讲解，而忽略了体育项目在青少年学生的全面素质、团队精神和个人意志力培养方面的作用，将体育的育人功能充分融入长曲棍球技、战术训练和比赛对抗中，使读者享受长曲棍球运动带来的快乐和激情。

本书在电子科技大学体育健康管理发展研究中心的倡导下，对大量的资料进行整理和论证，经过最终实践环节完成了本书的编写工作。在此，对给予本书支持的老师、学生表示感谢。特别要感谢美国CSU-P的Christine A. Rochester博士的大力协助。由于作者的水平和经验有限，书中难免有错误与不足，敬请广大读者给予批评和指正。

编　者

2020年9月于成都

目录 contents

第一部分　技、战术篇

第二部分 比赛篇

第一部分

技、战术篇

图例说明

持球队员

进攻队员

防守队员

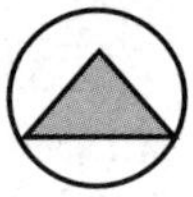
球门区

进攻队员移动路线

球移动线路

防守队员移动路线

第一章　长曲棍球运动

本章着重介绍长曲棍球运动的基本知识，包括场地、球门和球，还包括防护设备、球员位置、比赛的一般规则和特殊规则，最后解释各种技术犯规和个人犯规的规则。为确保比赛的安全性和连续性，参赛双方都必须严格遵守所有规则。

第一节　长曲棍球运动概述

一、长曲棍球运动的发展过程

（一）长曲棍球的起源

长曲棍球（也称为“棍网球”“网袋球”“网兜球”）的英文是Lacrosse，由法文La crosse演变而来，意思是主教的权杖。长曲棍球起源于北美的印第安部落，根据曲棍球历史学家韦恩德和罗伯茨的记载：一些曲棍球在加拿大南部和美国除最西南部以外地区的至少48个部落流传。印第安人玩长曲棍球最初是出于娱乐、军事训练、宗教目的和解决争端等原因。从其古老的渊源起，长曲棍球现在已经演变成美国等国家最受欢迎的团队运动之一。

在长曲棍球运动的发展中，以下器材、设备和比赛规则的演进，很大程度促进了此项运动的发展。

1. 20世纪70年代早期，由于技术的进步，木棍逐渐被塑料棒头和各种可互换的复合手柄所取代。

2. 1971年，在美国举行的全国大学体育协会（NCAA）长曲棍球锦标赛规定，大学生比赛冠军将不再由教练员投票而是由季后赛决定。

3. 1986年全美大学生长曲棍球比赛开始引入四强赛制，充分展示了全美最优秀大学生球员的技术和能力。

4. 20世纪八九十年代，美国NCAA长曲棍球锦标赛向北卡罗来纳州、锡拉丘兹和普林斯顿等非传统地区传播。

5. 由于娱乐体育电视网（ESPN）和互联网的媒体传播，全美大学生长曲棍球比赛和长曲棍球联盟呈现爆炸性增长。

6. 随着国际长曲棍球联合会25名正式会员和19名准会员的加入，在世界范围内有越来越多的人参与长曲棍球比赛。

（二）长曲棍球运动在北美和亚洲的发展

长曲棍球运动在体育界是逐步流行起来的，如今，它在各个年龄段都得到了很好的发展。1971年，国际长曲棍球联合会成立，长曲棍球正式成为一项有组织的运动，并设置了男、女长曲棍球世界锦标赛，目前世界上有20多个国家和地区开展了长曲棍球这项运动，其中大多集中在欧美地区。美国现在有两个并存的长曲棍球赛事联盟：北美国家长曲棍球联盟（National Lacrosse League），简称NLL；美国职业长曲棍球联盟（Major League Lacrosse），简称MLL。联盟的成立提高了美国长曲棍球运动水平，加拿大、澳大利亚等国家的长曲棍球运动水平也随联盟的成立提高很快；日本是亚洲最先开展长曲棍球运动的几个国家之一；目前亚洲国家中有中、日、韩3个国家和中国香港地区开展了此项运动。

长曲棍球是一项起源于北美土著部落的运动，现在这项运动在各个方面都已经发展壮大，逐渐成为世界上“最快脚步的比赛”之一。长曲棍球运动曾于1928年、1932年和1948年被列为奥运会表演项目。美国是长曲棍球运动发展很好的国家，2011年，美国有超过39万男性选手参加了青少年和高中水平的长曲棍球比赛。其中，有23万名男孩参加了青少年长曲棍球比赛，年增长率为11.3%；有16.2万名高中男生参加了高中水平的长曲棍球比赛，年增长率为8.0%。美国有40个州组织了高中曲棍球项目，其中21个州正式将长曲棍球作为一项团队运动。美国高中联合会报告表明，有2192所高中开展了长曲棍球项目，男子长曲棍球已经成为自2006年以来增长率（57.1%）最高的运动。

二、中国长曲棍球运动的发展过程

1997年，北京体育大学3名教师赴日本学习回国后，他们在北京体育大学成立了男、女长曲棍球代表队，这是中国长曲棍球历史上最早的球队，也是长曲棍球运动在中国首次开展经过长期的发展和坚持不懈的努力，如今已有400多名队员受过正式系统的训练，北京体育大学也成为中国长曲棍球的培养基地，并成功举办了两届中日友好杯长曲棍球比赛，以及北京杯国际长曲棍球邀请赛和香港国际长曲棍球邀请赛。通过比赛和友好交流，我国逐渐将长曲棍球运动推广到国内更多的地区。目前，首都体育学院、燕山大学、大连理工大学等都成立了自己的球队，清华大学、中央财经大学、中国科大附中等学校也派队参加了一些国际比赛及交流活动。

第二节 场地与设备

长曲棍球运动的场地，球、球棍以及球员的护具、装备等都有其特殊性，这项运动发展到现在，相关装备的改进和革新促进了此项运动的进一步发展。

一、长曲棍球运动的场地

长曲棍球的场地呈长方形，长100米、宽55米（图1-1）。它的边界线被称为边线和端线，宽度为5厘米（男子比赛场地中线宽为10厘米），线的颜色为白色，中线中点处10厘米的正方形区域为比赛开球区；中线中点两侧18米处各有一条与边线平行的线，长为18米，左右被中线等分，被称为翼线，其与边线围成的区域被称为翼区。

在球场的两端各有一个1.83米×1.83米见方的球门（图1-2），球门设于双方防守区内一个半径为2.74米的圆形禁区中央，球门彼此相距72米，距离各自的终点线14米。每个球门周围都有一个36米×32米的区域，称为攻击区(进攻区/防守区)。每个球门后面有14米的场地，这一特点类似于冰球，但长曲棍球球门后场地的面积要比冰球大得多。在每个球门周围画一条半径为2.74米的线表示击球线，击球线之内的区域称为击球区域。球门在击球线的中间，面向中心线，球门框由顶部一根水平的横梁和左右两根垂直于地面的立柱组成，横梁和立柱直径为5厘米。为了不让球射门后穿过，需用球网与球门柱、门楣及地面进行坚固的连接。两根垂直门柱相距1.83米（两柱的内边缘开始测量），水平横杆距离地面1.83米（从最靠近地面一侧量起），球门需设置固定的三角基座。球门线是在两个垂直立柱之间，球门线的后边缘代表球门口的假想平面，当球完全穿过这个假想平面时，进球有效并得分。

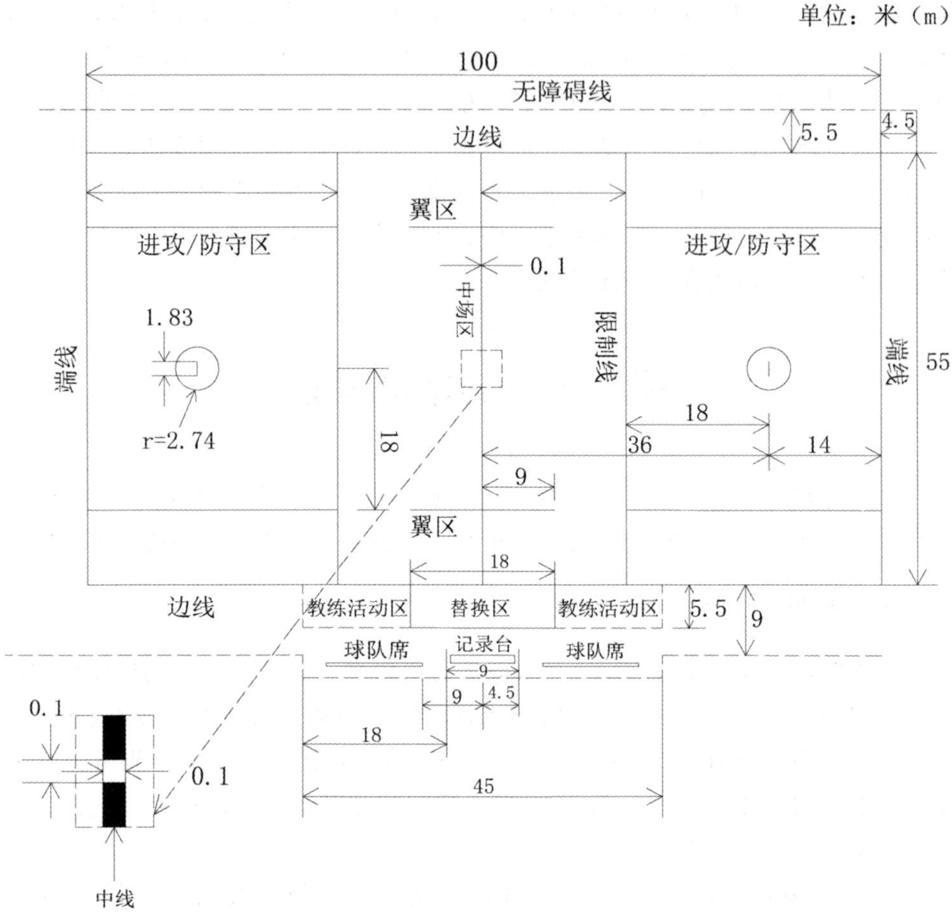

图1-1　长曲棍球运动的场地

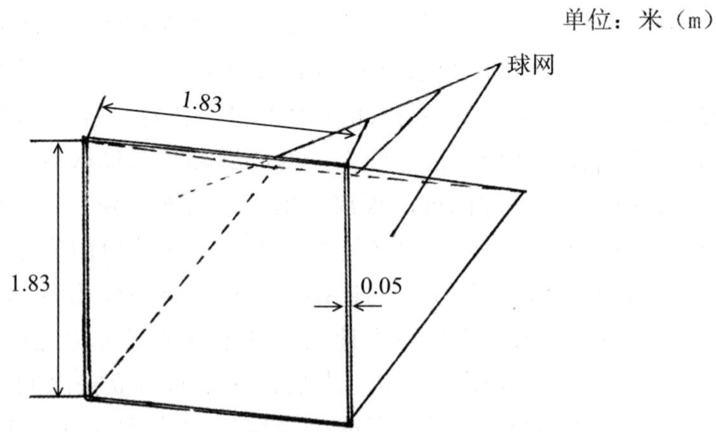

图1-2　长曲棍球球门尺寸

二、长曲棍球运动的用球

长曲棍球运动的标准用球是一个实心橡胶球（图1-3）。球的周长为19.0～20.3厘米，重为142～156克。它的大小与网球相似，重量和硬度与棒球相似。

球的弹性标准：当球从1.83米的高度落下时，从混凝土地面上反弹的高度必须是109～130厘米。球的颜色一般为传统的白色。

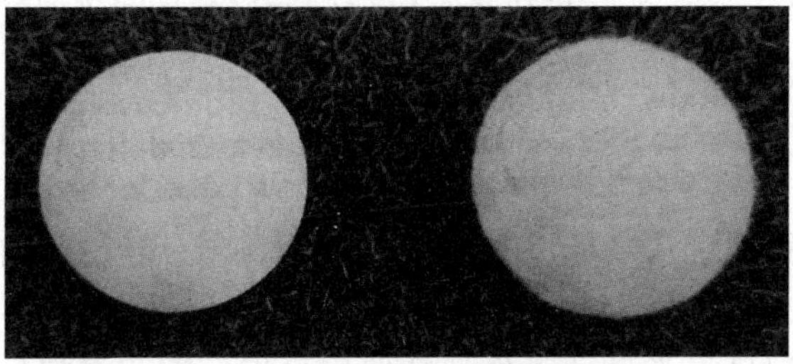

图1-3　长曲棍球运动的标准用球

第三节　球棍与装备

为了在长曲棍球比赛和训练中全面保护球员，大多数的装备都具有轻而灵活的特点，装备包括头盔（带有面罩和下巴带）、口罩、护肩、护臂、手套和不同类型的鞋具。

一、长曲棍球运动员的护具

（一）头盔

长曲棍球的头盔类似于橄榄球的头盔，但重量较轻。它最初是从户外运动中的头盔演变而来，增加了遮阳板和面罩后改为长曲棍球的头盔。头盔有各种尺寸和样式，但都是为了保护运动员头部免受棍棒的伤害，从而减少脑部受伤。大多数头盔内都有一个填充系统可以添加衬垫，并使用四点式下巴带将头盔固定在下巴上，以便适合不同的球员，除此之外，球员还必须使用护嘴器来保护上颚。

（二）护肩

长曲棍球运动的护肩比橄榄球护肩轻很多，它主要用来保护锁骨，并可以进行拆除。长曲棍球运动的冲撞与橄榄球不同，在橄榄球运动中，球员在每一次比赛中都会受到来自他人肩膀的冲击，而在长曲棍球比赛中，球员只有在必要时才会进行这种接触。

（三）护臂

运动员穿戴护臂以避免他们的手臂受伤。进攻队员在进攻与防守中为了减少来自球棍的攻击，穿戴的防护垫最多，他们通过戴护臂来保护上臂。中场队员穿戴的防护垫相对较少，而防守队员一般会用护肘代替护臂。

（四）手套

长曲棍球比赛规定每名球员都必须戴手套（图1-4）。长曲棍球的手套是专为保护球员手腕，以及提高舒适度和手感而设计的。守门员手套与球员手套是不同的，因为守门员最常见的受伤就是拇指骨折，因此守门员手套在手套的拇指周围提供了更多的保护。规则规定：球员不能为了获得更好的手感而割掉手套的软毛（球杆手柄不能与皮肤有直接接触）。

图1-4　头盔、手套、护肩示例

（五）鞋具

在人造草坪上打球时，球员多数穿平底运动鞋；在天然草地表面打球时，球员可以穿足球鞋或模压底鞋，球员也可以选择一个较重的鞋（如中式足球鞋）或一个较轻的鞋（如橄榄球鞋）。现在，大多数球员穿的模压底鞋既适合天然草地，也适合现代的人造草坪。

（六）守门员装备

守门员必须戴护喉器和胸垫，但不需要戴护肩和护臂，护臂可以用肘垫来代替。另外，守门员为了保护自己的腿不被球射中而受伤，需要穿厚的长运动裤而不是穿运动短裤，但大多数守门员认为穿着越少越好，这样会方便在球门内（防止射门）和球门外（当他们的球队把球从防守端移到进攻端时，能够及时补位）自由移动。

（七）可选装备

可选装备包括肋骨垫、肘垫、运动支架和护杯。比赛要求在射门时，站在任何危险地方（如球门前）的球员，包括守门员、防守队员和在球门附近的进攻队员都必须使用护杯。

二、长曲棍球球棍

长曲棍球球棍是球员个人装备的主要组成部分，它是由杆头和杆柄组成。杆头由固定在球棍一端的塑料制成，上面织有网袋；杆柄则由各种强度和轻便性良好的金属复合材料或塑料材料制成。

（一）长曲棍球球棍材质的演进

历史上，长曲棍球球棍是由美洲土著人用木头手工制作而成的。在20世纪70年代，出现了带有独立木柄或金属柄的合成塑料杆头。塑料球棍（图1-5）彻底改变了长曲棍球运动。这种球棍杆头和杆柄重量更轻，也更容易抓握。塑料柄设计比木柄具有更好的平衡性，可拆换的杆头和杆柄使塑料球棍的修理速度变得更快。长曲棍球球棍网袋从以前使用皮革编织到现在的尼龙绳织成，这种改进使球员可以更快地熟悉网袋，让新手也能更快地掌握投掷和接球的基本技术和原理。

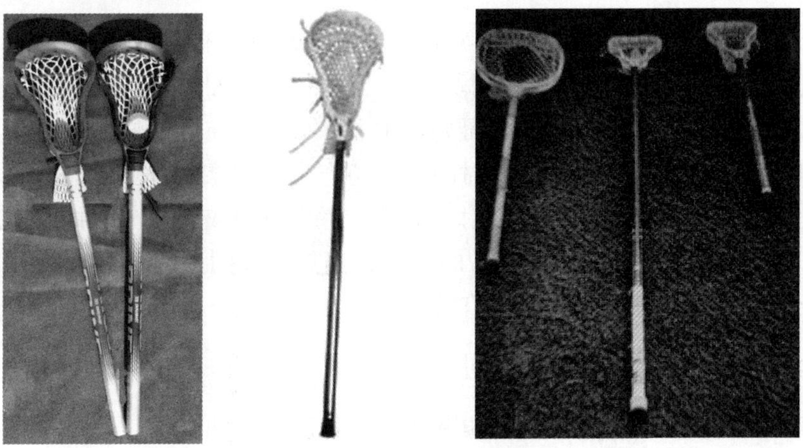

图1-5 长曲棍球各种球棍

（二）长曲棍球球棍的规格

现在的长曲棍球球杆头有两种基本形状和尺寸。场上球员（进攻队员、防守队员和中场队员）杆头内部尺寸的最宽处是10.16～25.4厘米，守门员杆头内部尺寸的最宽处是25.4～30.48厘米。球棍网袋的深度不能超过一个球的直径。杆柄是长曲棍球球棍的另一个重要组成部分，杆柄的长度是根据场上球员的位置决定的。

1. 短棍（进攻和中场队员持握）的长度为101.6～106.68厘米。
2. 长棍（防守队员持握）的长度为132.08～182.88厘米。
3. 守门员球棍长度为101.6～182.88厘米。

第四节　比赛的基本规则

一、长曲棍球比赛中球员的规定

长曲棍球比赛是由比赛双方按照比赛规则派出相同数量的球员在一块平整的场地上进行对抗，在规定的时间内竭尽全力将球投进对方的球门而得分，并以得分多者为获胜的一项团队运动。

（一）长曲棍球比赛的场上球员

长曲棍球比赛时两队各派出10名球员上场，每队有3名进攻队员、3名中场队员、3名防守队员和1名守门员组成。其中进攻队员大部分时间会在进攻半场的球门附近活动并试图进球得分；中场队员主要在场地的两端活动，进行进攻和防守；防守队员的大部分时间是在防守半场，靠近自己的球门区域并试图阻止对方进球；守门员在球门附近活动，拦截射门或控球（即将球从防守端打出），并为本队的防守提供最后的屏障，当然，守门员并非必须待在球门的击球区域内，但在该区域内他拥有特权。

（二）长曲棍球比赛的替补球员

替补队员在长曲棍球比赛中也起到重要作用。长曲棍球是一项对身体体能要求很高的运动，球员在比赛中需要下场休息，补充水分。场下队员可以在比赛进行中，或者在裁判鸣哨比赛暂停后替换上场。当球员替换时，替补球员会穿过球场长凳边上的特殊替补区（特殊替补区长18米，位于记录台与边线之间，被中心线一分为二）进场。大多数球队都有多个专门进攻和防守的中场队员。长曲棍球比赛的规则要求每队在同一时间场上的防守棍不得超过4根，大多数球队在比赛中，防守队员会使用3根防守棍，而第4根防守棍则由中场队员使用（也称为长杆中场队员）。

二、长曲棍球比赛的时长以及中场争球

成人和青少年的长曲棍球比赛的时间规定是不同的，但无论是成人还是青少年的比赛，都是由2名中场队员在场地中场争球开始的。

（一）比赛时长

大学生长曲棍球比赛时长为60分钟，分为4节，每节15分钟；高中比赛时长为48分钟，分为4节，每节是12分钟。他们的中场休息时间都为10分钟，是在第二节结束后和第三节开始前。第一节和第二节之间休息时间为3分钟，第三节和第四节之间休息时间为3分钟，第四节与加时赛之间休息时间为5分钟。第四节比赛结束后若两队打平，将进行4分钟的加时赛，直到某队进球为止。如果加时赛双方未能进球，继续进行第二次加时赛，直到某队进球为止。

（二）中场争球

1. 比赛开始时的对峙阵型

每一节开始时或进球后，球队都按对峙阵型进行争球（图1-6），这与曲棍球相似，但在长曲棍球比赛中，争球站位并没有涉及场上所有球员，而是围绕中场队员展开：3名中场队员站在场地中央（中场区域），其中一名站在翼线后面，另一名站在另一边的翼线后面。

图1-6　比赛开始时的站位

2. 争球队员的站位及姿势

第3名中场队员作为争球队员在中线的中点处争球，右手持棒。裁判员将球放在中线中点的正方形上，争球队员站在自己防守的一侧，面向对手的球门方向。裁判命令“就位”，双方争球的队员同时蹲下，将球棍按以下方式摆放：

（1）球杆平行并靠近中心线；

（2）球杆头垂直于场地表面；

（3）球杆头的后部正对对手的球门。

2名争球队员将他们的球杆头后部相对但不接触，球放在双方球杆之间的地面上。裁判命令“就位”后争球队员必须保持不动，当裁判员吹哨后，争球队员才开始争夺控球权，双方在边路的中场队员才能从翼区离开，开始争夺球。在争夺控球权时，进攻队员、防守队员和守门员必须待在他们的限制线之外，直到出现以下情况之一：

（1）裁判员示意某个球员获得了球的控制权；

（2）球越过了任一条边界线；

（3）球出界。

3. 开始比赛

争球后，每支球队的目标是为了获得控球权并将球移向对方球门，球员通过传球或用网袋使球前进。比赛中，很多时候球会掉落在地上，两队球员都试图将球挪进自己的网袋中来获得控球权，这样的球被称为地面球，很多控球都是从争夺地面球开始的。争球时球员可以用球棍击球，非特殊情况下不能用手触球。长曲棍球进攻的最终目标是进球，当射出的球合理穿过对方球门上沿、左右立柱和球门线组成的假想平面时，则为进球得分。

第五节　比赛的特殊规则

长曲棍球比赛时会产生身体碰撞，每场比赛都由裁判员来控制比赛过程并判定球员动作是否规范。长曲棍球比赛的规则分为违例和犯规，违例一般指球出界，而犯规分为技术犯规、个人犯规和取消比赛资格的犯规。不同犯规的处罚规则是不同的，例如判罚离开赛场进入禁区30～60秒等。长曲棍球比赛有几项规则是其他比赛没有的，包括球出界的判定、5米之内射门的判定、球门击球区活动的判定。

一、特殊规则

（一）越位

长曲棍球比赛有一个独特的规则是越位规则。如前所述，长曲棍球场地被中线一分为二，进攻半场从中线延伸到对方球门后的端线，防守半场从中线到自己球门后的端线。在任何时候，每队都必须有4名队员在防守半场和有3名队员在进攻半场，否则将会被判越位。这通常意味着守门员和后卫队员须待在防守半场，前锋队员须待在进攻半场，然而，位于进攻半场的前锋队员或中场队员和位于防守半场的后卫队员都可以越过中线，只要满足规则对进攻或防守半场人数的要求。越位规则的目的是提高球员的积极性，鼓励更多球员努力控球。

（二）球出界的判定

长曲棍球运动还有一个独特的规则：当球出界时，最后触球队员所属的球队将失去控球权；但当球员射门时这条规则不再适用，此时，控球权将判给球越过边界线（终点线或边线）时离球最近的球员所属的球队，这条规则的目的是鼓励球员射门，而不必担心因射门失误而失去控球权。

（三）5米规则

第三条独特的规则叫做5米规则。当球落在球场地面，以球为中心，方圆5米内的任何队员都可以合法地用球棍捡起或用身体阻挡对手捡球，但这种身体接触不能发生在对手背后、腰部或腰部以下、肩以上的部位，否则将被判罚；当球在空中飞行，并且距球员5米以内，则任何队员都可用球棍阻挡对方。此外，在击球区还有几个特殊的规则。

1. 进攻队员在边线附近带球行进时，被防守队员合法撞出界外，此时的控球权应归防守一方。

2. 守门员可以在自己的球门区用手击球。

3. 球员可用网袋带球、传球和射门，也可用脚踢球。无手球，有越位，射球进门得1分。

4. 进攻球员不得进入对方球门区，身体其他部位和球拍可以在空中进入，但守门员拿球后例外。

5. 任何防守球员都不能在己方控球的情况下进入自己的球门区。

6. 当守门员在自己的球门区时，对手不能与他有任何接触。

二、犯规和时间处罚

长曲棍球比赛中的犯规分为：技术犯规、个人犯规和取消比赛资格。如果一名球员比赛中受罚累积到5分钟的时间，他将被罚出场。对犯规的处罚为失去控球权或离开赛场进入受罚区30～60秒。犯规的球队必须将一名球员留在受罚区，直到计时员将其解禁或者被犯规的球队进球得分。若是球员严重犯规（违反体育道德），那么他将在整场比赛中被判罚离场。为遵从对进攻有利的原则，长曲棍球比赛中犯规的鸣哨也是一种“慢哨”技术，在球场上如果防守方对一位控球进攻队员犯规，裁判会抛旗让比赛继续，直到球出界或进球后暂停比赛，或者防守方获得控球权之后再进行处罚。

技术犯规是一种轻微犯规。如果两支球队都没有控球权，或者犯规的球队有控球权，那么被犯规的球队将获得控球权；如果被犯规的球队拥有控球权，那么犯规的球员必须罚30秒。个人犯规处罚时间为1～3分钟（一般为1分钟）。

第二章　长曲棍球运动的棍法

第一节　球棍的基础

本章介绍长曲棍球球棍使用的基本原理。学习球棍技术应该从正确的握法、手腕位置和握力开始，球员一般使用两种主要的杆位：水平杆位和直立杆位。在直立杆位，球员可以使用三重威胁姿势，这是球棍基础技巧的起点。球棍技术的四大基本功是投掷、接球、摇杆、铲球，这四个基本要素是长曲棍球技术的核心。一旦球员学会了这些基本技能，就可以继续学习更具体的长曲棍球技能。

长曲棍球的球棍基本技术包括投掷、接球、摇杆和铲球（图2-1）。球员要掌握的第一个基本技术是投掷，球员首先要能够把网袋中的球掷给队友，与队友建立联系，才可以把球移到球场上的任何地方。而接球是这种基础联系的另一个组成部分，球员需要有能力接住队友传过来的球，学会在接球时如何用自己的身体进行适当地缓冲，这是一项需要长期练习才能掌握的技能。摇杆是一种独特的技术，类似于篮球的运球技术，它能使球员保持控球状态，并随时准备好传球或射门。铲球是从地上抢球的技术，是一项需要果断和技巧的专业技能，是抢断的主要进攻武器，可以在球场的任何地方使用，它可用来帮助进攻队员传球、接球、射门或接传球。铲球类似于篮球中的抢篮板球，它如同篮球运动的篮板球争夺一样可帮助球队获得球的控制权，会增加球队赢得比赛的机会。

图2-1　长曲棍球的球棍基本技术

长曲棍球运动是一项移动和控球的运动。要想熟练地移动球，球员必须学习各种基本的棍法。学习长曲棍球的棍法是从手腕控制力开始的，正确的抓握要领包括使用稳固但放松的“捏棍”技术，手腕要适当翘起。球员还必须掌握两种基本的握棍姿势：双手水平姿势和直立三重威胁姿势，掌握这两个基本的握棍姿势后，球员可以运用基本的球棍技能——投掷、接球、摇杆和铲球。而针对球的运动有两个环节：投掷和接球，这是长曲棍球的精髓所在。如果球员想保持对球的控制，则需要摇杆或带球，如果两支球队都没有控球，就要用球棍把在地上的球从地上舀到网袋里来创造控球权。

第二节　基本的握杆方法

正确的球棍握法可以帮助球员掌握基本的球棍技巧。虽然这看起来很简单，但握杆姿势对一些重要的技巧有着至关重要的影响，比如射门、传球、摇杆和铲球。不正确的握杆姿势会降低传球和射门的准确性且容易增加失误。本节将介绍球棍的正确握法。

长曲棍球的技巧始于如何以“十字”形的方法握着球棍的杆柄。长曲棍球握杆方法与高尔夫和棒球握杆方法非常相似，握杆是高尔夫挥杆的基础，也是棒球挥杆的基础。名人堂成员斯坦·穆赛尔写道："我要求年轻击球手做的第一件事就是抓住球棍，然后挥棒。十有八九，问题就出在握杆那里。大多数年轻人认为要用手抓球棍，错了！要用手指抓住它。"正如握杆是高尔夫和棒球挥杆的基础一样，长曲棍球握杆也是用手指抓杆，它也是长曲棍球的基础。

我们可以使用以下步骤检查球员的握杆姿势。

一、立杆姿势

为了检查竖直握杆姿势是否正确，球员有两种手抓握方式：打开和闭合。

在打开的抓握姿势里，只用惯用手握住杆柄。球员捏住自己拇指和食指之间球棍的杆柄［图2-2（a）］。使用这个开放式的握把方式，使球棍的网袋口朝外，杆柄垂直于地面，球棍放在身体的一侧（不是在自己的身体前面）。在闭合姿势里，球员采用握住自己的手的方法，但只使用手指握住［图2-2（b）］，拇指放在杆柄的一侧，另外4根手指放到杆柄上。

（a）　　　　（b）

图2-2　立杆姿势示例

二、低球杆姿势

握杆时，应保持球棍头斜向下与地面呈45度角，打开握杆手的手掌，可以检查低球杆的握杆姿势是否正确，当我们从上向下看杆柄时（图2-3），应该看到杆柄是放在握杆手的4根手指上，而不是手掌。

图2-3　低球杆姿势示例

三、手腕姿势

握杆时，手腕应该指向远离身体的方向，手腕保持翘起，并采用捏夹技巧让手腕和肘部保持直线，这样可以获得最大的投掷效果。

翘起的手腕姿势可以提高投掷的距离和扔球的能力。当球员的手腕翘起时（图2-4），可以在180度弧线内的任何地方传球，并可以覆盖整个场地，另外，也可以保证球员能随时扔球。如果握杆的手腕没有翘起，会导致球棍头"关闭"，这就限制了球员的射程和投掷方向，妨碍了球员快速传球的能力。

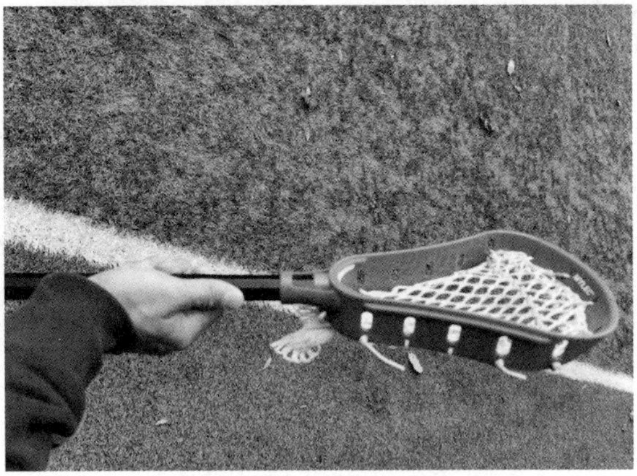

图2-4　握杆手腕翘起动作示例

四、握杆力

在长曲棍球比赛中，球员抓握球棍的手要柔软，握杆时手指放松不能捏死。从运动生理学的研究中我们知道：紧张的肌肉会导致动作效率降低，如果把球杆握得太紧，会造成上臂肌肉过度紧张，这会妨碍肌肉发力。抓握长曲棍球杆和高尔夫球杆一样，需要轻微的放松，正如曾创下82项PGA巡回赛冠军的传奇高尔夫球手萨姆·斯内德曾经说过：应该像握着一只“小鸟”一样握着高尔夫球杆，不能太紧，以免伤害“小鸟”，也不能太轻，以免“小鸟”逃脱。

在长曲棍球比赛中，球员应该根据所处场地位置是进行进攻还是防守来调整握杆的力度。当身处放松的场地位置时握杆力量要小些；当处于进攻与防守压力时，握杆的力度就会加大（在压力下，增加握力）；当球员射门时会因为惯性而改变握杆的力度，握杆力量会收紧一点，这样才能抓稳球棍；当我们学习抛接球时，首先是从“小鸟”式握杆方法开始。

五、球棍姿势

长曲棍球运动员常使用两种基本的球棍姿势：双手水平姿势与三重威胁姿势。双手水平姿势是指球员两脚左右开立，双手与腰同宽握住球杆，并自然平放于身前的球棍姿势（图2-5）。球员的惯用手需要放在球棍的支点处，掌心向上，非贯用手的手指握住杆尾，掌心向下。三重威胁姿势包括两个步骤：第一步是把球棍头从水平位置抬起到耳朵附近的扔球区，扔球区位于头部耳朵附近的假想区域；第二步是身体侧转，左肩指向投掷方向（以右手为惯用手），可以更有效地将身体的力量传递给球棍来释放球，同时也可以很好地保护球棍。

图2-5 双手水平握杆的球棍姿势示例

第三节　球棍练习

通过大量的球棍练习，使运动员熟练掌握手握球杆的位置（找到球棍的平衡点），以及手指捏夹球杆，感觉球在网袋和不在网袋的区别，学会如何控制球棍。

一、平衡练习

（一）目的

找出长曲棍球棍的平衡点。

（二）练习方式

当球棍的杆柄与地面平行时，把地上的球舀进网袋。

（三）动作要领

球员用右手指握住球杆（右手为惯用手），掌心向上，左手掌心向下，轻推杆柄以维持平衡，逐步调整右手的位置，直至右手单独建立球棍平衡，这也意味着球员找到了球棍的平衡点（支点）。

（四）训练要点

1. 初学者往往认为他们的手应该分别放在接近塑料棍头（颈部）的地方和球棍的尾端，但两手的距离太大，会导致击球准确度降低，影响击球的力量。通过这项训练可以使球员掌握适当的握杆力度，达到最佳的球棍使用效果。但这只适用于进攻队员和中场队员，对防守队员则不适用。

2. 如果球员的惯用手放得太靠近棍头，会影响到各种技能的发挥。当球员掷球时，会造成推球。如果惯用手握住球棍支点附近，则可以最大化地利用球棍的杠杆作用，使球员投掷时产生扣球。

3. 如果惯用手放得太靠近球棍头，当防守队员靠近时，可能会造成球棍过于靠近身体；虽然这样能够防止球被抢走，但也可能失去了快速、准确的传球能力。

4. 摇杆时，球员需要能够真正感觉到网袋里的球。如果惯用手放得太靠近球棍头，就会影响球员对球的感觉；此时，球被防守队员撞掉或者它自己掉出去时，除非球员真正看到球撞到了地上，否则很难被自己注意到，如果球员看到球掉到地上，就会分散自己的注意力，无法高质量完成动作。

二、感觉练习

帮助球员找到网袋里的球的感觉。

（一）目的

学习接球和带球时球在网袋中的感觉。

（二）方式

球员只用惯用手握住球棍的“颈部”（不正确的握法），然后闭上双眼。

（三）动作要领

教练员或队友将球从大约15厘米处扔进网袋，练习者体验球碰到网袋和在网袋里的感觉。练习者只用惯用手握住球棍的支点处，教练员或队友将球从网袋中取出，同样从大约15厘米处扔进网袋，体会又有什么不同的感觉。

（四）训练要点

1. 当球员只用惯用手握住球棍“颈部”时，会感觉不到球。当球员只用惯用手放在支点上时，球在网袋里的重量会变得更明显，因此球员可以更好地感觉到球。

2. 初学者往往会握杆太高或太低，较低的握杆虽然有更大的力量，但会影响传球或射门的精度。因此，要确保双手握杆的正确位置，才能提高传球和射门精度，并能最大限度地控制平衡。

三、控制练习

（一）目的

了解持棍时双手与腰同宽的重要性。

（二）方式

球员用两手握住球棍的尾部。

（三）动作要领

1. 当球员双手握住球棍的尾部时，让教练员或队友往下压球棍头［图2-6

(a)]，球员试着抵制这种压力。通常情况下，球员会无法抵挡这种下压力，而且球棍头很容易就下降了。

2. 当球员将惯用手向上移动到球棍支点，并保持双手与腰同宽保持水平握杆姿势［图2-6（b)］，让教练员或队友同样再次往下压球棍头，球员试着抵制。此时，球员就可以抵挡这种下压力了。

（a）　　　　　　　　（b）

图2-6　控制练习动作示例

（四）训练要点

初学者通常会错误认为：如果把双手放在球棍的末端，可以获得更快的传球或射门速度。实际上，球员会因此失去传球和射门的精度，与速度上的任何增加相比，精度则显得更为重要。此练习表明，如果将双手与腰同宽放在球棍上，就可以更好地准确控制球棍，且球棍技巧也能很好得到发挥。

第四节　摇杆技术及训练

摇杆是指通过轻轻摇动球杆来保持对球的控制，摇杆时会产生向心力，这样网袋中的球就不会因球棍垂直于地面而掉出，摇杆通常用于在球场上带球。摇杆动作需要平稳可控，正确的摇杆线路是从耳朵的位置到后脑勺的位置所形成的弧线，正确的摇动弧线可以最大限度地提高投掷能力以及对球杆的保护。

一、长曲棍球运动的摇杆技术

长曲棍球运动分为感觉摇杆和控制摇杆两种基本的摇杆技术。控制摇杆通常用于带球和保护球，感觉摇杆通常在准备投掷前使用。这两种摇杆的主要目标都是控球，但是两种方式有不同的功能。

（一）控制摇杆（被动或带球摇杆）

控制摇杆是用于留住球棍网袋里的球或携带球。控制摇杆更多的是用身体来完成的，主要任务是保护球（相对于投掷）。控制摇杆的速度比较慢，球员一般通过摇杆掌握球棍网袋里的球，但如果在跑动中无足够防守压力时，一般不需要摇杆。

（二）感觉摇杆（准备好掷球、球移动）

感觉摇杆主要是在掷球前作准备。球员的注意焦点是投掷，感觉摇杆更多与前臂和手腕上的小肌肉群有关。感觉摇杆的动作节奏更快，为的是通过摇杆让球进入网袋中合适的位置。感觉摇杆更多的是感觉在网袋里的球的位置并且把球移到需要的位置，以便快速掷球，只有通过控制摇杆将球先移到网袋中合适的位置，才能在掷球时有效地释放投掷的力量。

二、长曲棍球摇杆的身体准备及身体的协调

（一）摇杆的身体准备姿势

摇杆时，大多数球员都使用直立的球杆姿势（图2-7），身体采用三重威胁姿势，并可以随时准备掷球，球就不易被防守队员阻挡。有时候球员为了把球移到网袋里需要的位置，会将握住球棍支点处的手臂向下直至水平位置（图2-8）。优秀的球员喜欢将手放低，但初学者一般不会经常采用。

图2-7 直立摇杆姿势示例

图2-8 低杆位摇杆姿势示例

（二）摇杆的身体协调

摇杆时，运动员身体和球棍应该融为一体，摇杆主要是通过转动髋部和肩部，使髋部和肩部的大肌肉群起主要作用带动躯干转动，手臂和球棍紧随其后，保持后腿为支撑腿，肘部靠近身体，尽量减小手臂和手腕动作（图2-9）。

图2-9　摇杆动作示例

球员为了保证随时可以传球或射门，在摇杆掷球之前，应该保持流畅的摇杆节奏和正确的手腕动作，保证球棍在正确的弧线上移动，并用持棍手异侧的肩和背加以保护（图2-10）。如果球员为了保护球棍而将它放到胸前的位置，则极易导致既不能很好摇杆，也无法有效投掷；当然，如果持棍手摇动太快，使用了太多的手臂动作，也会失去对球棍的控制。

图2-10　控制摇杆动作姿势

三、长曲棍球运动的两步摇杆训练法

（一）两步摇杆练习

1. 目的

学习直立的球杆姿势进行控球。

2. 方式

将球放在球棍网袋中，并保持球棍在身体前方接近直立的位置。

3. 练习

在水平位置缓慢上下摇动接近直立的球棍。摇杆动作类似于手握杠铃做反向卷曲动作。肘部朝向身体，从髋的高度轻轻地旋转球棍，逐渐上升到腰部，再回到髋部。摇动过程中动作要平缓，防止球从网袋里掉出。当练习者适应了这种摇动，可以变成侧身向前的姿势，并将球棍举到扔球区继续练习。

4. 训练要点

首先，球员要确保两手与腰同宽。初学者往往在摇杆时速度太快或弧线太宽，不能做到缓慢、平稳。其次，当把球棍移动到接近直立位置时，应确保它没有完全垂直于地面，保持球棍有一定的角度，防止球从网袋中掉出。

第五节　铲球技术及训练

长曲棍球还有一个基本技术是铲球。铲球是利用球棍网袋捡起地上的球的技术，球员通过铲球使球进入自己的网袋以获得控球权。铲球成功并得到更多的控球权的球队，通常会赢得比赛，而控制滚地球就像篮球比赛的篮板球一样，其包括两个步骤：①将球铲进球棍网袋；②控球奔跑并甩开对方防守的追击。

一、铲球的准备

铲球是一个持续的动作过程。对于滚地球，运动员的脚必须保持连续移动，才可能成功铲球，如图2-11展示了铲球的角度。而铲球时机是指在铲球开始和结束的中间。图中显示了整个球棍铲球时接近的角度和完成后离开的角度，这是动作的镜面图像。正确的铲球技巧中球棍不是突然地下降和上升，也不应该等到最后一秒才开始放低球棍铲球，而需要尽早准备。运动员不能铲起滚地球之后就停下来或站住，如果这样做，会失去向前的冲力，就会被防守队员拦住。正确的做法应该是降低重心，铲起球后顺势加速，回归原本的跑位。

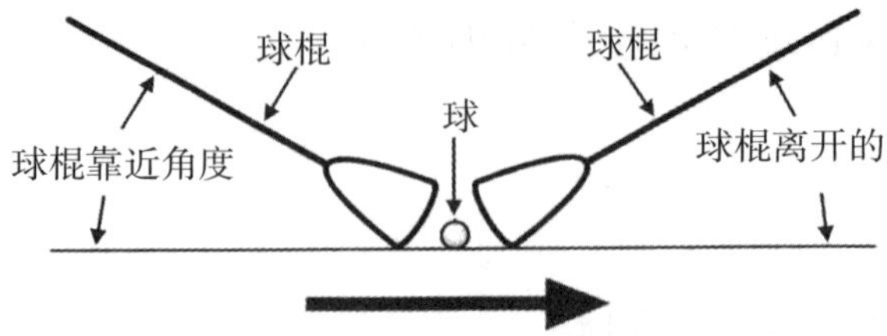

图2-11 球棍铲球角度示意图

二、通用铲球技术

铲球要以调整身体来适应球（配合着步法），使用各种跑步节奏，并把重心放在后脚上。铲球的顺序包括降低重心以准确地铲到球，然后提高重心，以保护球棍并衔接下一个动作。

（一）铲球的跑步节奏

铲球涉及各种各样的跑动。当看到一个滚地球时，运动员首先应该快速冲向球（图2-12）。他应该突然启动，甩开对手，获得抢先的优势，就像在田径场上的100米冲刺——超过对手抢先到达铲球处。在启动后，必须全速跑向滚地球，一般使用小步伐冲刺，重心落在前脚上，当接近球时，保证重心放在自己的后脚上，便于铲球。

图2-12 铲球技术中跑动示例

运动员需要根据自己和球的位置关系进行步伐的调整，要让步伐有节奏并且保持身体平衡。如果球在空旷无防守压力的球场上，可以大步跑过去铲起球，但需保持身体的平衡。如果是处于周围有人防守的压力环境中，则不得不放慢步伐，把重心压在后脚上，使其保持平衡，同时也能帮助左手（左手为惯用手）铲球［图2-13（a）］。这时应使用正确的步伐变化而尽量减少横向运动，如果步伐过早变化导致动作节奏减慢，这样也就无法熟练而巧妙地进行铲球了。因此，铲球技术中的脚步移动要保持正确的节奏，才可以更有效地进行铲球［图2-13（b）］。

（a） （b）

图2-13 铲球技术中接近球时的动作示例

（二）铲球时身体的重心

当进行铲球时，身体重心应该放在后脚上［图2-14（a）］。铲球以后脚和惯用手为主，球棍需要尽可能与地面平行，这样才不会影响铲球的效果。为了获得正确的铲球角度，应该把惯用手放低到接近地面。如果身体重心落在后脚上，且惯用手离地面很近，那么铲起球的同时，还可以保持正常的运动姿势——铲起球后冲向球门进行射门。而且，如果两脚间距不是太远，还可以进行反手传球或射门［图2-14（b）］。

（a） （b）

图2-14 铲球技术中铲球时身体重心示例

如果铲球时身体重心是在前脚，且惯用手离地面太高（头重脚轻），这样身体就会失去平衡，控制力和运动力会受到很大的影响，容易导致错失身前的地滚球，还可能导致脚步无法很好地移动，并且无法从防守压力中脱身。

（三）铲球结束后需保持防守姿势

铲球时，需要将惯用手滑过球，非惯用手作为保护以及协助球棍平衡。惯用手和后脚发力，用惯用手控制球棍并铲起球，非惯用手继续控制球棍的位移。

球员应尽可能使用惯用手去铲球，铲球时一般会根据球的位置换手，如果球员惯用他们那只强壮的手去铲球，铲球成功的概率就会更大。

球员不要轻易改变握棍的手来适应身体，应力争站在球和对手之间，即使无法立即控球，也可用身体保护球不被对手铲走。当铲球时，应该是调整身体位置（而不是球棍）来适应球，这为下一步铲球成功后衔接后续的动作做好了准备。

三、长曲棍球比赛中的铲球

在长曲棍球比赛中，通常会遇到两种类型的铲球情况：无防守开阔场地滚地球和有防守环境的滚地球。如果球在无防守空旷的场地上，相对于球周围有防守队员的情况，应该让身体更多的置于球后。如果发力点源于后脚和惯用手，并且他们都在球的后面，球员的头也在球的后面，那样就能有效地铲起球并保持平衡。在无防守开阔的场地上，运动员的前脚应该更接近球棍的尾端。但如果球周围有防守队员，为了让身体更接近球，前脚应该靠近球棍头，球员的头部几乎直接超过球棍头（“头过头”或“眼睛过球”），球员还需要用身体靠近球棍以保护球和球棍，这样可以在不犯规的情况下阻止对手抢截。

影响铲起滚地球的另一个因素是身体对抗和力量。当追赶滚地球的时候，为铲起滚地球，球员需要强有力地冲向球。铲起滚地球时球员的准确性和力量越大，成功得到球的机会就越大。当遇到有防守或争抢的情况下铲起滚地球时，球员应该提前做好身体对抗的准备，便于铲球成功。

四、铲球技术原理和方法

铲球者希望通过屈膝、降重心、猛冲向球，干净利落地把球铲起。当接近球并试图铲球时，首先应该放松身体，降低重心，肘部和手臂保持弯曲，且不应完全伸展。如果球员是一个右撇子（右手为惯用手），右手肘应几乎靠近右膝盖位置，而左手肘应该放在左膝上方位置，同时应该低头盯住球，并适度抬起下巴，球棍头在球后面靠近铲球，这样才能有效地铲起球。

为了铲球成功，在接近球时，球棍角度应该几乎与地面平行（图2-15）。因此，握住球棍头方向的手必须向地面靠近，同时引导身体更贴近地面。长曲棍球铲球技术动作类似于挖土与铲雪的差异。球棍有一个像铲雪的铲子一样的圆形边缘，而不是像普通的挖土铲子一样有尖尖的边缘，球员在不失去效率的前提下使球棍尽可能地平行。当铲雪时，铲雪时球棍的角度比普通的挖土要低，握棍手也离地面更近，铲球就像是在铲雪而不是垂直的挖雪，为了最大限度地铲到更多的雪，所以要让球棍与地面几乎平行，让球棍头对准球后3～5厘米处，像铲雪一样从场地表面把球铲走。

图2-15　低位铲球方法示例

五、铲球离开

如果球在开阔的场地上，球员应该先减速，然后恢复到全速，或者自然的跑步速度。接近滚地球时，保持低的重心，并以正常步伐向前推进。如果没有防守的压力，可以适当减速并相应的调整行进速度。如果球处于有防守队员的压力情况下，需要保护球棍并摆脱防守压力。具体方法是，球员应该尽量接近滚地球并保持低的重心，将球棍靠近身体，并快速摆脱防守（图2-16）。

图2-16　铲球离开示例

球员一旦锁定一个落地球时，应注意判断球的移动，抬头转肩，准备好挡球（即蓄力状态）。当铲起滚地球并准备脱离时，应尽快找到队友并避免防守压力。如果处于防守压力情况下，球员铲球后能做的最好的事情就是尽快传球，或者保持三重威胁的姿势。

六、长曲棍球运动的铲球训练方法

（一）传统铲球训练法

1. 目的

学习正确的铲球技术。

2. 方式

教练员或队友把球直接放在练习者前面的地上，并尽量靠近球棍。

3. 动作要领

练习者原地下蹲用双手持棍铲球，注意让握在靠近球棍头的手足够低，使球棍的尾端几乎与地面平行。

练习者前脚向前迈步，后脚紧跟，当转动肩膀时，球棍随同转动，此时网袋靠近耳朵附近，随后球棍头向球伸出，身体重心下降，铲起地上的球。

4. 训练要点

铲球时，握在靠近球棍头的手最为关键，而握在球棍尾端的手则作为保护并控制球棍的平衡。

（二）对墙练习法

1. “对墙训练”是个人进行长曲棍球基本技能训练的最好办法，对墙训练所需要的只是一个球，一根球棍和一面墙。对墙练习虽然没有与同伴或队友进行练习有趣，但这种练习仅需单人就可进行。

2. 对墙训练时，只需要把长曲棍球棍和球靠在墙上，如果在身后设置一个障碍，比如锥筒，对练习更有帮助。练习者站在墙前练习掷球和接球，如果传球失误或者判断失误，球也不会飞得太远，可以用铲球技术捡回球。当动作感觉熟练自然后，就可以加上接—摇—掷的动作练习。最初练习时，可以身体正对墙面距离稍近，练习一段时间后，可逐渐侧转到45度角进行练习，随着身体向一侧转的越多，投掷的力量就会变得越大。

3. “对墙练习”的方式对球棍基本功训练有很好的帮助，对墙训练的方式还有其多样性。

（1）为了体会手腕用力的感觉，可以只用靠近球棍支点的手握住球棍掷球进行练习。

（2）为了加强 “接”球的能力，可以用一只手持棍接球进行练习。

（3）为了提高击球的准确性，可以在墙上画出一个小圆，然后逐渐加大与墙的间距，试着用球击中那个圆。

（4）为了提高投掷距离，可以逐渐加大练习者与墙的间距。

第六节　接球技术及训练

一、长曲棍球的接球技术

（一）接球的身体姿势

接球是长曲棍球运动的第二基本技术。当队友传球给自己时，需要球员准确地接住球。当交换球时，如果球已进入球棍网袋，运动员应该控制住球，并准备移动球。当切入并接到球时，必须控制好球，做好射门或再次移动球的准备。接球时要根据球的位置调整身体（用适当的步法），观察球是否进入球棍网袋，保护好球棍，然后身体调整到准备的姿势。

球员接球前要准备好接球的身体姿势（图2-17）。这种准备姿势有利于接球后的三重威胁，球员的手臂要靠近自己的身体，接球时需要进行缓冲，肘部放松并弯曲，不需要很大力量和杠杆作用，球棍放在远离身体一侧假想的圆柱体里加以最大限度地保护，调整球棍与地面的角度从45度到更偏向垂直的角度。使用捏夹技巧：翘起手腕，让球棍垂直于地面，球棍网袋正面完全面向投掷者。还应该注意无论是投掷、接球、铲球，球棍都应该放在身体的一侧，切记不要将球棍直接放在身体的正前方，球棍如果放在自己身体的正前方将带来以下不利影响。

图2-17　接球的身体姿势

1. 球棍位置和投掷目标——接球者应让投掷者看到自己的整个网袋，否则会导致投掷者失去有效的投掷目标。

2. 视觉——接球者眼睛不能看到球进入球棍网袋。

3. 接球——接球者手臂会完全伸展和伸直，则可能造成动作僵硬，接球动作会缺乏灵活性。

4. 球棍保护——接球时球棍容易暴露在圆柱体外，对手可能对球棍进行截击。

5. 投掷——接球者完成投掷动作后不利于球棍收回并衔接下一个动作。

（二）接球的球棍位置

接球时需要根据来球调整自己的位置。不管是一个好的传球还是一个不好的传球，球员需通过移动自己的脚步，调整球棍网袋正面对准来球。在空旷的场地上，球员可以等待球的到来，也可以主动跑过去接球。一般来说，无论投掷者传出好球还是坏球，球员都要主动迎向球。在有防守压力的情况下，应该尽量避开防守，采用三重威胁姿势背对防守队员用身体掩护球棍，接球时球棍头应该在眼睛附近的位置，这样球员可以专注于球，利用余光观察自己的球棍头，直到球进入球棍网袋里。如果不采用这种方式，接球队员很容易因关注球棍而分散注意力。

当球接近接球者时，他应该用整个身体（髋部，肩膀，肘部和手）进行缓冲，这种感觉就好像有人在扔鸡蛋，接的人不想打破它。接球时正确扭动髋部、转动肩膀和手臂，用手肘和双手“回收”。接球动作中球棍要在平稳、连续、自然的运动中向后移动［图2-18（a）］。一般情况下，球员都应用两手握杆接球，如果只用单手（握住支点附近的手）接球，球棍的末端会上翘导致球棍平行于地面，球就会从网袋中掉出［图2-18（b）］。

（a）　　　　　　　　（b）

图2-18　接球动作示例

（三）接球时身体和球棍的协调配合

接球时，身体和球棍需要协调配合。球员需要把球棍看成是身体的一部分，当髋部和肩膀转动时，球棍跟着转动，待接球动作完成时，身体就会顺势跟着转动并把球棍带回来。当球员接球时，就好比射箭时拉搭在弓上的箭，髋关节和肩部的转动既能起到保护球棍的作用，又能起到预拉伸的作用，当接球者正确地转动肩膀至拉伸位置时，球棍也会自然地回到耳朵附近，并重回三重威胁姿势以衔接下一个动作（图2-19）。

图2-19　接球动作中身体与球棍协调配合示例

二、长曲棍球运动接球技术的训练

（一）缓冲动作练习

1. 目的

学习徒手接球的正确动作。

2. 方式

练习者与教练员或队友相距2米左右，教练员或队友抛出落在练习者耳朵附近的球，接球者徒手接住球。

3. 动作要求

练习者用惯用手接球。同时手后移以缓冲来球的冲击，感觉就像接住鸡蛋，但鸡蛋不能被打破。

4. 训练要点

学习如何缓冲球进入网袋的冲击力。抓握鸡蛋式的训练有助于掌握正确的接球动作，通过徒手动作的训练，我们会发现接球更多是一种主动和回应性的反应。

（二）两步抓球练习

1. 目的

学习用球棍接球的正确动作。

2. 方式

练习者与教练员或队友相距2米左右，用球棍网袋接住教练员或队友的抛球。

3. 动作要领

首先，教练员或队友轻轻把球抛向空中，练习者眼睛始终注视来球并在腰部的位置接住球；其次，练习者身体侧转，左肩对准教练员或队友，右手持棍（右手为惯用手），网袋靠近耳朵，教练员或队友将球抛过头顶，落在练习者球棍网袋附近，练习者用眼睛观察判断并接住球。

4. 训练要点

这个练习的要点是在接球时，练习者的手臂和眼睛要很好地协调和配合。

第七节　投掷技术及训练

投掷主要用于交换球、传球和射门。交换球是把球传给队友，传球是在队员之间转移球，目的是把球传给有机会得分的队友。而射门是为了得分而向对手球门的投掷。

一、长曲棍球投掷时的身体姿势

当球员准备投掷时，应该处于三重威胁姿势的准备状态：球员一只手握在球棍的支点附近，身体转动，将重心移到后脚，同时把球棍后移准备投掷（图2-20）。身体旋转是开始发力的第一步，身体旋转应从髋部开始（髋部是动作的重要部分），当转动髋部时，身体也会带动肩膀转动，将身体重心转移到后脚。旋转过程要保持平稳，也就是说要保持重心在一个平面上，身体的所有部位（如手、肘）都跟随着躯干、髋部和肩膀而移动。当转动腰部时，球棍自然回收，网袋保持在耳朵旁。转肩同时，球棍后拉（不是让前肘过度地向上），前肘和球棍的尾端稍稍向上，此时倘若球棍的尾端不是向上而是与地面平行对准队友的胸部，球就会滚出网袋。

图2-20　投掷时的身体姿势

二、长曲棍球投掷时的发力顺序

要完成完整的投掷动作，球员需要用前脚迈步，后脚向前推动自己的身体，让肘部稍微抬起（肘部的上升可以促成更快和更多的拉杆动作），此时球棍的尾端上升到目标的中间，用靠近球棍头的手（一般为惯用手）扣球，接近球棍尾端的手（一般为非惯用手）拉球，然后利用肩膀和身体转动的力量向目标传递和投掷（图2-21）。

图2-21　投掷时身体发力示例

投掷时需要将重心从后脚移到前脚，这也是田径运动中的一个普遍要领。在长曲棍球比赛中，要增加投掷的推力，就要用前脚向投掷目标迈出舒适又平衡的一步，用后脚向前推，但需要注意：如果迈出步伐太大（身体重心会前移过快），就没有多少空间留给投掷动作，其结果会造成用球棍“推”球。如果投掷时双脚离得太远，完成投掷动作也会受到束缚。另外，如果球员迈步太快，动作也会脱节，整个投掷动作就会失去节奏和流畅性。

三、长曲棍球投掷时的上下肢配合

（一）投掷时手、脚的同步协调

球员投掷时，手、脚需要同步协调来提供快速拉动的动作。球员用靠近棍头的手扣球，同时用接近棍尾的手拉球，握在支点附近的手，用手指“捏夹”杆柄，就像使用鱼竿或苍蝇拍一样随意移动球棍，此时手腕会从翘起变成对准目标的扣腕，向目标投掷后，而握在支点附近的手应该顺势向投掷目标延伸，投掷目标是队友的球棍头。传球是向预定目标的方向进行球的移动，无论球员将球棍头先移到哪个方向，最后球棍头指向的方向，才是传球的目标方向。

如果队员的惯用手握在靠近球棍颈部，且接触到塑料棒头，手就不会像靠近支点那样伸得更远、更有力，最终不得不用肩膀推球。如果使用屈腕握杆，然后用惯用手捏住球棍杆柄，可能会把球放得太低，当球员的惯用手不是“捏夹”状态时，球员将不能很好地移动球棍，导致惯用手松开，造成用肩膀推球的效果，这就类似投掷运动（如标枪）的鞭打动作，手腕和肩膀像鞭子一样扣球。如果球员正确地使用惯用手扣球，一般可以听到投掷中网袋发出“呼呼”的声音。

如果非惯用手向下拉，球员会获得更多的杠杆作用和力量，完成动作时，非惯用手、肘部和手臂应回到身体和肋骨附近。与惯用手不同，非惯用手不向目标伸出，而是向身体和肋骨的方向移动。扣球的动作范围比常规的投掷随球动作要小，扣球的动作范围一般是从左45度到右45度（或从右45度到左45度）；一般而言，在15～20米的传球中，球杆移动的角度应该从左45度到右45度（或从右45度到左45度）范围内，扣球结束后应立即把球棍向后拉，保持平衡，并恢复到准备的姿势。

（二）投掷时球的传递以及身体和球棍的跟随

球的传递以及身体和球棍的跟随应被视为一个连续的动作。当球员迈出前脚时，后脚紧接着也要迈出，身体重心随同转移，跟随后脚到达一个平衡的姿势。这个动作可以使身体在整个传球或射门过程中保持平衡，两只脚也可相应地进行调整（这个技巧可以防止球员摔倒，并始终保持平衡）。投掷出球时，由于传球的力量和惯性，握住球棍支点附近的手会自然下滑，如果是在射门，手会下滑得更多一些（图2-22）。此时肩膀和手臂一起运动，身体向前靠，带动球棍指向投掷目标。当球扔出时，投掷者应该面对投掷目标，身体保持平衡姿势。

图2-22　投掷动作中手滑动示例

四、两步投掷练习

（一）目的

学习投掷动作中用握在球棍支点附近的手扣球和握在接近球棍尾端的手拉球。

（二）方式

把球放在球棍网袋内，单手握在球棍支点附近，置于体侧，球棍竖直向下。

（三）动作要领

第一步，球员前脚向前迈出，只用握住球棍支点的手掷球；第二步，加上靠近球棍尾端的手一起快速进行投掷动作。

五、影响长曲棍球投掷效果的几个因素

投掷是长曲棍球运动的第一基本技术，提高投掷能力应该先练习基本动作，然后再逐步提升投球的准确度、速度和远度。提升投球准确度需要调整投掷的角度，提升投球速度和远度更多的是通过运动员的身体与球棍的协调配合。

（一）准确度

运动员在练习投球准确度的时候，应该先瞄准目标的高处，然后随着熟练度的提高逐渐降低瞄准点。如果接球者错过了队友的传球，投球者传给接球者的落点就要做调整，以保证接球者能够伸手接到球，而不是被动地去接球。如果是守门员的话更应该明白，他若错过一个传好球给队友的机会，本队可能会错过一次发动快攻的良机。

（二）速度

运动员为了提升投球速度，应该屈膝和降重心来保持身体低位，两手与腰同宽握住球杆，手臂向后伸展，如果运动员能把手伸到更远的地方，就能给自己赋予传球更多的力量，使传出的球速度更快。

（三）远度

为了使球投得更远，运动员至少应该使球棍保持与地面平行。如果球棍头较低，球棍尾端向上，球就会从网袋里滚出，倘若此时投远距离的球，球就会向上弹到空中而没有远度。因此，当运动员试图投掷更远的距离时，需要保持球棍与地面的角度与投掷距离几乎相同：如果需要投到40米的距离，则应该使球棍头在上方，球棍与地面的角度至少保持40度。同时为了保持身体姿态和投射角度，需要腿部肌肉用力才能将球掷得更远（应该改变身体姿势，而不是球棍姿势）。只有当运动员降低身体重心并改变球棍的角度时，才能更充分地发挥肌肉的力量，投得更远。

第三章　争　　球

第一节　争球的概述

争球是两名球员之间的全面对抗，争球队员需要有坚强的意志和信心。争球时球员需要对自己的能力有充足的信心，应专注于裁判员的哨声，并在争球失败时保持镇定的情绪。对争球者来说，他永远都不能放弃控球的努力——在控球过程中或者在随后的丢球过程中都是如此，成功的争球者都有一个关键要素：他们都会专注于争球的动作，并对自己能够争球成功非常自信。争球者还必须要有速度、力量和敏捷性。争球成功并获得控球权对进攻起着至关重要的作用，如果对方球队正处于进攻顺境状态，那么获得一次争球的球权可以遏制对方的顺境状态，让本队保持转换进攻的势头；如果对方球队刚刚射门得分，那么获得争球成功可以减少或阻止对手的得分势头。

本章将讨论与争球有关的特殊规则和技巧，争球是长曲棍球比赛中的一种特有方式，争球团队由争球队员和两名边锋组成。争球在每一节的比赛开始和其中一支球队进球后重新开始比赛时采用。争球时，每个争球球员在处理球时都有自己独特的技术选择，当裁判员的哨声响起时，争球球员会使用各种各样的球棍动作——比如钳制、柱塞、顶、夹、耙等技术来控制球的移动。争球的球员会尝试把球推、拉到一个有利的位置，或者在对手占据主导优势时，把对手围住，然后把球抢过来。争球时争球者的铲球既可保护球，又可把球传给队友，两个边锋可以帮助控球或进行防守。总之，争球是长曲棍球最独特的部分之一，在长曲棍球发展过程中逐渐成为一种开始比赛的固定的传统。

第二节 争球的策略

一、团队争球策略

争球战术包含3V3（即“3对3”，意思是3名球员与对方的3名球员形成对抗之势）的对抗。争球对抗战术小组包括一名争球球员和两名边锋。通常，一名边锋持一根短棍（SS），被确定为进攻边锋；另一名边锋持一根长棍（LS），被确定为防守边锋。当然，只要符合任何时候在球场上只能使用四根长棍的规定，球队争球对抗战术小组也可以使用两根短棍或两根长棍，这两名边锋在这个团队的成功中起到至关重要的作用。争球团队的主要目标是获得控球权并发动快攻。争球在很大程度上是一场心理战，攻守双方都试图采用各种手段击垮对方。

就球队的争球组成成员而言，需要有三名参与者，包括一名位于中线的争球球员和至少两名短棍边锋，或者至少两名长棍边锋。这名争球队员必须要事先和两名边锋进行沟通：他打算把球移或推到哪里，以及他是否想让他们阻挡对手。

二、用铲球进行的争球策略

争球队员可以使用自己铲球的策略。要做到这一点，应该把球移向远离人群靠近两翼的区域，保持球离自己在4～5米的对抗点。如果把球推得太远，两翼的球员就会参与到对抗中来。当使用自己铲球这个策略时，本队的边锋就会去攻击他们的对手，争球队员和对手之间就变成1V1的局面。

如果对方的长棍边锋位于中线位置，这时争球队员的策略就应该向前或向后拉球。如果对方长棍边锋的位置在自己边线的进攻端，就应该把球沿45度角拉回，进行个人突破或侧翼突破和快攻。如果对方的长棍边锋在自己边线的防守端，争球队员应该把球沿45度向前拉，进行侧翼突破和快攻。例如，假设争球团队的短棍边锋和他的对手站在中线上，本队的短棍边锋可以通过移动把对手拉深（让他的对手远离争球区域），这样争球球员可以自己轻松地将球向后拖拽，本队的短棍边锋也可以得到推在身后的地面球（图3-1）。

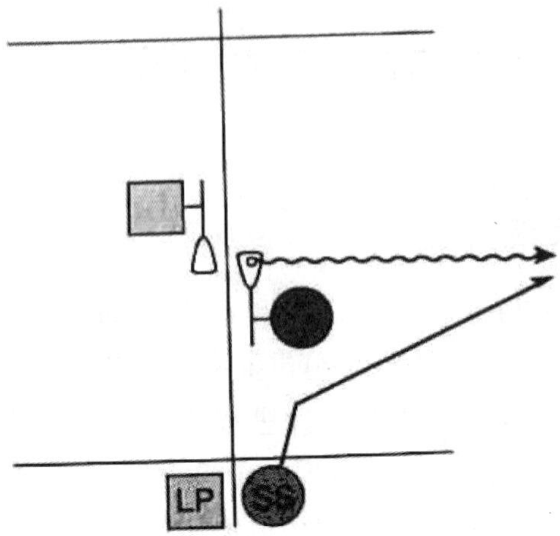

图3-1　向后进行铲球拖拽的争球示例

另一个例子：如果对方的长棍边锋拦截了本队争球团队的短棍边锋，并阻止争球队员发起快攻或者向短棍边锋传出的地面球。针对此种情况，同队的边锋可以位于中线上，争球球员将球推向身后，然后快速移动到球的后面并自己铲球进行攻击（图3-2）。

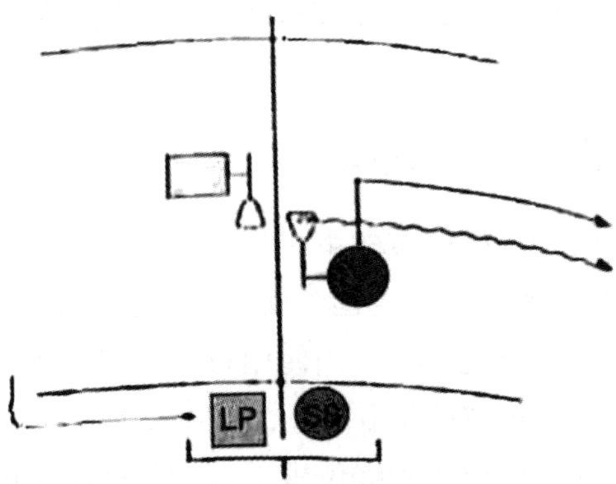

图3-2　争球队员铲球进攻示例

三、争球时边锋的策略

（一）进攻、防守时边锋的策略

争球时，边锋的主要责任是跟上且防守自己的目标球员，并阻止任何的快攻。一般情况下，边锋从起动到接到争球队员的传球通常只有3秒的时间。

哨声响起时，边锋需要在侧翼线上突然起动，摆脱防守对手，并将对手甩在身后，如果此时球从中线传出，他就会占据优势位置。

一方面，作为进攻边锋，应该站在翼线外靠近中线附近，或者站在可能接到队友传球的位置（图3-3），并随时准备阻断对手的传球，或者接应队友；另一方面，如果对方的争球队员在比赛中占主导地位，作为防守边锋，要在边线的防守边缘发挥作用，落位应靠近中线侧面位置（图3-4），要尽量抑制对方的快攻，并随时注意抓住对手失误丢球的机会进行个人突破进攻。

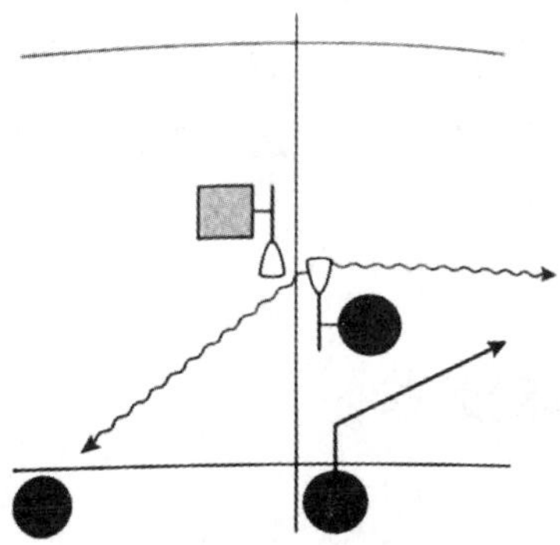

图3-3　进攻边锋的站位示例

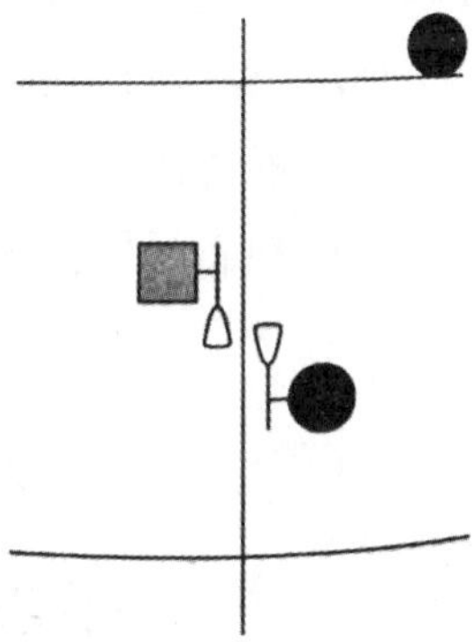

图3-4　防守边锋的站位示例

（二）争球僵持时边锋的策略

如果两名争球队员都没有明显地控制球并把球带出来，此时争球就会变成一场相持僵局或混乱的地面球争夺大战。例如，如果双方都试图钳制对方，但双方都没有在对抗中取胜，他们会倾向于逆时针旋转（图3-5）。

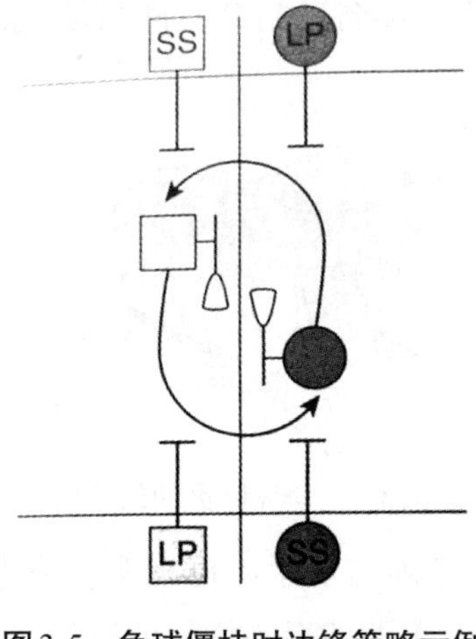

图3-5　争球僵持时边锋策略示例

一旦再现争球僵局，边锋应该落好位并找到自己的对手（身体接触），而且本队必须确保有人在球场的防守端。边锋，特别是长棍边锋，需要高度注意他们的对手，不能跟丢自己的对手，他们必须加强防守，避免对手发动快攻。边锋应该在离争球5米左右的区域，但又不能离争夺区域太近，如果边锋离争夺区域太近，在球飞出来时，边锋将无法拿到球。边锋应该在混战中位于球场不同一侧时，互相“盯守”对方，如果两名边锋都在球场的同一侧时，当球落在无人防守的一侧，对方就可能获得无人防守的进攻优势。如果争球时出现僵持或混战，争球球员应该让同队的短棍边锋保持在他的身后，因为对争球球员来说，把球传给短棍边锋比自己铲球更容易些，这时长棍边锋要和对方的短棍边锋保持平行站位和肩并肩，才能有效地防住对手。

第三节　争球技术

一、争球的基本规则

像许多其他团队运动一样，长曲棍球比赛是一种进攻性的跑动竞赛，通过跑动，球队可以获得进攻动力，并连续得分。作为一项特定的比赛程序，在比赛开始或球队进球后都会进行争球。裁判员将球放置在场地的中间位置（边长宽10厘米的正方形），争球的球员都站在自己的防守一方（即他所防守的球门所在的同一侧），裁判发出“准备”指令，两名球员都弯腰降重心，摆出面对面的姿势（图3-6）。

图3-6　争球队员的站位法

准备争球时，球棍头必须与对手的球棍头背靠背，球棍头必须垂直于地面，球棍头的背面必须与对手的球棍头均匀地靠住。球员必须把两只手套都握在球棍的柄上，而且手套不能碰到棍子的塑料头，两只手套必须接触地面，且不能触到中线；球棍保持平行于中线，但不接触中线，球棍的任何部分都不能接触到静止的球，且球员的脚不能碰到球棍。

争球时正确的站姿会形成一个“中立区”，球员应把整个身体（头、肘、手、膝盖、脚）放在球棍头的左边。在哨声吹响前，可以将身体倾斜到中线上方，但不能将身体倾斜到中立区，也不能倾斜到静止球的上方。裁判会喊“预备”，然后球员必须保持静止，直到裁判哨声发出后，每名球员才可用自己的身体和球棍进行对抗试图获得球。

二、争球准备

（一）争球时球员的站位

争球准备是指双方球员摆出面对面姿势之前的准备阶段。争球准备时，球员要能根据自己的特点做出有效的行动，发挥球员自己独特的技术风格。球员的身体定位应尽量接近球和地面，并需在整个过程中保持平衡和可随时移动。

争球时许多球员喜欢尽可能地接近球，同时让球棍也尽可能地靠近球，在长曲棍球运动中也称之为挤球。一般来说，身体对抗能力强的球员站位会离球更近，而速度快的球员则会离球更远。有的球员在争球准备阶段习惯尽可能地靠近地面，离球更近（更低的人赢得争球）；但无论球员如何选择，都必须确保身体快速反应并保持移动。最重要的是：为防止对手把自己向后推，球员的站姿必须自始至终都能保持随时可以移动，除此之外球员还必须保持身体平衡和球棍可以有效地向前移动。

（二）争球时球员握棍的方法

争球准备时，球员两手握在棍柄上的距离不应超过肩宽。抓握球棍的方法是个人偏好的问题，可以使用传统握法，也可以使用双手反向握法（摩托车手柄的握法）。如果使用传统的握法，则右手掌心朝上，指节指向地面，左手掌心朝上，指节指向天空［图3-7（a）］；如果使用双手反向握法，则应双手手掌朝下，指节指向天空［图3-7（b）］。反向握法通常应用于长曲棍球棍技术中的夹钳和柱塞移动。

（a）

（b）

图3-7　争球时球员握棍方法

无论球员采用传统握法还是反向握法，握棍的时候都要让右手（惯用手）尽可能靠近球棍头，这会使球棍头获得更多的控制，而有效控制球棍头将在争球的对抗中起着至关重要的作用。争球时，球员的左手与右手（惯用手）的距离应保持30厘米左右，左手放在球棍把手的中间，球棍头刚好要碰到地面，保证手承受的重量很小，这种握棍方法使球员可以很好保持站姿并在举起球棍时不会失去平衡。

（三）争球时球员的身体姿势

争球球员要保持双脚与肩同宽，左脚在右脚后方微微抬起（以右手为惯用手），如图3-8所示。一般来说，球员两脚要放在肩膀下面，右脚指向球的方向，左脚指向前场，并保持重心在两脚之间，这种姿势可以更好地保持身体的平衡和灵活性，并有效进行下一步动作。

图3-8　争球时球员的身体姿势

当然，如果球员把身体的重量更多地落在左膝上，或者球员的左脚太靠后，会导致争球队员不能迅速迈步，不能摆脱当前的站立姿势去追赶球，进行第一步动作的能力就会被削弱，身体平衡就会受到影响，灵活性也会受到限制。有些争球球员喜欢把更多的体重放在他们的右脚上，他们错误地认为这样可以使他们更接近静止的球。实际上，如果像短跑起跑站位那样，球员身体的体重更多地落在右脚上，这会对身体的平衡产生负面影响，造成与对手抗衡时缺乏力度和持久度。

此外，球员还应保证每一个争球的准备细节应该是相同的，否则可能会向对手透露自己的意图。从某种意义上说，一名球员的握把方式是可读的，包括他的手位置（手腕是否翘起），肘部，脚位置（脚尖向前或向前场的一角），身体站位（在移动中挤球而非其他），球棍头的位置（棍头轻放或重放在地上，体重落在手上或两脚之间）。

三、争球哨声

（一）争球哨声吹响前球员的准备

在比赛开始前，裁判员会从两名争球球员身边退开，并吹哨示意比赛开始，争球球员要在哨声响起时迅速将身体和球棍伸出去。主要的球棍动作是钳、柱塞、耙、顶、反向钳制或跳跃战术和堵拦（更多的细节在后面的章节中会描述）。随着长曲棍球中球棍技术的不断发展，比赛规则的不断演进，为获得更多的优势和控球，每一种球棍技术动作都在不断演变。

争球过程中的移动是为了更好地操纵球棍，从而获得控球权并传球给队友。如果球员争球时有太多的重量落在手上，这会减慢球棍操作的速度，也会损害身体的平衡，影响球员移动的速度，容易被对手阻拦。

（二）争球哨声响起时球员的动作

当争球哨声响起时，球棍移动（如夹、柱塞、顶）中起着至关重要作用的是第一步移动，第一步移动可以用任何一只脚，但球员通常会用右脚。两名球员相对站立时，如果用右脚移动，就容易阻止对手的球棍移动，并减少对手创造快攻的机会；用右脚阻拦对手，可以使对手失去控球优势，使自己获得优势（抢对方的球）并阻止对手发动快攻。移动时，应该保持身体的平衡，通过保持平衡，可以对抗对手的任何身体碰撞，也可以对球的移动做出快速的反应。如果球员是用右脚开启移动，那么身体的大部分重量都落在左脚上，球员可以用左脚蹬地，用右脚迈出（图3-9），通常这样可以摆脱对手，并获得地面球。

图3-9　争球队员争球时脚的移动

四、争抢球

（一）争抢球时球员的身体姿势

在争球中，球员都希望利用球棍的移动，并瞬间获得控球——铲起球并控球，然后发起进攻，这是我们希望的完美争球结果。理想情况下，争球双方都不愿和对手发生对抗。然而，大多数情况下，双方球员都难以立即控球，两名争球球员会为获得球而激烈争抢，争球球员都试图利用身体合理对抗让对手远离球，自己占据有利的身体位置，保持胸部在球的上方，头部向下，盯住球，直到能控到球（图3-10）。

图3-10　争球时与对手合理对抗示例

（二）争抢球时耙球的方法

在争球的初期，球员有可能因对手正在向自己撞来而不能去抢球，或者没有合适的角度去铲球。当球员不能顺利地进行铲球时，可以用球棍头（让杆在对手的杆下）或球棍来控制球，并把球按想要的方向拉出来。如果不能控制球，可以直接把球耙到空地上，可能的话，应该把球耙到一个相对安全的位置，使自己或队友可以得到这个被耙出来的球。球员可以选择把球耙到一边，耙球的方向可以在自己的前方、侧面、侧后方。或者也可以把球拉到自己身后，结合进攻战术安排发动快攻。

争球的最终目标是设法把球从地上移开，使球进入球棍网袋中，这样就可以把球传给队友。争球的球棍动作主要是使用球棍头将球拉到自己或同伴的两腿之间，通常这样做的原则是将球放在第一位，身体放在第二位，球棍放在第三位，最后再进行铲球操作。

（三）铲球中的拖带与阻挡

在争抢对抗中，如果球员想在自己身后抢球，此时最好的选择是把球拖到想要抢球的位置，用身体将对手挡在离球较远一侧，进行抢球。抢球时，不要急着转动身体（或打开）去铲球，应先把球推出去再去铲，倘若不这样做，如果对手是位经验丰富的球员，他可以绕着跑，把球又抢过去；如果面对对手绕球跑的抢球，此时抢球队员需要把自己身体放在对手和球之间，并不断地旋转和调整身体进行“挡位”来保护球或阻挡对手抢球（图3-11）。这里的“挡位”指的是球员背朝向对手，就像在篮球比赛中，篮球运动员在抢篮板时的姿势一样：球员看到队员投篮，预判并到达对手的位置，然后转身将对手挡住后，再去抢篮板球。

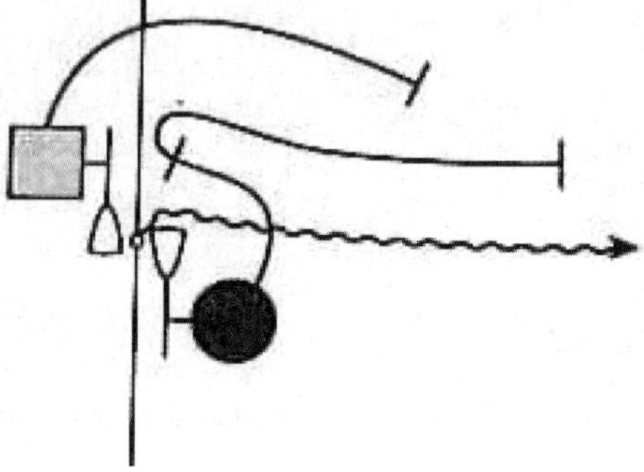

图3-11　争抢球时抢球队员身体“挡位”示例

球员“挡位”时，身体应该保持较低姿势，扩大身体面积，用臀部，肘部和球棍将自己的对手挡在背后，这个动作与球员的对抗能力有关，要做到这一点，球员应该保持两脚左右开立与肩稍宽、重心降低来对抗对手“挤”的力量，同时用自己的身体阻挡对手（这样对手就不会在他周围找到机会），利用身体旋转，挡开对手，最后完成铲球。

（四）用铲球来保护球与传球

球员准备铲球时，可以使用单手或双手握棍铲球（图3-12）。对球员来说，只要有可能都应该使用双手握棍进行铲球，双手握棍铲球有更高的成功率且更具有进攻威胁。在比赛中，双方球员面对面争夺球会非常激烈，球员要力争在第一次尝试时就把球抢到，如果没有把握住第一次抢球机会，一般就不会再有一个轻松得到球的机会了。

图3-12　单手或双手握棍铲球示例

球员保护球和传球能力的大小是保持控球权的重要因素，一旦抢到球，必须先保护好球，同时还要有能力快速传球，这两点对铲球成功后的下一步衔接都很重要。球员铲起球后，应将球棍贴近脸部或靠近身体躯干进行保护，如果只用球棍保护，对手会蜂拥而上进行包围，这样就会失去控球权，一旦遇到对手围攻，必须准备好随时传球给队友或者逃离防守的围堵，但注意不要移动到中场队员处，因为那里有更多的防守。如果想要传球给无防守一侧的队友，在没有时间切换到强侧手（惯用手）进行传球时，可以使用铲式传球（图3-13）。如果这时持球队员被逼在边线上，也可以使用跳传的方式把球传给队友（图3-14）。

图3-13 铲式传球示例

图3-14 跳传球示例

当然，在长曲棍球比赛中争球环节失利并不一定直接导致本场比赛的失败，球队虽然在争球中失去控球权，但仍然可以在对手传球等环节中出现失误时获得控球机会，也可以利用积极有效的攻击性防守使对手失球，或者通过阻挡、抢球等方式获得控球权。

五、争球技术中的球棍动作

（一）球棍移动

在成功的正面争球对抗的技术中，球棍操作技术是第一个关键的技术步骤。球棍移动是争球队员利用身体和球棍获得控球的最初动作，这些动作是争球队员的基本技能。传统的球棍技术动作有钳制、耙和顶，但这些动作现在已经演变成其他的球棍技术，如柱塞式动作和阻塞式动作。

（二）钳制动作

在长曲棍球运动中，钳制是最流行的球棍技术。所有的钳制动作都要求球员保持低姿势并用棍头压住球，钳制动作主要分为力量钳制、快速钳制和柱塞。

钳制时，握棍可以使用传统的握法或反向握法（摩托车把的握法）。球员把球“掐”到球棍头后面，这样就可以带球往回移动，或者带球来回移动进行快攻。在钳制动作的准备阶段，球员手腕要向上翘起，便于用手的速度和力量把球棍压在球上。让手腕翘起还可以建立球棍转动趋势，有利于球员进行快速移动。另外，钳制时球员应保持脚指向静止的球，身体的重量应该更多落在左脚上。

球员身体姿势要保持平衡，并且尽可能地放低而又不失去快速起动的能力。当裁判员哨声响起时，手腕迅速旋转并带动球棍头的后部与地面持平，把球控制在球棍头后部，右脚靠近球棍头，阻挡对手的球棍头，同时球棍头向右侧移动到对手的球棍头下方，阻止他获球并趁机发动快攻。

（三）力量钳制

准备力量钳制时，球员的惯用手应靠近球棍头，手腕向后翘起，当裁判员哨声一响，用球棍头的后部夹住球，右脚迈步移动。力量钳制更多强调用右手（惯用手）主导夹住球并压在地面，左手（非惯用手）举起球棍头的后部，对球施加更大的压力 （而不是球棍头的底端平贴地面），如图3-15所示。

图3-15 力量钳制动作示例

(四)快速钳制

在快速钳制(也称为冲压式钳制或推钳)准备时,球员一般采用传统握法,手腕分别翘起,以获得更多的钳制力量。当听到裁判员的哨声,用左手和球棍头后部向前击打或压向地面,此时球员左手(右手为惯用手)和球棍头后部压低到地面,将球夹在球棍头后部,球员一般会用右脚先踏出第一步(有些球员更习惯用左脚迈出第一步,然后用右脚重新调整姿势),如图3-16所示。

图3-16 快速钳制动作示例

（五）柱塞

柱塞是一个非常有效的发起快攻的钳制移动技术，柱塞动作中球员一般使用摩托车握把或传统的抓握球棍的方法。当哨声响起时，先用力量钳制或快速钳制的方法，迈出右脚，右手（惯用手）用力捏住球棍，然后举起球棍，使球棍头垂直于地面，像活塞运动一样，把球向前“推压”，发动快攻，如（图3-17)所示。

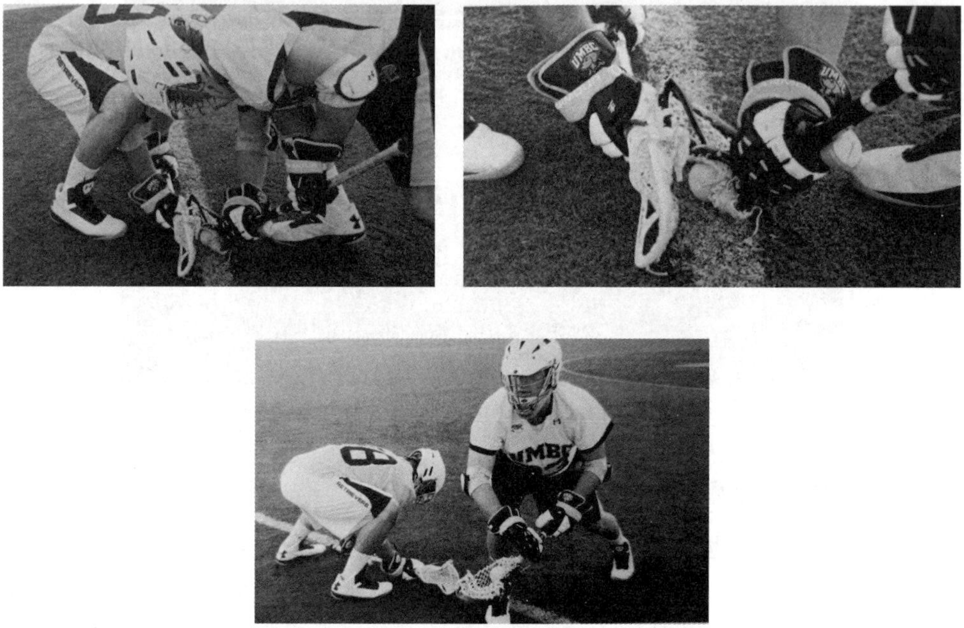

图3-17　柱塞动作示例

（六）耙球

耙球是指球员用球棍做扫球、推球或拉球的动作，如果用球棍头向侧面扫或推球，就会出现一个侧向的运球动作。

1. 传统耙球

在长曲棍球比赛争球中，球员可以将棍袋的后部靠近中线上的球，以钳式运球相反的握棍方式翘起手腕，在哨声响起时，将球棍头的后部向前推入对手的球棍头，然后“截住”球，球棍头从右向左（右手为惯用手）拉过身体前方，双手持棍扫出球，这使得传统的耙球成为一种有效的争球策略，如图3-18所示。

图3-18　传统耙球的示例

在传统的耙球技术中，球员要尽可能快地把在中线上的球“扯”出来，并且“扯”球时要把球棍头打在对手的球棍头上，才能保证耙球成功。现在实施的规则要求：比赛中，两名争球队员的球棍都不能碰到中线，这导致两名球员的球棍袋之间有更多的空隙。当然，争球队员使用传统耙球的方法只是将球拉向边路，并未真正地控制球，因此，使用传统耙球并不能在争球中真正取得绝对的优势。

2. 快冲耙球

另一种耙球技术是快冲耙球。裁判员鸣哨时，球员迅速逆时针旋转棍头与棍袋，使棍头和棍袋正面对准地面（向相反的运动钳制方向移动），并落在球后方的地面上，保持球棍和球棍头与地面平齐，然后用横扫或倾斜击打的动作将球从对手的球杆下打出，图3-19是快冲耙球的示例。快冲耙球的主要目的是拍球，而不是抓球。所以，球员右脚第一步并不十分重要。快冲耙球虽然能更成功地对抗争球时的顶球动作，但目前占主导地位的争球技术还是钳制和柱塞。

图3-19　快冲耙球的示例

（七）顶球

所有的顶球动作都包括将球棍头或球棍举过位于中线的球，并将球棍置于对手的球棍和球之间，目的是遏制对手球棍的移动，然后直接带球出去，进行铲球。目前，主要的顶球动作是顶或跳跃移动，反向钳制或跳跃移动以及堵拦。

1. 顶球或跳跃移动

在准备顶球或跳跃移动时，为了通过球的移动来完成技术动作，球员的手腕不翘起，手和球棍轻轻放在地面上，球员脚尖指向中心线，身体的姿势比钳制时稍高。当听到哨声时，球棍头举过球的上方，用球棍头或球棍袋的后侧向前推，对准对手的球棍头，与对手的球棍头接触（阻止他的钳制动作），让对手失去控球，然后把球棍放下来，用球棍头或球棍袋控制球，把球拉到两腿之间，如图3-20所示。

图3-20 顶或跳跃移动的示例

2. 反向钳制或跳跃移动

在准备反向钳制或跳跃移动时，球员要准备逆时针旋转球棍，同时球棍要轻放在地面上，脚尖指向中线。球员无论用右脚或左脚踏出第一步，身体重心都应该在另一只脚上，以确保自己快速蹬出。当哨声响起时，将球棍举离地面，逆时针旋转球棍头，使球棍袋的前部指向地面，然后迈步并将球棍头放下至球的上方，抽出夹在球棍袋前面和地面之间的球（与钳制相反）。完成动作过程中球员用球棍头轻拍球，将球棍的一端拉向边线并把球拉到一边，如图3-21所示。

图3-21 反向钳制或跳跃移动示例

3. **堵拦**

堵拦的准备阶段类似于反向钳制或跳跃移动。裁判员哨声响起时，球员举起球棍从球的上方越过，用球棍把手或球棍的顶部向前撞向对手球棍的顶部，通过堵拦对手球棍后从两腿之间把球传出去。堵拦是一种防御措施，其主要目的是堵拦住对手，将球传给自己的队友或传到本方有利的区域，如图3-22所示。

图3-22　堵拦示例

第四节　争球技术的训练

争球是一项个人技术对抗。它是一项专业技能，需要进行大量的重复训练，就像其他任何需要高强度身体接触的比赛一样，重复练习是提高技术能力的关键。以下介绍基本的争球动作训练。

一、顶球训练

（一）目的

学习手腕、球棍的敏捷性操作。

（二）落位准备

球员做好争球前的准备姿势；教练员或队友在练习位置的附近。

（三）组织练习

球员练习将球棍头抽回，置于球上方。队友或教练员发指令“起”和“停”，或者吹哨示意。

（四）指导要点

此练习帮助球员提高手的移动速度，使“顶球”移动更自然并形成习惯。

二、钳制训练

（一）目的

学习钳制球的技术。

（二）落位准备

球员按争球位置就位。

（三）练习组织

球员越过球上方练习钳制，分别进行力量钳制或快速钳制的训练。

（四）指导要点

1. 钳制训练的目的是掌握钳制技术动作。
2. 首先，球员进行原地练习；然后，以右脚迈步进行练习；最后，练习用左脚上步来控制身体平衡并进行练习。

三、钳制和拖球训练

（一）目的

学习如何将球拖拽到两腿之间。

（二）落位准备

球员以争球位置开始。

（三）练习组织

球员用球棍头钳制球，右脚迈步，把球拖夹在两腿之间，分别进行力量钳制或快速钳制练习。

（四）指导要点

1. 球员练习如何把球从两腿之间拉出来，这也是许多杆式运动（冰球、曲棍球等）的常见技术。
2. 球员可以练习以右脚为支撑点来进行铲球。

四、背对背抢位训练

（一）目的

学习如何抢位挡人。

（二）落位准备

两名球员在球上方背靠背，不持球棍，教练员或队友位于练习者附近。

（三）练习组织

队友或教练员发出“走”的指令或吹哨示意。第一次指令或第一声哨音响起时两名球员都在争球的位置，第二次指令或哨声响起时，两名球员立即徒手相互抢位并试图抢球。熟练后，两名球员持球棍再次练习。

（四）指导要点

球员练习的目标是将对手从球上方挤开并挡住，从而获得有利的抢球位置。

五、步法训练

（一）目的

训练脚步移动的敏捷性。

（二）器材与落位准备

球员将球棍平放在地上，教练员或队友位于练习者附近。

（三）组织练习

当教练员或队友的指令或哨声发出时，球员开始沿着球棍上方从球棍尾端向球棍头方向进行左右来回跳跃。

（四）指导要点

这些练习将帮助球员提高脚步的灵活性，这在对抗技术中是至关重要的。

第四章　突破、传球、射门

球员在掌握了前面投掷、接球、摇杆、铲球四种基本的棍法以后，就可以进一步学习突破、传球、射门等控球进攻技能。长曲棍球与包括足球、篮球和曲棍球在内的许多运动一样涉及争夺球的控制权，在这类以球权争夺为目标的运动中，比赛的基本状况是：谁得到了球，谁就可能控制比赛。在长曲棍球比赛中，球员获得控球权后，可以做以下三种选择：第一，突破防守压力，把球带到对方的球门，如果在对方球门附近，可以通过突破直接射门。第二，传球给一个有更好进球机会的队友。在球类运动中，一个好的助攻和一个好的射门进球同等重要。第三，当接近对方的球门获得控球时，可以立即射门得分。

第一节　三重威胁

三重威胁姿势的主要目的是使运动员技术发挥更加高效。在篮球比赛中，球员总是以三重威胁姿势为基础做好传球、运球或投篮；而在长曲棍球比赛中，球员同样也是以三重威胁姿势为基础做好传球、突破或射门。

一、三重威胁的身体姿势

长曲棍球运动员投掷或接球时，一般应把球棍放在自己头部一侧假想的扔球区，身体侧转（而不是与目标成直角），这样的身体姿势通常对完成投掷或接球会更有效。先用双手水平持杆［图4-1（a）］，再将网袋提升到扔球区位置，然后把球棍移到45度处，把球棍头（网袋）移到身体一侧靠近耳朵的假想扔球区［图4-1（b）］，最后从正面位置开始，移动身体侧面位置［图4-1（c）］，转动身体的上半身，使身体的另一侧或前面的肩膀指向攻击的目标。如果是右撇子球员，那么转动左肩对准自己的队友或目标时脚也应该相应地调整，并保持自然分开；球棍相应放在身体的一侧，它的范围取决于球员个人喜好、舒适度和自信程度，基本是从45度位置到几乎垂直；当球员转动肩膀时，必须伸展自己的手臂和肘部，以便球棍头是在自己的视线内，并更接近眼睛的高度。一般来说，球员的余光应该看到自己的球棍头，这样可以确认球是否进入了自己的网袋，这样也可最大限度地保护球棍。

图4-1　三重威胁动作示例

二、三重威胁动作时球棍的位置

当球员开始做三重威胁动作时，球棍应保持在身体周围的一个假想的圆柱体内，将球棍拿在自己能看见球棍头的位置，始终使自己余光都能感觉的范围里，以便最大限度地保护自己的球棍（图4-2），还可用头盔和上体来保护球棍头，在移动过程中，应该尽可能让自己的手臂远离身体，使手可以自由投掷、传球或射门。在空旷的场地上，球员为了看到整个场地，会通过奔跑尽可能地保持运动状态，在开阔无防守压力的场地里，随着圆柱体的扩大，运动员的手臂和球棍会离身体更远。

图4-2　三重威胁动作的球棍位置

"圆柱体"的概念在比赛的近身攻防中更加适用。进攻队员离防守队员越近，给防守队员的缓冲就越少，防守队员就越需要将球杆靠近自己的身体。反之，进攻队员离对手的球门越近，防守给予的压力就越大，为了保护球棍，进攻队员的手臂和球棍就需要离身体越近。所以，攻防之间的间隙越小，圆柱体就会变得越小。

第二节　突破技术及训练

突破技术动作涉及脚、髋部、球棍。一般来说，人们会把重点放在球棍上，但实际上，突破要从脚下的步伐开始——一切都是从地面开始的，步伐包括步伐的灵活性、速度的爆发、快速脚步移动，在比赛中改变行进的速度或者方向，包括传球、射门、和切入等技术环节中合理运用步伐和脚步动作是非常重要的。例如：防守队员位于进攻队员与球门之间，进攻队员采用变化多端的步伐和脚步动作，运用身体和球棍的假动作，使防守队员身体重心出现失控，无法跟上进攻队员，从而达到摆脱防守的目的。

一、突破技术的基本原理

（一）突破的概念

突破是长曲棍球进攻性的本质核心。突破具有欺骗性，因为突破者：①试图掩饰自己的真实意图；②突破分为主动突破和被动突破；③进攻队员可以用其制造进攻机会，或者当其面对防守球员的过度防守时采用。从本质上来说，突破是一种对抗性的行为，长曲棍球的突破就像其他室外运动一样，归根结底是进攻队员与防守队员的个人对抗。

（二）进攻性

对于大多数成功的突破而言，一定要有一个先入为主的主动性，才能成功突破对方的防守。

（三）对抗性

长曲棍球是一项对抗性的运动，而且是一项攻防转换很快的运动项目。进攻的目标是突破防守并射门得分；而防守的目标是尽力阻止进攻，防止进攻队员脱离自己的防守并积极阻挠传球或射门。

（四）突破的要素

突破包括虚晃、假动作。为了骗过防守队员，进攻队员需要用身体、球棍、眼神等进行假动作，通过改变行进的方向和速度，使防守队员无法跟上自己，从而实现甩掉防守的目的。

二、长曲棍球的突破方法

首先，突破需要在场地界线与防守队员之间留出足够空间；其次，要充分考虑场地及边界线等影响因素，尽量避免边界线对突破造成的影响，如图4-3所示。

图4-3　突破的准备示例

一般来说，防守队员希望与进攻队员保持一定的距离，而进攻队员则希望更接近防守队员。突破时应该尽量靠近防守队员，并趁其不备时迈出第一步，并加速跑动甩掉对手。倘若突破时离防守队员太远，防守队员会有足够的时间和空间做出反应，可以迅速封堵进攻队员的行进线路。当然，进行突破时最理想的情况是：进攻队员与防守队员之间应该保持一杆的距离。

当进行突破时，球员应该采用变化的步伐，用转体或身体晃动进行虚晃，此时步伐短而稳，保证可随时改变行进方向。一般来说，突破的“第一步”应该用一个突然且意想不到的身体假动作（图4-4）或假的球棍动作（图4-5）吸引住防守队员，引起防守队员过激反应，趁其不备，迅速摆脱远离。

图4-4　突破时身体的假动作示例

图4-5　突破时球棍假动作示例

突破时，球员应该利用球棍和身体的各种变化激起防守队员最大限度地过激反应。如果进攻队员的虚晃动作引起防守队员反应过度，则可以利用防守的过激反应，向虚晃相反的方向移动，这种假动作的脚步应该做到步长短、步频快和高效。“第一步”的特点是突然离开（图4-6）。突然离开包括迅速地爆发起动，把防守队员拉开，这种爆发类似于田径场上100米的起跑，起跑阶段就把对手甩开。

图4-6 突破时脚步第一步动作示例

二、长曲棍球突破技术的训练法

（一）五圆锥突破练习法

1. 目的

学会用转髋和脚步变化进行突破。

2. 方式

五个圆锥呈“Y”形排列，球员持球棍从圆锥1开始出发。

3. 动作要领

球员降低重心，用短而快的步伐从圆锥1到达圆锥2，在圆锥2处向左或向右变向后继续到达圆锥3，从圆锥3到达圆锥4或5时，球员采用侧身探肩的突破方式到达圆锥4或5，突破后球棍自然回到带球行进姿势。

4. 训练要点

这个突破练习主要强调球员转髋和脚步变化，训练如何用短而快的脚步来改变速度和方向。

三、长曲棍球的突破策略

（一）突破遵循的基本原则

突破策略遵循的最基本原则是两点之间，直线最短。这两点就是突破者与球门的中心。在长曲棍球比赛中，突破者的目标不是直接越过防守球员，而是通过改变方向或速度来诱使防守队员离开目标直线，然后继续在这条线上移动，从而打通到达目标的最短距离的线路。

当进行突破的时候，进攻队员希望让防守队员在自己想去地方的反方向做出反应，并且让防守队员不能站稳脚跟，失去重心。无论采用哪种方式，进攻方都在寻找防守队员的错误，并且利用对手的这种错误往相反的方向移动。防守队员有时会做出攻击性动作，但如果防守队员攻击时失去平衡，这正是进攻方突破防守的时机。如果防守队员身体保持很稳，防守与攻击都很平衡，没有失去防守位置，则需要进攻方主动进攻突破，这时进攻方会用假动作让防守方主动失衡，进而实现成功突破。

（二）突破技术的身体姿势

如果进攻队员突破时第一步使用假动作，防守队员为了一个更好的防守角度，一般会打开他的胯部，并迈出一大步［图4-7（a）］。这时进攻队员应该攻击防守队员靠近胯部的部位，这是他迈步后离进攻队员最近的身体部位［图4-7（b）］。

（a）　（b）

图4-7　突破动作的身体姿势示例

进攻队员应该使用急停或变向方法来拉开与防守球员的距离且越过进攻队员，或者后退并远离防守队员进行射门。如果用假动作就晃开防守方并拉开了距离，这时就可以直接朝球门移动，腾出手臂来交换球、传球或射门；如果第一个假动作没有骗过防守球员，那么整个过程中防守就会给进攻队员压力，进攻队员将不得不用更多的精力保护球，也就不能让手臂和手自由传球或射门了。

进攻队员靠近防守准备突破时，身体姿势应该从面对姿势转为类似于拳击、散打的侧身姿势，这样暴露在防守队员面前的身体部位会减少。侧身时要做到一切都平衡和协调一致；转动躯干、髋部和肩膀时，手和球棍会自然后移，这样球棍就得到了保护。此时，重心应落在后脚上，身体核心肌肉会顺势向后扭转以获得力量，球棍朝向身后以便掷球（图4-8）。

图4-8 突破动作中侧身带球动作示例

四、突破技术的分类

突破包括侧身、正面、转身和交叉突破等。突破有时会伴随改变手在球棍上的位置，有些突破会用腿跨过突破者与球门连接的那条假想直线。无论使用何种技术，所有的正面突破都是通过直接的、攻击性的移动来带动对手，并且每一次突破都包括主动或被动。

（一）侧身突破

侧身突破（图4-9）。指球员先面对防守队员蹲下，降低重心，然后突然侧身用快速的步伐迈出。突破时先观察防守队员的重心和髋部，突破过程中，配合使用假动作将防守队员的重心调离，探肩并将球棍自然放到体前，以后脚为支撑腿，迅速向防守队员相反的方向迈出。侧身突破时，时机的掌握很重要，不能早也不能晚，时机要掌握得恰到好处，才能取得很好的效果。

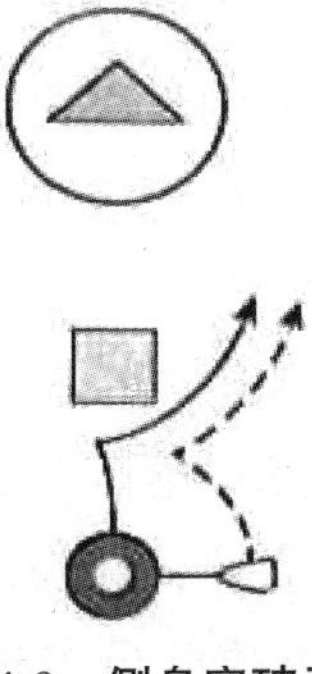

图4-9 侧身突破示例

（二）正面突破

正面突破（图4-10）时，持球队员越过与球门中心的直线，球棍不换手，当进攻队员带球接近防守队员时，重心后移，球棍保持三重威胁姿势。进行正面突破时，转动躯干，身体适当越过球门中心与自己连接的那条假想线（但不能偏离线太远），这时防守队员会因为持球者的偏离而跟着离开那条线而导致失去防守位置。

正面突破时，进攻队员的球棍和身体应该是一个整体，手臂和球棍要保持相对静止。完成突破动作后队员的肩膀应朝着身体前方，惯用手带球保持在体侧靠近耳朵的附近，持球者的球棍尽量不要换手，否则防守队员就可以从后面干扰球棍，如果进攻队员在完成突破动作时做了一个较大幅度的球棍动作，都应该尽快回到原来的带球姿势。

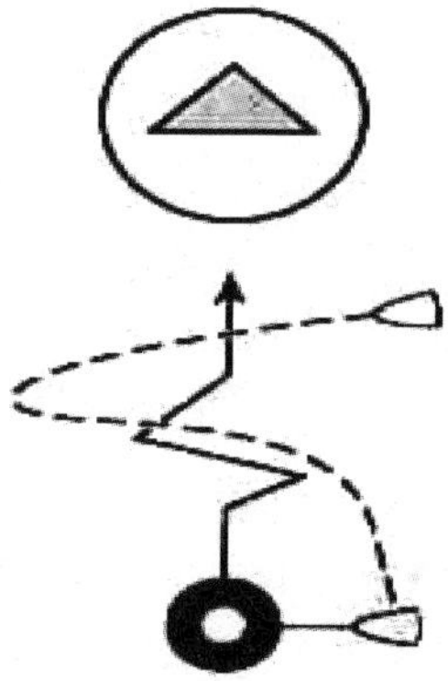

图4-10　正面突破的示例

如果防守队员正在进行攻击性的动作并失控冲向进攻队员，进攻队员应该对他的过度防守做出即时反应，当防守队员接近进攻队员时，防守队员的球棍高高举在空中阻挡传球，那他的重心可能已经上升了，这给进攻队员一个最好的正面突破的机会。当然，在积极主动的情况下，成功的正面突破分为两步：① 假装传球；②进行正面突破。

如果防守队员处于低位平衡的运动状态，进攻队员接近防守队员时，可以让身体和球棍转向一侧，假装掷球给队友，好像真要传球给队友一样，但不能做得太过，否则会导致动作失控，让身前的防守队员看到并加快摇杆的节奏（控制摇杆的节奏）。如果进攻队员表现为投掷姿势，防守球员这时可能会被骗站起来，重心上升，举起球棍来阻击传球，这使防守球员更容易被进攻队员正面突破。

（三）转身突破

就像正面突破一样，转身突破（图4-11）时，进攻队员要越过假想直线，目的是将防守队员带离那条假想线。当进攻队员接近防守队员时，重心后移，保持三重威胁姿势，跨过假想线，诱使防守队员向一边靠拢，然后采用转身突破动作甩掉防守。如果进攻队员是习惯于右手持棍，在固定左脚之前，先转动上体，左脚站稳之后，摆动右脚并让左脚站在假想线上，以左脚为轴，身体和球棍一起向后转动（后转身），保持平衡，整个动作过程要连续。转身过程中用身体保护球棍，握棍手不交换，如果换手握棍，球棍会悬空，这使得球棍更容易被阻截。球棍要垂直于地面，紧贴身体加以保护。当进攻队员完成转身时，球棍就会引领身体向前（用球棍领先向前进），通过使球棍向前，可以避免球棍挂起或拖拽，并且会移到离防守队员尽可能远的地方（把球棍和防守队员分开）。一旦球员做到球棍和身体与防守队员分离，就可以调整身体姿势来适应网袋里的球进行下一个动作。最后需要注意的是：进攻队员完成转身突破后，要转到异侧肩膀向前，并回到球棍网袋靠近耳朵的位置。

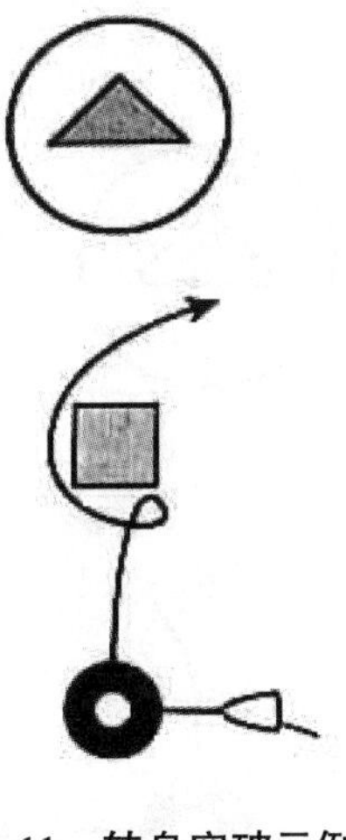

图4-11 转身突破示例

为使突破更加主动和积极，可以使用突破组合。从侧身突破过渡到转身突破，用侧身突破来为转身突破创造条件。如果防守队员的球棍较低，失控地冲过来时，为更好地保护球棍，进攻队员可以使用转身突破，转身突破有时是一个主动的动作，更为重要的是，转身突破也是一种反击战术。例如，进攻队员可能更喜欢在球门旁边突破并寻找机会射门，但是如果防守球员在队员的面前靠近，进攻队员可以用转身来突破对手。总的来说，转身突破的主要优点是能最大限度地保护球棍，缺点是进攻队员的视线需要离开球场，就会短暂失去对场上所有其他球员的观察，可能会妨碍球员获取球场的信息和反应的能力。当然，对防守方来说，对转身突破者的防守应该在其转身时迅速滑动并紧紧跟上。

（四）交叉步突破

交叉步突破（图4-12）。进攻队员越过自己与球门中心的假想直线，改变握球棍的手（这是唯一需要突破者换手的突破）。进攻队员为将防守队员带离假想线，在接近防守队员时，进攻队员应该处于三重威胁姿势，双脚站稳，重心和球棍移到身体的另一边，当球棍换手时，脚不应该马上交叉。要改变握球棍的手，需要做到两步：第一步，突破者把握在球棍尾端的手向上滑动到握在球棍支点的手的下方，然后移动球棍使网袋朝向防守队员；第二步，把握在球棍支点的手松开并移到球棍的尾端，然后把球棍移到身体的另一侧。当球棍换手时，球棍头应该从一侧掷球区转到另一侧的掷球区，球员换手后用力把手里的球棍向前移动，调整自己的身体以适应球（球在网袋里），然后重回到三重威胁姿势。

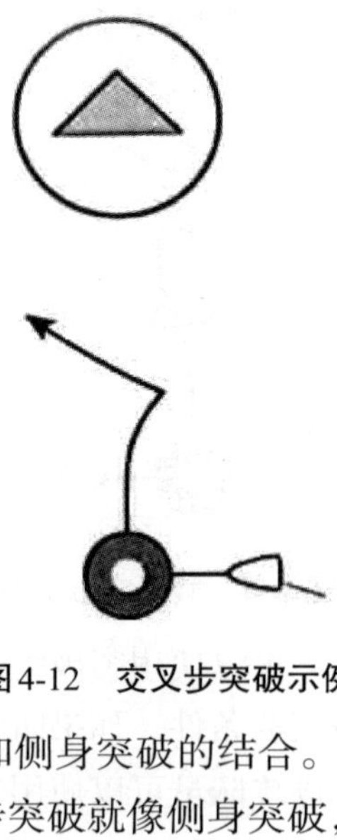

图4-12　交叉步突破示例

交叉步突破是正面突破和侧身突破的结合。交叉步突破类似于正面突破，但队员需要换手持棍；交叉步突破就像侧身突破，但队员也要换手并越过假想线。球员应该注意，当使用交叉步突破时，一个成功的策略是“蓄力”：进攻队员先把球棍放在非惯用手上，做一个假动作，然后进行交叉步突破，再把球棍换到惯用手进行交换球、传球或射门。

第三节 传球技术及训练

一、传球技术概述

长曲棍球是一种进行球转移的运动，其中大约超过一半的进球都是需要队员之间相互配合。长曲棍球运动的一个独特之处是每个球门后面都有相对较大的场地区域，赛场上运动员需要进行大量的传球和切入，而传、切是进攻性长曲棍球的重要组成部分。传球不仅仅是为了控球而移动球，传球更是将球传给有得分机会的队友（即对对方有威胁、有机会接球和射门的队友）。传球从本质上看是一种助攻，尤其是向内线传球，对防守队将产生较大的压力，但传球失误也将导致攻防迅速转换。传球是一种球转移的进攻技术，与切入技术相对应，在一套进攻战术中，传球者和切入者都需要有默契，在正常比赛的情况下，传球者可以是任何一名意识到队友有更好的得分机会并传球给他的球员。

二、传球的基本原理

传球通常与切入相配合，即传球者一定要与切入者配合。传球者要采取明智的决策、传出契合切入者能力的传球。传球有时像带球突破，其中可以结合假动作——这个技巧对传球者和切入者都适用。

（一）传球配合

传球需要时机、位置、队员——传球者和切入者的配合。这种配合可以是语言交流，也可以采用非语言交流，交流的方式可以是视觉、语言，比如眼神交流；也可以是肢体语言，比如轻拍头盔或者用球棍做动作。在团队进攻中，要使全队很好配合，达成一致的“配合规则”非常重要。当然，在定点球进攻中，尽管队友可以意识到下一步的行动，但采用事先设定的配合方式进行配合仍然非常重要。

（二）决策

传球者一定要理解控球的重要性并对传出的球负责。球队只有在控球时才有机会进球，同时控球也是很好的防守，无球的情形下对方是无法得分的。传球者也必须作出准确的判断和决策，不能随意传球，也不能给切入者或射手一个低概率（只是接住，无法进行下一个动作衔接）的传球，更不能自私地一直进行“本垒打”式的传球（即传球者试图射门，受阻后被迫仓促传出）。如果传球的时机不合适，为避免传球失误，传球者必须放弃传球并寻找下一次更好的时机。

（三）感知

传球者需要清楚了解队友的技术能力和个人特点。一次好的传球一定是队友可以掌控的，传球者必须根据切入者的能力和场上的情况，来适当进行调整，还需要根据队友的位置来调整传球的速度。一次好的传球应该是传出球后，队友刚好能接住球，并顺势做出下一个动作。

（四）假动作

为了传球成功，需要运用假动作来迷惑对手。利用身体和球棍的假动作晃过对方防守球员的阻截，有效的技巧是闪身和后退步。进攻队员迅速地朝球门突破，防守队员也会跟着一起跑，此时进攻队员再向后退步，同时腾开手传球。另一个技巧是“移开防守队员视线”（假装看向球场一边——“看”传球线路是否安全，然后视线又回到他真实的传球方向）。如果发现切入者还没准备好时，应该看向别处，分散防守的注意力，但当决定传球时，无论目标是切入者的球棍头还是开阔区域，视线都要回到传球目标上。当然，长曲棍球比赛中最优秀的球员是可以不用看着传球方向就能把球准确地传到目标方向。

二、传球技巧

（一）传球时球棍与身体

假设突破者、切入者和传球者组成进攻组合攻向球门。传球者通常会位于球门后面，首先考虑如何传球，同时仍向球门进攻。他应该观察场上的切入者，并在跑动中传球（因为移动中的传球更难防守）。当传球者跑动时，防守方会全力跟上进行防守，这时对防守球员来说也更难封锁传球者，传球者可以通过变向和变速并在合适的时机摆脱防守。但为了减少失误的概率，应当注意传球时要尽量避免长距离挥杆。

在传球时，传球者通常会将球棍放在切入者可以看见的掷球区，但也不是所有的传球都来自掷球区，为了避免被防守队员截击，应该倾斜肩部使球棍头低于另一侧，但不能只放低球棍而不倾斜肩膀。倾斜肩膀的目的是要使球棍处于一个可以精准传球且不会泄露意图的位置，同时还要用控制摇杆角度确保球在网袋的合适位置。

传球时，身体重心下降有助于在传球时快速移动重心，侧身转体可使球棍处于负载状态，传球者就可以在机会出现时第一时间出手传球，但在传球的那一刻，传球者要瞄准目标并瞬间决定要把球传到预定的位置。

（二）传球速度

传球动作和掷球动作基本相似，传球的目的是让接球者接住球。通常情况下，传球的速度介于交换球和射门之间，比射门的速度慢。为了防止传球过程中球被拦截或断掉，传球比平地的交换球更快，传球的基本原则是将球传到接球者最容易接住并可衔接下一个动作的位置。为了避免球被断掉，需要根据接球者的位置传出一定提前量的球，要求队友移动到落点去接住球。例如，如果对方防守队员正高举球棍准备截球，那么防守的空档就在队友的下方和外侧，如果这时传球者传球到外侧，队友就可以避开防守，在身体的外侧接到球。

（三）传球的基本类型

传球有以下两种基本的类型。

1. 直接传到同伴球杆上的传球，称为杆上传球。

2. 传到某个无防守区域的传球（叫做无防守区传球）。

（1）杆上传球

在通常的传球中，传球者把球传到接球者的球杆上（图4-13）。如果接球者原地不动，传球者要让传出的球恰好命中目标（球杆等）。杆上传球的例子之一是跳传，跳传是为给队友创造射门机会而传给非相邻队员的传球，跳传的线路更多是在一条直线上，球越过对方防守传到接球者的球杆上。

图4-13　杆上传球示例

（2）无防守区传球

比赛中有时候需要把球传到无防守区。如果接球者正在移动，此时的传球往往需要接球者配合指引。有时接球者会向传球者移动，并把球棍向传球者靠近，获得传球者的传球，但这种情况较为少见。大多数的传球需要一定的角度和提前量，到达接球者刚好容易拿到球的地点。传球时，应该用目光联系拟传球的无防守区的接球者并得到回应［图4-14（a）、图4-14（b）、图4-14（c）］。因此，在无防守区传球中，传球者应先注视无防守区并把球传出，同时接球者为能接到球必须及时移动到位。当然，传球者首先要引导接球者在合适的时机跑向无防守区去接球，否则容易造成传球失误。

（a）传球者看到接球者准备接应传球

（b）传球者看向定点

（c）传球者引导接球者

图4-14　无防守区传球示例

另外，无防守区传球也可采用高传球。例如，当中场队员正在中场区并远离场内击球线时，可以传高短球，中场队员可以快速跑到球的落点以下，接住球的同时进行射门。高传球比跳传有更多变化，在高传球中传球者可以传球越过对方防守（跳传是对方防守意料之外的非相邻球员传球）。高传球可以为接球者有足够的准备时间和空间进行射门创造条件。足够的时间和空间意味着接球者可以从容地射门，并保证射门不被对方防守阻断。

三、五圆锥法传球练习

（一）目的

学习在球门后方的传球技巧。

（二）器材摆放

在球门后放置五个圆锥，呈“Y”形排列。圆锥1放置在球门后的终点线上，圆锥3放置在击球线顶点附近。练习者持球在圆锥1处，一名队友或教练员站在球门前的击球线上。

（三）组织练习

练习者从圆锥1处向圆锥2移动，到达圆锥2时，采用小碎步快速到达圆锥3处变向，到达圆锥3时，在击球线的任一侧做急停变向，保持三重威胁姿势冲向圆锥4或5，到达圆锥4或圆锥5后做回撤，当接近球门外延线时，将球传给站在击球线的教练员或队友。

（四）训练要点

练习的重点是脚步的移动，练习者采用变向和变速来摆脱对方防守，腾出双手，准确地传球给队友。

四、传球与切入的配合策略

（一）传球与切入的时间配合

传球和切入是两人配合的技术，需要根据在场上合适的时间和场上所处位置来协同配合。传球和切入都与时间有关，传球者和切入者必须协调一致，共同努力才能配合成功。这就像在篮球比赛中，如果传球者在队友脱离包围并且无人防守时，传球者必须及时地传球。也就是我们平时说的“人到球到”，如果传球晚了，就会失去打乱对方阵脚的最佳时机。

只要传球者和切入者配合，在球场的任何地方都可以进行传球，传球者可以从球门延伸线前面传，也可以从球门后面传。在“突破和摆脱”战术配合中，传球通常是传球者晃过对手，然后把球传给下一个无人防守的队友，或者传给一个在击球线附近脱离包围的队友。当球在外线时，有射门能力的控球队员吸引防守队员上前抢球，给内线队友创造进攻机会，这时控球队员突然将球传给内线的队友，则会造成一次有威胁的射门。

球门后面的区域是长曲棍球比赛中攻守双方激烈争夺的区域，在球门后面这14米空间内的传球在比赛中占很大比重。因为传球者通常在球门后面，防守球员常常背对着球门前的球员，这时防守球员很难同时看到球和队友。一般来说，球门后面的传球者的主要传球区域是在球门后的两边，但不包括球门正后方的区域（X后方位置），X后方位置位于球门的顶点处。球员当然可以从X后方位置那里传球，但那不是一个非常理想的传球地点，这个位置的传球很容易被守门员拦截和接住。如果进攻队员在球门后的X后方位置持球，那他只能选择传球，直到他移动到球门外延线前他基本不能射门得分，一旦他越过了球门外的沿线，才可以传球或射门得分。

（二）两种传球与切入的配合

传球可以是定位球进攻的一部分，也可以是球员利用防守失误进行反击的机会。

1. 定点传球与切入的配合

球队通常会设置进攻性打法，传球者持球开始，而切入者到场上某个位置等待来球。在长曲棍球比赛定位球进攻中，传球者类似于橄榄球比赛中的四分卫；四分卫不会等待接球者完成他的行动后才开始传球，四分卫可能会在接球者还未到边界线之前就把球扔到某个地方。接球者也不会等到球被扔出去才出手，接球者会提前进入他想要接球的区域。在长曲棍球比赛中，有时切入者会在队友传球前切入，到达一个预先确定的传球区域，此时传球者会按预定的战术配合及时将球传出。

2. 自由式传球与切入的配合

自由式传球主要指切入者必须预测球的方向，并且待球离开传球者的球棍，才可以开始切入。自由式传球配合如同在橄榄球比赛中，定位球失败时，四分卫会从防守队员手中抢球，当四分卫抢到球并传给接球者时，接球者配合四分卫在防守范围内找到防守空当区进行回传球。在长曲棍球的自由式传球配合中，当切入者收到传球者的示意后切入一个无人防守的区域，直到传球者看见他才出手接球，也就是当传球者就位并腾出手时，切入者才冲向接球区。

第四节　射门技术及训练

一、射门技术的概述

射门需要准度和力度的结合。要想成为一名优秀的射手，就必须具备良好的射门技术——准确度和力量都取决于射门的技术。准确度是最重要的因素，射手可以通过微调射门力度来达到准确度。力度是第二重要因素，但射手不能为了力度而牺牲准确度，只有当射手的射门技术达到准确度要求后，才能进一步追求力度。射手可以用身体的大肌肉群（腿、躯干、肩膀、臀部）来提供力度，用小肌肉群（前臂、手腕）来提供精确性，射手的腿、躯干、肩膀和臀部提供射门时的力量，手臂和手则提供引导和控制。如果射手射门时想增加更多力度，还可以在射门前加入一个跳跃步的动作。例如在棒球比赛中，有足够时间和空地的外场队员会使用跳跃步接球并投出一个本垒。

二、射门技术的基本原理

射门就像用同样的技术动作掷球，但目的不一样。在掷球时，通常希望球棍保持在圆柱体内以最大限度地保护球棍，但是在射门时，需要把球棍尽量向远处延伸来增加射门的速度。另外，射门有时是在防守压力很大的情况下完成的，特殊情况下，为了避开防守，可能需要身体的姿势调整来改变射门的角度，以增加射门的成功率。

射门时，射手需要注意以下几个关键点。

（一）射门的目标

长曲棍球的投掷和射门动作相似。射门动作中，身体和球棍位置遵循的原则和传球相同。然而，射门的目标和投掷的目标是不同的，射门的目标是对方球门而不是队友。如果需要把球投给队友，控制是更重要和关键的因素，为了达到精准射门的目标，射手必须努力让球越过守门员，这就要求掌握射门的时机、速度和力量需要非常恰当。

（二）圆柱体

如果可能的话，射手总是想让手臂伸展，以达到能够自由射门的目的。在一次“完全无防守的自由”射门（将在接下来射门策略一节中讨论）中，射手可以完全伸展手臂和双脚，这样圆柱体就会扩大；但当射手是在跑动中射门，那么需想着朝球门“冲刺”，同时还不能拖着球棍（此时射手身体延伸出的圆柱体比“完全无防守的自由”射门时的圆柱体要小）；如果是在内线射门，射手必须把球棍靠近身体，以保护球棍不被防守对手阻截。

（三）射门的心理反应

长曲棍球比赛中球门就是射手的目标。球员可以在球场上的任何位置完成射门，射门可以包含近距离射门或者远距离（15 米外）的射门。射门更像是一种态度，射手要能承受压力。例如，当出现一个潜在的得分机会时，由于射门的兴奋感，射手会自然变得紧张，但仍需保持手部放松并信心满满（轻握球杆）。倘若面对一个无人防守的球门，射手可能会异常兴奋，导致手足无措，此时如果握杆手的肌肉紧张，则很可能会在射门时发挥失常导致球偏出球门。

三、射门的技巧

（一）射门的起始动作

射门的起始应该采用三重威胁姿势，双手持棍与腰同宽［图 4-15（a）］，其中重要的是，使一侧肩膀转向目标。射门的惯性使射手转体，身体跟随目标直到正面面对，这类似于棒球投手投定位球姿势：肩膀侧对指向定位球的本垒板，完成传球后面向本垒板。如果射手射门起始时正面对着球门，他的手和球棍会正对着防守球员，很可能会错过射门机会。例如，右手球员的失球大多偏左，因为射门的惯性将球再次拉向左侧，导致偏出球门。射门是准确性和力量的结合，但准确性更为重要，如果射手持棍的双手与腰同宽，就可以正确地控制球棍——控制才可保证准确。有些球员为了追求射门的力度，会用双手放在一起握住球棍进行射门［图 4-15（b）］，可能对高手射门影响不大，但在低手射门时，就会失去对球棍的控制，从而影响射门的准确性。

(a)

(b)

图4-15　射门起始动作示例

（二）射门时身体发力顺序和方法

射门动作过程中应保持连续转动躯干，肩膀和髋部，自然带动手和球棍到达保护位置，转体动作要平稳，保持球在球网中不摆动。球员就可以在任何时候进行传球、射门或突破。转体时球员身体和球棍处于负重状态，当球员转动躯干时，扭转会增加身体负荷。负荷适当时，身体的重心落在后脚上，同时球员的手和球棍向后移动。随着身体的转动，球棍到达身体后面时，守门员将无法观察到网袋中的球了，此时球员随时可以进行传球、射门或突破等动作。

射门的球棍动作类似于投掷动作，射手降低重心并弯曲膝盖有利于手朝着目标更多地伸展，手臂和前肘摆动可提供额外的杠杆力量。如果是外线射门，则需要把手伸得更远，以提供更大的力量和速度（图4-16）。射门时身体重心在后脚上，需要蹬后脚并迈步跨过前脚，旋转躯干，用肩膀和髋部带动身体，身体重心从后脚转移到前脚，但要注意重心不要转移过早，如果重心转移到前脚过早，就会失去双腿的力量（导致此时力量主要来自球员的手臂）。射门时手腕（抖腕、上扣或下拉）在很大程度上也参与了射门过程。抖腕更多的是高手射门，也是更大的扣拉动作的一部分（图4-17），在射门的最后环节抖动手腕就像射门时的“最后一击”，它会促使球直线飞行并使准确度达到最大化。

图4-16　外场射门时球棍向后动作示例

图4-17　射门时手腕的动作示例

（三）射门结束时手部的动作

如果射门时球员手腕旋转，射出的球就会出现上旋和跳跃，如果球员向下翻手腕，球会后旋、跳动并弹出——就像打水漂一样。当靠近球棍头的手向下滑动并略微松动时，由于惯性的作用，球员会通过球棍和手的下滑动作来跟进目标，自然向下滑动并朝着目标挥杆射门（图4-18）。但这种手的滑动不能影响对球棍的控制，否则会影响射门的准确度。

图4-18　射门结束时手部动作示例

四、射门训练法

（一）两圆锥射门训练

1. 目的

学习射门的技术动作。

2. 器材摆放

两圆锥横向放于球门前，练习者在其中一个圆锥处，教练员或队友在另一个圆锥处。

3. 组织练习

练习者面对教练员或队友进入三重威胁姿势。教练员或队友将球向两圆锥中间向上抛出，练习者跑向球的同时保持侧身转肩的负载姿势，接球后跳步（增加力量）并朝球门射出。

4. 训练要点

（1）主要训练球员旋转身体使球棍处于正确的负载（持球）状态，射门时保持侧身转肩的身体姿势。

（2）训练球员射门时的球棍位置比掷球或传球时更靠后，以增加射门时的速度。

（3）训练球员跳步时，脚蹬地发力，增加射门力量，但要注意保持球棍的正确姿势，避免丢球。

（二）五圆锥跑动射门练习

1. 目的

学习如何在跑动中进入预备姿势进行射门。

2. 组织

五个圆锥在球门前呈“Y”形排列，练习者在圆锥1处持球。

3. 练习

练习者从圆锥1处向前大步跑向圆锥2。在圆锥2处，用碎步变向跑至圆锥3。在圆锥3处，做假动作后突破冲向圆锥4或5。球棍保持在身体后，到达圆锥4或5后射门。

4. 训练要点

从圆锥3到达圆锥4或5之前，球员要尽早进入三重威胁姿势，而不能等到达圆锥4或5才进入三重威胁姿势，但也不能影响突破速度，球棍也不能挂着或拖着。

第五节　射门的分类、策略及训练

一、射门的分类

球员可以根据现场情况、所在球场位置、个人技巧和不同的目标进行不同类型的射门。射手可以用上手动作在高处射门或者用侧臂动作在腰部射门，也可以用下手动作从腰部以下射门。侧臂射门和下手射门动作都是更高级的技能，本书暂不讨论。射手将球从何处射出，把球射在球门的何处，这些都取决于射手采用的哪种类型的射门。例如，一个高到高的射门指射手用上手动作在高点射出球，同时瞄准球门上方区域的射门。本节主要讨论高到高、高到低，以及反弹射门这三种类型。一个高到高的射门中，射手可用速度和准确度击败守门员；高到低的射门中，守门员的身体和球杆贴地移动，迫使他花费更多的时间和精力去阻截；反弹射门中，射手通过让球从地上或草坪上反弹的过程来骗过守门员，守门员如果想要拦截成功，必须正确判断球向上弹起的轨迹。长曲棍球包含三种基本的射门方式：凌空射门，跑动射门，内线射门。

（一）凌空射门

凌空射门的机会可以在球场上任何区域出现，出现的时机是球员有时间进行一次无人防守的射门。通常凌空射门是外场射门，但还是要根据射手在场上的位置以及对方的防守类型来决定。如果离球门越远，缓冲空间越多，双脚站的越稳，胳膊伸展得就越充分。同时，射手需要让球棍处于圆柱形区域中，当射手有时间和空间后，再向外充分伸展胳膊，同时站稳；如果射手射门前有时间和空间让球保持在球棍网袋中2秒或以上，此时可以增加跳跃步，然后轻微弯曲肘关节、弯曲膝盖，同时身体重心从后脚转移到前脚，将球射向球门的瞄准点。

凌空射门可以是高到高、高到低或反弹射门（图4-19）。可以采用凌空射门的机会有：队友的高传球、跳传，或者射手接到队友的球后从高处向距球门3/4处的落点进行反弹球射门。

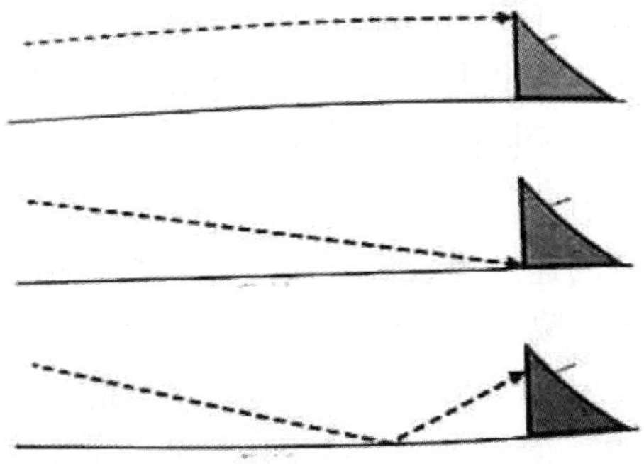

图4-19　凌空射门球的落点示例

1. 高传球射门

对于在前场的队友传出的高传球，射手需要摆脱防守并尽可能向球门靠近，或者先向前，再后退，最后再进入球场的内线较远处，并向球的落点方向移动，移动时需要读懂球的飞行轨迹以调整下一步行动。由于球的移动轨迹有很多种，进攻队员需要在移动中做好接球前的准备，随时准备接球和快速出手接球射门。

2. 跳传射门

在进攻过程中，球员通常按照预定的进攻阵型进行相邻球员间的交换传球。通常球以一定节奏从一名球员传到下一名球员，因此防守方不得不连续调整他们的身体姿势和防守区域，而跳传通常要比高传球更快速，所以有时持球者会突然跳起传（越过相邻球员传球）给准备射门的非相邻队友。

3. 3/4弹射

3/4弹跳射门和打水漂比较相似。打水漂时，人们通常会弯曲膝盖、降低重心，带动身体向下扔出石块并使石块在水面跳起来。对于反弹射门，球员也需要弯曲膝盖，降低重心，让胳膊向圆柱体外延伸，双脚站稳，身体重心从后脚转换到前脚，同时手部向目标跟进。长曲棍球中的外线弹跳射门，射手应放低身体，然后将球扔向自己与球门3/4的地面弹射入网窝。对于离球门较远的外线弹跳射门，射手降低身体重心的同时，球棍也要随身体重心下降到相对位置，当身体重心下降时，球员要注意保持身体平衡，这是3/4反弹射门技术的重要一部分。

进行反弹射门时，瞄准的目标首先应是球场上希望球反弹的位置（而不只是球门）。应先把注意力集中在想让球反弹的地方，但也要有球门的位置感。射门前先看球门，再低头注视球的落点，然后向前跟进目标，如果射手射出的球击中了反弹点，球自然会命中球门，如果球棍以一定的角度射出球后，球击中了反弹点，那么球会以相同的角度弹入球门。

特别要注意：反弹射门时在干燥的人工草坪上弹出球的速度较慢，而在湿滑的人工草坪上弹出球的速度会较快。在人工草坪上的反弹射门产生准确的反弹，这对守门员来说更容易拦截。由于人工草坪为守门员提供的准确反弹，我们会常见到“网对网”射门，而不是反弹射门。草地上的反弹射门和在人工草坪上有相似的反弹过程，但由于场地的微小区别（青草和泥土凸起），这两者不完全一样。如果球员在草地上射门过于用力，球的反弹将会非常不稳定且难以预测。如果比赛场地是草地，射手要提前了解场地表面情况，并利用球和场地间的微小差异，进行射门动作调整。同时，通过练习外线弹跳射门可以让球员了解草地球场所有的微小变化以及它对球的反弹情况。

（二）跑动射门

球员跑动射门时应让肩膀和臀部侧转对准球门，手臂尽量向体外伸展，球棍在后，防止被对方阻截，同时进入球棍负载姿势。跑动射门时，球员可能总是想用肩膀承重并让身体更低，即使如此，球员仍然需要一直处于球棍负载姿势，如果对方防守逼近或有队友无人防守，球员要准备好传球。当球员准备好射门时，最好的情形是守门员应该只能看到射手的肩膀后面，而不知道射手何时将球射出，或者射手用一个突然的、逼真的假动作骗守门员过早地移动，出现防守空当。此时，射手迅速脚蹬地，带动躯干转动，抬肩进行隐蔽射门。

（三）内线射门

1. 内线射门的技巧

内线射门是射门准度和速度的有机结合，离球门越近，射门需要的力量越小，准确度越高。由于内线是防守队员的重点区域，所以快速出手射门非常重要。为了达到成功的射门得分，内场的移动要隐蔽、突然，动作幅度小，动作迅速，做到快、准、狠，用手、手腕和前臂的力量射门。

在击球线附近的射手可用身体或球棍做假动作（“抽动”或“轻弹”）来吸引守门员。例如，射手用眼睛、头和肩膀做假动作，或快速“晃动”球棍，这些动作会“吸引”守门员，守门员被假动作吸引后可能用身体或球棍做出过度反应，一旦守门员过度反应，就可出手将球射到球门的无防守区。当然，如果假动作过度或失控，那么射手自己可能同样会过度反应，这时守门员就不会被晃过，为防止假动作过度或失控，射手的手和球棍的假动作要小，不要让球棍越过垂直位置，否则就要重新调整球棍的准备姿势。理想情况下，射手使用1～2个假动作后出手射门，如果超过2个假动作，则可能达不到预想的效果，还可能导致射手专注于假动作而失去对射门的专注。

2. 内线射门的特殊技巧

（1）向守门员臀部至脚踝高度的侧面突然射门（如果朝守门员的脚部射门，他很可能会回踢护球导致射门失败）。

（2）高晃低射。

（3）左晃右射（右晃左射）。

（4）晃过守门员，从守门员身体至球门之间射门。

3. 1V1 内线射门

如果射手和守门员形成1V1的阵势，也就是平常我们所说的“单刀”，射门得分的概率就很大。这时作为射手会承担所有压力，因为队友对他的期望很大。此时他应快速果断完成射门，如果射门时持球越久，则压力越大，同时持球时间过长，防守队员回位的机会就更大，就容易造成射门失误。

二、射门的策略

长曲棍球的射门也涉及很多变化。射门最重要的是准度和力量（速度）。如前所述，准度是第一要素，准度提高之后，就可以更精确地调整射门动作，每一位射手都需要在比赛中掌握至少一种可以依赖的射门技术，这可以使他在射门时更加自信。另外，在战术配合上，通常教练员会在战术安排中安排不同的球员“配合得分”和“传球射门”。

（一）准度和力量

对于准度和力量这两个要素来说，长曲棍球运动中准度更为重要。比赛中我们不应该为了追求射门力量而牺牲准度，即便是从外线射门，球员仍然需要对球的控制。无论如何用力射门，如果没有很好的控制，不能控制球的运行轨迹，这种射门都是徒劳且很难命中。如果只有力量而没有准度，射门进球的概率会降低，如果不能精准射门，守门员可能就会轻易救球成功。这好比高尔夫球比赛，一名有些技术且力量很大的球员，无法控制击球，虽然挥杆打出一个

300米远的球，最后球远离果岭，落入了树林，这对赢得比赛没有任何好处。

通常情况下，我们在射门练习时一般会瞄准球门的球门区，但射门的成功率会受到影响；如果射手瞄准球门管以内或以下，倘若射门时偏离，仍然会成功将球射入网中；如果瞄准点在球门管上，如稍有偏差，则射门范围偏大，也就无法命中。因此，对于初学者而言，选择瞄准点对于射门的训练非常重要。

（二）射门的技巧

练习射门时，第一重要的是掌握正确的射门技巧，第二重要的是养成良好的射门习惯。练习射门时应该由近及远，逐渐增加难度。

无论是哪种射门的学习，都要经常练习并掌握射门技巧。练习应该从靠近球门的地方开始，由易到难，然后逐渐远离球门，这样就可以做到基于一致的技术基础进行重复练习，形成自己的射门节奏。熟练掌握射门技巧，构建射门技术的目的是确保球员的射门动作成为自动反应，这样当比赛中进入白热化阶段时，球员射门就是一种自然的习惯和反应，根本不需要考虑射门动作，成为通过肌肉记忆来进行射门动作的本能反应。

练习射门技术时，为熟练掌握射门技巧，应该从离球门较近的地方开始训练，开始训练时球员只需专注于技术动作的熟练，然后才逐渐增加力度。球员不能为了加大射门力度而突然改变技术，如从10米远处把球射入球门，不必强调准度和力量的完美，只需将球正常射入球门，用这种方法，球员可以向球门里射进更多的球，从而增强球员的信心。一般来说，球员注意力应先专注于准度，再逐渐增加射门力量，随着练习量的积累，再以1～2米为增量逐步加大射门距离进行练习。长曲棍球的射门训练与篮球运动的投篮训练相似，在篮球运动的投篮训练中，球员是从篮下投篮和上篮练习开始，再过渡到中距离投篮，然后练习远投。长曲棍球的这种逐步过渡的练习使球员在参加各种水平的比赛时，可以掌握多种合适的射门技巧并成功得分，从而推动球员的射门水平适应各种激烈的比赛。

（三）射门瞄准点

瞄准点是射门的目标。球员应该首先确定射门的瞄准点并努力把球送至目标区域，练习时先从没有守门员的情况开始（射手的目标是整个球门）。熟练掌握射进无人把守的球门后，球员就可以进行有守门员把守的射门练习，守门员的出现会迫使射手把瞄准点限制在从守门员身体到球门框的空隙区域，当球员射门技术更加熟练后，不仅目标区域会变小，还会提高球员把球送入瞄准区的能力。当然，由于守门员的防守干扰，球员的射门瞄准区会从球门中心转移到靠近边缘，一旦瞄准点变成球门框边缘，射手射门时就必须更加精准。

（四）射门精确度

射门的目的是准确命中球门的目标点。球员在平时训练时应该做连贯的“小瞄准，小失误”的射门训练。随着射门技术的逐步提升后，再过渡到把球射到预先设定的目标处，也就是逐步提高射门精确度。一般来说，射门瞄准点是球门框以下的0.45米以内范围（即大约在球门的中心点），而不是在球门的四角以内区域。如果射手瞄准一个特定点并尝试击中它，失误率就会小得多，在高尔夫球比赛中，如果球员持8号杆，瞄准目标是果岭，那么瞄准点应该是果岭中的球洞，即使失误，球也会落在球洞附近。但如果把果岭作为瞄准的目标，一旦失误，将会是严重失误。因此，射门时射手一般应把注意力集中在球门上挑中的那个特定区并击球，才能保持射门的精准度。为了获得射门的精准度，应该遵循以下原则：球员需要注视着目标区域（球门），然后瞄准目标点来减小失误，即使没有击中目标点，他的失误也不会太大。射手训练时我们应该将球门框以下的某个点设为目标点，并用此小目标（瞄准点）作为参照点，采用这种方法进行射门训练，这对提高射门的精准度有很好的帮助。

（五）射门得分

射门的目的是得分。当射门的时机和位置不好时，通常的做法是把球传到外线来调动守门员而获得更好的射门机会。

（六）射门控球

一般情况下射门会射有一定角度的球，这样的优点在于当进攻队员在球出界时也可以离球最近，他们就可以在射门失误后仍保留控球权，如果射手瞄准球门中央射门，就算球射偏，守门员也可以轻易地救球。

三、有守门员和无守门员的射门策略

（一）无守门员守门

如果守门员不在球门处，射手的注意力应该在球网而不是球门框上。射手应该认识到球门在框内，球门框不是球门的一部分，而是在1.83×1.83米处支撑球网，它被漆成橙色来指引射手，如果射门的球击中门框，则容易造成射门失误。球员需要先把射门瞄准区对准目标——球网，随着射门成功率逐步提升，这样就会逐步建立自信，球员内心就会强化这样一个概念：球入网就意味着射门得分。因此，在无守门员守门的情况下，要射门命中目标，需要朝球门框里的球网努力（而不是球门框）把球送入网中。另外，当球员朝外侧移动时需要调整射门的瞄准点，此时射门的瞄准点绝不要离球门框太近，更不要瞄准球门框冒险射门。有些年轻球员常常瞄准球门的四个角来追求完美的进球，其实射门不必追求完美，只要球能进球门就好。

（二）有守门员守门

射门时，如果球门处有守门员，射手应该观察守门员，然后设法避开他身体的阻碍，应该瞄准守门员的臀部并向他的臀部高度的位置射门。一般来说，如果瞄准的是守门员的臀部，则容易命中目标，守门员身体和球门框之间的空隙是无防守区——射手可以将这些区域分成若干个相同的区域并瞄准这些不同的区域射门。

四、射门的团队打法

（一）长曲棍球射门的特点

长曲棍球的规则鼓励球队进攻射门。规则规定如果射手射门失误或球出界，如果同队队友在球出界时离端线最近，则控球权仍将由该队保留。大多数体育运动项目都会判罚在球出界时最后一次触球的球员所在球队失去控球权，而且也没有多少运动项目有球门后的场地。例如，在足球比赛中，如果射门没有触碰到球门柱、球门横梁、球网、守门员，球马上就出界了。在篮球比赛中，如果投篮出现既不触及篮筐、篮网，球也会出界。曲棍球、冰球是在球门后有场地的运动，但是它们几乎没有出界——球击中挡板并弹回，任何人都有机会拿到球。曲棍球、冰球的这种特性也衍生出了长曲棍球的两种射门类别（射门得分、射门控球）。

（二）长曲棍球持球射门的技巧

持球射门的技巧有三种：突破、传球助攻和射门。突破基于直线原则，球员可以用四种直线突破来进攻球门。即侧身、正面、转身、左右闪身。传球助攻用于协助无人防守的队友；传球助攻一般是传给无人防守的队员，协助队友射门得分，但射门技术需要球员刻苦练习，并需要投入大量的练习时间和精力，一旦球员形成了特定的射门技术，才能把握住有限的射门得分机会。射门需要自己练习，需要球员投入额外的时间和精力。如果球员认为通过一般性的训练就可以成为一名优秀的射手，这种认识不准确，因为特殊情况下，球员得到的射门机会有限，需要他准确把握时机并采用恰当的射门技术才有可能成功破门得分。

第五章　切入、挡拆和交换球

除了前面讨论的持球进攻技能，长曲棍球运动员还必须掌握一些非持球技术，如切入、挡拆和交换球。切入技术，一方面是为了积极、直接地进行接球，另一方面是为了进一步布置和使用铲球，再者也是为了进行交换球。挡拆是以身体来阻碍对手的移动，帮助同伴摆脱的一种进攻技术。交换球则是指接住队友的传球并保持控球的技术。

第一节　切入技术概述

一、切入的概述

切入可以理解为不带球突破。接球和切入，其实是同一个概念。当球员突破并接近目标时，他正在移动到目标前面的一个区域，试着把球传到球场上的某个位置，在那里可以进行高命中率的射门。不管是有球（接球）还是无球（切入），掌握了这两种技术，就可以从防守队员的防守中解脱出来。切入和接球涉及相同的基本技术：变速、改变方向和假动作。切入和接球都包括起动、突破和避开防守队员，球员假装从一个方向突破，但事实上他是在另一个方向突破。当切入时，球员在一个方向上做假动作以此来分散防守队员的注意力，然后从另一个方向冲向球。

切入也有其独特的原理。如果球员所面对的防守队员错位，就可以切向一侧空位或者切向球；如果球员本身处于空位，可以通过动作或者大声呼喊来引起传球者的注意，球在飞行的过程中，球员需要调整身体姿势，找到最佳接球的位置，并最大限度保护切入动作的成功完成。切入作为一种有威胁性的进攻方式，要切到球门区域的边界处以此来减小任何来自球门区域的防守，同时一定要在射门过程中保证球员面前的区域始终是开阔的。切入包括对恰当的切入时机和切入位置的选择，切入和接球是同一过程的两个方面，所以时机的选择很关键。切入可以是一系列进攻动作中的一部分，也可以是一个独立的动作，球员为了切到开阔区域，获得进攻的空间，应该切向空位或者直接切向球。

二、切入技术的要素

切入的要素包括：保持切入，做好调整的准备，有效地使用肢体语言，要球，保持移动。球员应该始终保持切入的动作，并随时进行身体调整，切入后要果断地去尝试射门，即使这可能会失去有利的位置。此外，切入队员需要成为一个移动的目标，以此让防守的对手和守门员更难防住他的射门。

（一）保持接球并做出调整

切入技术动作要求果断。某些时候，球员必须坚持切入，如果在突破切入过程中不能坚决果断，切入将不会完成。球员必须全力去争取，然后看看下一步会发生什么，需要有自信的态度并暗示自己："我一定要切到正确的地方。"为了达到目的，需要身体的调整，有时也需要脚步移动和球的转移。当球员决心要切到一个开阔的区域时，还必须要留意球的飞行轨迹和防守队员的位置。

（二）使用肢体语言

球员经常会用假动作隐蔽到达开阔的区域。在某些相对防守压力小的区域，球员常常通过一些肢体或运球动作来做假动作，用肢体语言或球的移动来与接球者进行沟通并建立联系。他可以左右晃动，假装突破或者假装把球猛掷给接球者，通过这些动作，可以传递给队友相关信息，但只有配合默契的队友之间才能意识到，这些动作的目的是为了转移对方的注意力，且必须可控，不能随时使用，否则就可能对队友造成误导和干扰，反而会使同伴迷惑和困扰。

（三）要球

要球是在该球员有很好的射门机会，且这时刚好守门员没有注意到，那么他可以采用语言、手势等提醒持球的队友将球传给自己的动作。但无论是手势、语言等都应该简单果断，引起队友注意，当然同时也会使防守方产生警惕，也会暴露自己的位置。因此，要球（用手势、语言）是在其他办法无效后不得已才会采用的方法。

（四）保持移动

当同伴将球传出的时候，接球队员要向球移动并保持一定的节奏，否则切入者可能成为一个静止的目标。当球移动到球门区域的边界线时，规则允许队员可以继续进行切入或者射门，如果切入的球员恰好切到球门区域的边界处并接球射门，这往往是一次高成功率的射门得分。

当队友传球给同伴时，接球者应该向球的方向移动，并观察球的飞行轨迹，倘若只是往目标区域移动，而未关注到球的飞行线路，这时即使接球队员已到达目标区域，因球并未随同到达，接球队员也只能等球或再次移动接球，从而可能会丧失一次极好的射门得分机会。

三、切入的步骤

切入包括一系列连续的动作。第一步是让身体处于准备好接球的位置，球员的目标是切入接球，而不是切入球门，一旦决定切入，接球就需要调整身体并瞄准正在飞行的球。第二步是突围和摆脱防守队员，全力甩掉防守，在跑动的过程中接住球，并准备射门或者传球。

（一）切入的准备

如果球员试图或正在切向一个开阔的区域，当从球场的某个位置跑向球时，要充分发挥自己的速度、灵活性或敏捷性。接球者需要给传球者一个完整的目标，并将球棍的头部完全地置于传球者视线内，自己还必须能够看到球棍的头部，以保证接到球并最大程度保护球棍。在接球时，接球者的视线要随着球的轨迹进入球棍的前端，保持用余光关注到传球者、球和球棍，保持球棍在正确的击球位置，利用身体保护球棍头部免受防守队员的干扰。如果在切入时，球员看不到自己的球棍，那么接球者就是在“拖”棍，此时球棍的位置可能靠后，容易将球棍暴露给位于自己身后的防守队员。正确的做法应该是把球棍放在体侧，不能太靠后，不能出现拖棍的感觉，这样才能为下一步接球做准备（图 5-1）。

图5-1 切入准备姿势示例

当球员开始切入的时候，第一步的脚步移动类似于突破技术，试图让防守队员失去重心，通过身体和球棍的假动作诱使防守队员失衡，建立起动优势，利用起动优势甩开防守队员。第一步脚步移动的目标是拉开与防守队员的距离，可以先往某一个方向慢慢移动，迫使防守队员被动跟进，当时机合适时（即防守队员身体重心上升），突然改变速度与方向，从防守队员侧面跨过，摆脱防守；也可以在起动开始的时候，两脚保持移动，当切入时机出现，突然运用加速摆脱防守队员。切入技术的核心是接球队员首先要表现得放松，同时诱使防守队员放松警惕，使防守的注意力松懈，甚至把球棍放在体侧，才能取得主动优势。

（二）突围和摆脱防守队员

成功的切入准备是突围摆脱防守的第一步，这也是突围摆脱防守最重要的一步。当球员突围并与防守队员分开时，通常是防守队员在自己身体的后面（图5-2）。如果切入者不能做到将防守队员甩在身后，即防守队员与自己是肩并肩，也需要用自己的身体将球棍和防守队员隔开。当切入者脱离防守队员并准备接球，这时就取决于传球者如何将球传给切入者，而切入者和接球者之间的时间把握是关键。如果切入者已经冲到空位，但是传球队员还没有准备好传球，那么防守队员可以追防并干扰切入者。当然，如果切入者突破速度太快，就必须减速，这也可能给防守队员追防的时间。

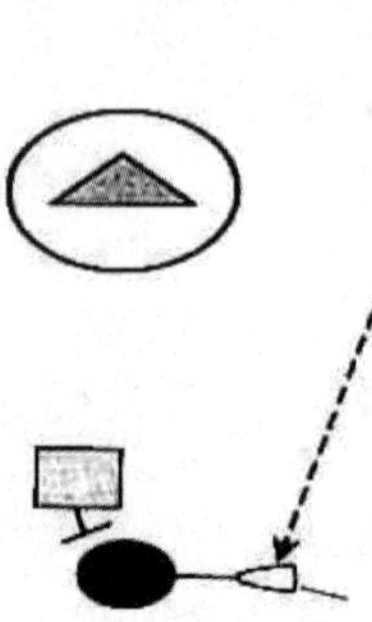

图5-2　切入突围摆脱示例

第二节　切入技术及训练

一、切入的移动和身体姿势

切入是切向球，而不是球门。如果切到球门，接球将需要更长的时间；切入时也可以先切到边线，再利用速度优势径直地跑到球前。一旦切入者有机会突围，就要尽全力向球的方向切入，但也要有足够的控制，且必须能够调整身体和球棍的位置来适应球的飞行，以确保接到球。就像加州大学洛杉矶分校的篮球教练员约翰·伍登曾经告诉他的队员那样，在接球时“要快，但不要着急。”球员需要快速突围并完成切入，但也不应该匆忙完成动作，当队员在做切入接球的动作时，为控制好身体和球棍，有时还必须放慢速度来完成动作。

当球离开传球者的球棍时，切入者必须保持平衡，准备用脚（移动的步伐）或球棍做出各种可能的调整并试图突围，这时还应该保有余力，以做出最后的突围努力；可以转动上体和肩膀为45度，侧身穿过防守围堵，到达舒适和放松的位置来接球，接球时应看到球接近球棍且进入球网（图5-3）。接到球后，继续转动身体和肩膀，身体重心向后移，手向后伸到达拉伸的位置，保护好球棍，准备投掷或射门。最理想的情况下，这个动作姿势会使自己处于异侧肩对准目标的位置，就能立即进行下一动作的衔接。

图5-3 切入的移动和身体姿势示例

接球后，切入者应该继续保持移动，以确保自己保持空位，这时防守队员会很难跟上，守门员也会很难防住切入者的射门。

二、切入的策略

切入的策略围绕着三个关键问题：时间、球员在场地的位置和在球门区附近切入的技术。切入需要适当的时机，并且应该与同队的队友协调一致。接球可以来自球场上的任何位置，但有些地方比其他地方更危险，靠近球门区的接球有一个特殊的特点：球员可以在球门区的附近接球，从球门后接球，或者到球门区的中间接球。

（一）切入时间

切入和传球的时机配合非常重要。当传球队员准备好传球时（即传球队员将球送达首选的传球位置），切入队员这时需要到达一个良好的射门得分位置。切入者不应该过早地切进开阔区域，如果切入得太早，球员就不得不减速，并根据来球调整跑动的速度。如果接球员比较靠近接球点，那么切入时，球员就会在原来的预定路线上放慢脚步，这样还可以保证接球前加速跑动（而不是静止不动）；如果球员切入得太快，为了能够接到球，他可能会放慢移动速度，这会给防守队员回到有利防守位置的时间。如果传球队员未在最佳的传球点，或者切入者到达接球位置时传球队员并未摆脱防守，传球队员就会受到防守的干扰，并失去与接球者最佳的配合机会。

切入者和传球者必须合理安排时间协同配合，以最大限度地加强联系。然而，有时切入者切入的时机很好，但是传球者并没有看到切入者或者看到时太晚。这类似于橄榄球比赛，接球手在空位上移动，但四分卫却看不见他，唯一能够解决的办法是接球手与四分卫有良好的沟通。当然，切入者和传球者之间的联系并不总是完美的，要做到协调一致，最佳的办法是进行有效的场上联系，有时可能要进行多次尝试。在比赛中场上情况瞬息万变，传球者和切入者要做到协调一致，需要在平时的训练中反复多次练习。

（二）球员在场地的位置

就像传球一样，场地的位置任何时候都可以接球。当传球者处于主要的传球区域时，切入者要切到一个空旷的区域，调整接球的位置，准备好接到传球。球员的切入取决于球队的进攻策略、切入者的位置、队友和对手的位置，以及球队传球者的个人特点。切入者必须知道每个传球者平时传球的位置，并且明白他们在承受防守压力时还能传出高质量的球。切入者有时还需要预先判断传球者可能到达的传球区，当传球者到达传球区域并传出球，这时刚好切入者到达接球区域，才可能获得一个高质量的球，并衔接下一步的进攻。

三、切入技术的分类

（一）球门区附近的切入

如果球员在球门区附近切入，可以使用特定的切入方式：切线、后门、门区中间切入。球门区对切入有一定的挑战，因为它既是一个障碍，也是一个机遇。规则规定进攻队员不能跨入球门区，但在球门区附近的有效切入能提供一次绝佳的进球机会。

（二）切线切入

在几何中，切线是一条刚好接触圆的直线。我们把球门区间的周界比作是切线，球员在靠近球门的地方切入时，可以朝着球门区的切线向一侧倾斜接球，当接住球后，继续向前推进，做进攻的技术动作（射门或传球助攻）。

（三）后门切入

后门切入是场上非球侧的一个空旷区域的切入（图5-4）。球员不是切向球或球门，他的切入方向与切线切入方向相反，这更容易造成突然性和假象，因为对方防守往往会忽略，但对守门员而言，在后门截球并阻止射门更具难度和挑战，因为他必须越过门区更远的距离来阻挡射门。

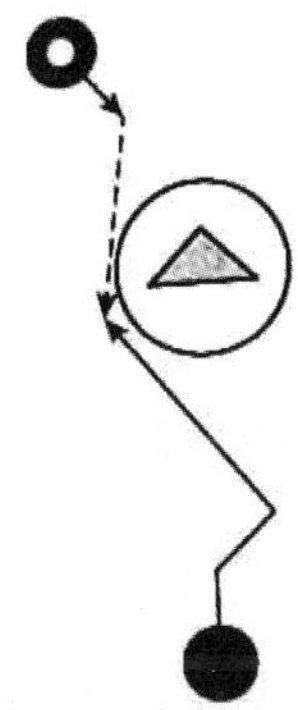

图5-4 后门切入示例

进行后门切入时，切入者切勿把球棍伸到身体前面。有些球员为了尽快到达预想位置，往往会先伸展球棍，这会暴露切入者的手臂，并被防守阻截干扰。当然，如果从后门切入时有空档，因没有防守压力，这时可以伸展球棍带球，但保护球棍仍然很重要。最好的做法是：当用球棍带球时，必须迅速调整身体，并在接住球时，随之用前臂和手腕在门区附近传球或射门。

（四）门区中间切入

门区中间切入顾名思义是直接切入门区的中间部分——就在球门的正前方，因为那是开阔的区域（门区切线内）。这是门区切口的中间部分（图5-5）。做门区中间切入时，需要控制身体和向前的冲力，避免踏进门区。为此，切入者应该提前调整前进的速度并及时停止，且“刹车”的地点应该在离门区约1米处。切入者的注意力应集中在球上，尽早调整身体重心，加大击球的力量，并及时进攻射门。

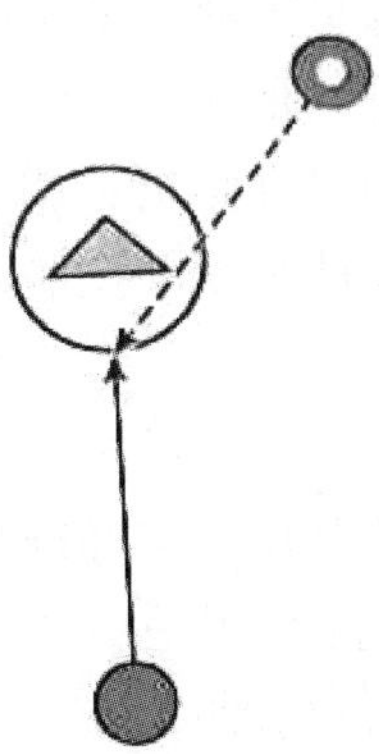

图5-5 门区中间切入示例

（五）五圆锥切入训练

1. 目的

训练切入者与传球者之间的传切配合。

2. 方式

五个圆锥筒以“Y”形布置在球门前。练习者从圆锥筒1的位置开始，教练员或队友持球在球门（顶点）后面。

3. 练习方式

练习者缓慢移动至圆锥2后，作调整步准备在圆锥3变向。当球员到达第3圆锥的位置时，带球教练员指示练习者往指定区域接球，练习者持球棍跑向指示的方向，准备接住教练员或队友传出的球，球员接球后，将球射向球门。

4. 训练要点

（1）练习者最重要的是需要对切入和接球时机的把握，而教练员要随时根据接球者的移动传出球和随时注意接球者的移动。

（2）切入可以理解为不带球的突破，因此切入和不带球的突破都应该遵循相同的规则。

第三节　挡拆技术及训练

一、挡拆的概述

在许多体育运动中，都会以身体对抗来阻碍对手的移动，挡拆是掩护战术的重要方式，而掩护可以看作是一种进攻性的技术动作。以篮球比赛为例，一名进攻队员靠近持球队友面对的防守队员，用身体挡住队友的防守队员，这名持球队员利用队友的帮助从防守球员面前摆脱后，就可以运球，投篮，或者与其他队友进行配合。

在长曲棍球比赛中，掩护可以采用挡拆战术，也可以采用阻隔战术。当阻隔对方防守球员时，如果面对的是球，接球球员会选择闪避。此时，掩护者并没有积极试图与对手对抗，他就好比是一个“柱子”，接球的队友把掩护者（“柱子”）当作障碍物。当进行挡拆时，掩护者面对的是同伴的对手，挡拆的目的是试图挡住队友面对的防守队员，让队友在适当的时机摆脱防守。

挡拆在长曲棍球中有两种形式：有球挡拆与无球挡拆。本节讨论的是无球挡拆。在带球挡拆的情况下，挡拆涉及队友带球和使用球技术的相关因素。这里的讨论结合了有球和无球的概念，球员有时会对防守有球队友的对手进行挡拆，有时也会对防守无球队友的对手进行挡拆，有球挡拆主要用于帮助持球队友躲过对方防守队员，然后畅通无阻地冲到球门前助攻或射门。无球挡拆主要用于帮助队友摆脱防守切入。进攻队在远离球的地点进行挡拆配合，掩护者成功挡住同伴的防守队员后，使同伴快速摆脱防守队员并寻求时机切入。一般而言，防守队员对持球者的防守会更加专注，相对而言挡拆时对他进行阻挡的难度也就更大；另一方面，对无球防守的队友挡拆会相对容易些，因为防守队员的专注力会在别的持球进攻队员身上，而容易忽视他自己面前未持球的对手，倘若这时是在门区附近进行挡拆，往往更具有威胁。

二、挡拆的一般原则

（一）突然性——挡拆者与同伴之间不能让对方预先意识到挡拆的意图，而是要出其不意进行成功挡拆。

（二）沟通——挡拆者与同伴之间任何类型的沟通都有助于成功挡拆，沟通交流的方式可以是眼神交流、肢体语言（如轻拍头盔，举手）或口头交流（如数字暗号）。

（三）全力以赴——当使用挡拆时，挡拆者的队友必须要全力摆脱防守，如果挡拆者仅以试探性的方式去挡拆，防守球员就有更多的机会进行调整和对抗，从而造成挡拆失败。

三、挡拆方法

一般情况下挡拆由两名球员完成，即挡拆者与被掩护者。挡拆者的主要目标是掩护同伴或阻挡同伴的防守者，当被掩护者到达时，挡拆者必须保持静止，这样就不会因移动挡拆违反规则而受到处罚（导致本方球队失去控球权）。被掩护者的主要目标是当防守他的对手被成功阻挡时，他必须利用这瞬间的优势尽快摆脱对手。

四、挡拆者

挡拆者是负责挡拆的球员。在接触挡拆目标之前，挡拆者应该面对他的挡拆目标，当进行挡拆时，挡拆者需要能够“读懂”防守者的身体重心的变化。为了接触目标，球员的视野应该尽可能开阔，增加挡拆的效果。挡拆者需要保持挺胸收腹的姿势，以便在接触目标时获得最大的阻挡截面。根据规则，在与防守接触之前，挡拆者可以随心所欲地调整身体姿势，但在接触的那一瞬间，挡拆者不能有任何运动，必须在接触时保持静止。因此设置挡拆前，挡拆者要尽可能用脚步移动，调整挡拆位置，直到接触的最后一秒。另外，在准备与对手接触前，挡拆者要站得高一点，球棍应该放在被保护的位置，接触时球棍应该保持在45度的角度，球棍的头部放在肩膀的外面。规则规定，挡拆者不能把球棍头放低以干扰防守队员的自由移动。挡拆者握在球棍尾端的手应该放在自己身体腹股沟前面，这样就可以在身体接触时自我保护，如图5-6所示。

图5-6　挡拆者挡拆时的身体姿势及位置示例

五、被掩护者

被掩护者指的是利用队友挡拆进行摆脱的队员。作为被掩护者，要快速进入、穿过、离开或远离挡拆（图5-7）。当被掩护者冲刺摆脱时，防守他的对手的注意力会被吸引，一般会很少关注挡拆者的行动，防守队员为了跟上被掩护者（对手），不得不快速奔跑并失去身体的平衡，当防守队员打开身体并失去控制身体重心时，挡拆者得以获得更大的身体接触表面，使挡拆效果更有效。作为被掩护者，如果慢跑进入、穿过和离开挡拆区域，那么防守队员将不必打开身体，可以保持原来的防守姿势向侧面移动以避开挡拆者的阻挡（更少的身体接触表面）。对于被掩护者来说，一旦决定进行挡拆配合时，行动必须果断或快速，否则他将无法利用挡拆配合取得的优势，也可能导致防守队员很快回位。

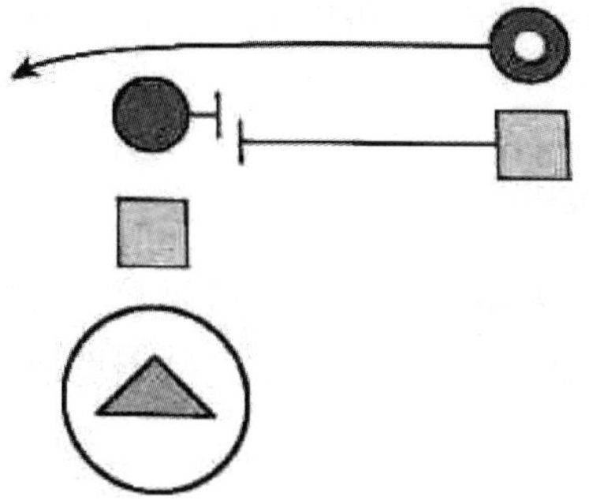

图5-7　被掩护者的配合示例

六、三锥筒挡拆训练

1. 目的

学习如何进行挡拆配合。

2. 器材摆放

三个锥筒呈直线排开。

3. 组织练习

教练员或队友在1号锥筒处控球。锥筒2位于锥筒1和锥筒3的中点处，同时也是挡拆者想要设置挡拆的位置。接应队友位于3号锥筒处，教练员或队友向2号锥筒移动，挡拆者也向2号锥筒移动。控球的教练员或队友到达2号锥筒的一侧，与此同时挡拆者到达锥筒的另一侧（异侧），形成挡拆。

4. 训练要点

（1）练习者与控球的教练员或队友同时到达锥筒2，并盯住所有人的动作。

（2）练习者稍微提前到达锥筒2，控球的教练员或队友稍迟到达，进行挡拆。

第四节　挡拆的策略

挡拆是一个双人配合，需要挡拆者掌握适当的时机、角度和场地位置，进攻方需要了解这些因素对挡拆效果的影响。此外，进攻方还需要了解防守队员对挡拆的反应，了解这些挡拆因素后，进攻方就可以利用挡拆配合取得的优势反击对手的防守战术。同样，防守方也力图通过各种应对挡拆配合的技战术破坏进攻方的挡拆优势，以达到有效反击进攻方挡拆配合之目的。

本节将讨论进攻挡拆、防守挡拆的策略，以及用以应对特定防守战术的反击策略。

一、进攻挡拆的策略

如前所述，进攻挡拆策略包括三个关键要素：时机、角度和场地位置。两名球员配合的时机，选择的角度，以及正确使用场地位置是影响挡拆成功的三个基本因素。

（一）挡拆时机

任何涉及两人或两人以上的战术都需要适当的配合时机。挡拆者和被掩护者一般需要在同一时间到达挡拆的位置，使防守队员没有时间去判断和做出快速反应。当然，也有例外的情况：挡拆者提前到达挡拆位置，被掩护者带球主动移向挡拆者形成挡拆配合。如果两名配合的球员距离挡拆位置的距离不相等，他们需要判断距离并相应地减速或加速，挡拆者和被掩护者必须协同配合，以摆脱被掩护者面对的防守。

（二）挡拆角度

被掩护者要根据挡拆者的位置进行移动以获得适当的角度，从而保证挡拆的效果。对于有球挡拆，挡拆者想要同伴从正面直线直接突破到球门，被掩护者面向的角度应该是面向球门，突破的原则仍然不变，挡拆者的胸部应该朝向身前的被掩护者，而不是朝向被掩护者身体侧面的边线，这样才能以最大的身体表面阻挡被掩护者的防守对手。

（三）挡拆位置

球员在球场上的任何地方都可以进行挡拆。通常情况下，球员在球门后面（尤其是在球门后正后方的位置），或者在靠近中前场的左路，或者在边路进行挡拆。例如，进攻队员可以在球门后面进行挡拆，防守队员通常会被迫换防，被掩护者通过挡拆摆脱防守并准备传球或射门，挡拆者利用对手换防取得优势，形成以多打少的配合进攻或防守。如果挡拆者设置了挡拆并试图投球射门得分，他应该准备好自己的球棍来处理被掩护者的传球，当然，如果防守回位阻截他，则他还应该准备好重新给掩护者传球。而球门前的有球挡拆却有所不同，但它们遵循相同的原则，两者的主要的区别在于：球门前的有球挡拆中挡拆者和被掩护者都在球门上方，他们都可以射门。

二、破解挡拆配合的策略

防守队员一般会试图通过绕开挡拆者并采用避免直接与挡拆者进行身体接触的方法破解挡拆配合，即交换防守配合，或者穿过、挤过挡拆者与防守挡拆者之间的空隙以跟上被掩护者，特别是中场进攻队员为队友挡拆时，使用这种策略更为有效。长曲棍球比赛中大多数球队在防守时一般会保持对位（每个防守都盯住自己的进攻球员）。全队会根据对方球员速度、力量、进攻技术特点等进行分工，或者为特定的对方进攻球员分配防守队员。然而，如果进攻方通过有效的挡拆导致防守队员将不得不进行换防，在这种情况下，防守能力较弱的队员有可能被迫换防进攻能力较强的对手。另外，防守方通过积极的脚步移动进行穿过、挤过的策略可以作为破解挡拆的有效策略。

（一）反换人防守

有些防守队员在对方挡拆时喜欢换防，进攻方可以利用这种换防的特点取得进攻优势。例如，进攻方可以在球门后面使用“换人对位”挡拆配合。进攻方在球门后进行挡拆，防守队员被一名进攻队员挡住视线，中场进攻队员被防守方持短棍的中场队员挡住，挡拆导致防守方会换防。一旦发生换防，这名进攻队员将与防守方持短棒的队员（SS）对位，这就形成了一个更有利的进攻对位（图5-8）。

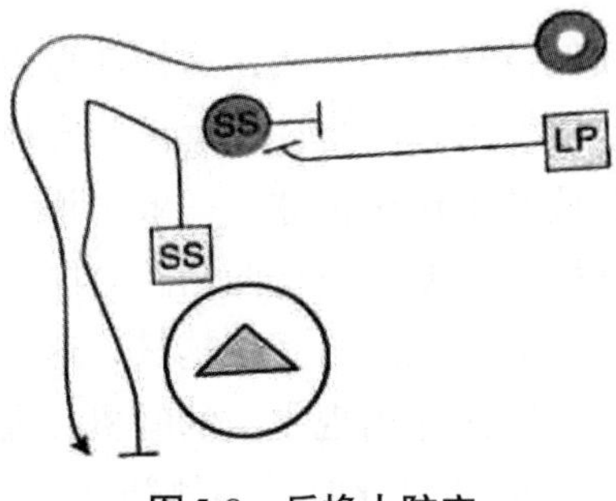

图5-8　反换人防守

（二）反夹击防守

1. 反夹击防守中被防守者和接球者的配合

有时比赛中会形成防守方对进攻队员双人夹防，这时队友应及时从被夹防队员的后面保护被夹防者。典型的情况是：作为被夹防守者的队友从后面进行各种真穿、假传造成两个人都有可能持球的效果，然后进行一个盲区的双打，或者跳传。接球者和被夹防者都有单独的攻防策略，以便充分利用双人优势，其中重要的方面是：被夹防者需要吸引防守队员并将两名防守队员带离球门，如图5-9所示。接球者应该平行移动（横移），如图5-10所示。

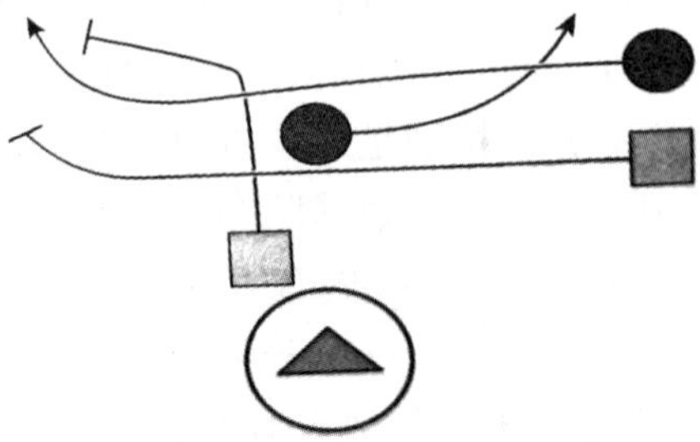

图5-9　反夹击防守中被防守者策略

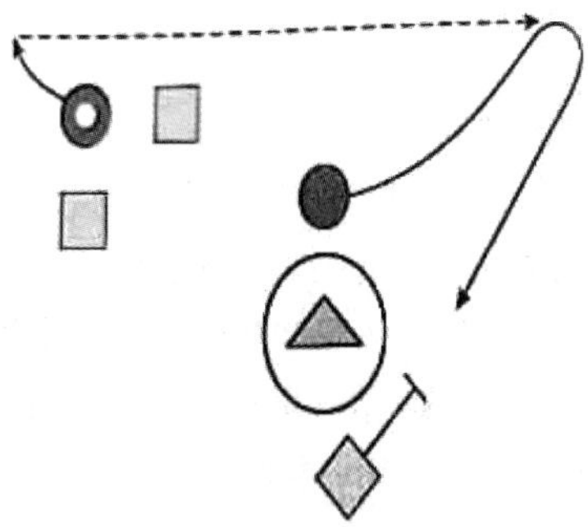

图5-10反双人防守中接球者移动路线

作为被夹防者，必须保持视野的开阔，这样就可以尽快寻找防守的空当和找到挡拆者，一旦确定空位，可以转身冲刺远离防守压力，将两名防守队员甩开，跑向开阔的区域，并放开手快速传球。一般来说，防守队员有可能在球门区保持双人夹防，如果这样，就要力争将两名防守队员带离球门。一旦把两名防守队员带离球门越远，他们回位的时间就越长，这时被追防的队员不要急着传球，而应利用防守队员过度防守出现空当的时机，通过快跑吸引防守，给队友造成二对一的进攻优势。但如果此时是弱侧防守队员离开，被追防的队员就应该快速传球，破坏防守队员的复位，形成有利的进攻优势。

2. 反夹击防守中挡拆者对抗双人防守的策略

如果挡拆者面对的被掩护者被夹击防守，挡拆者应该大喊："夹击、夹击、夹击！"来提醒队友，挡拆者也可以大喊这名队友的名字来提醒，从而帮助队友避开夹击防守。挡拆者需要调整他的挡拆位置，在被掩护者的视线范围内，帮助队友进行任何可能的突围，移动到空旷的传球路线上，在他有优势的地方拿到球。

对抗夹击防守时，挡拆者应先向两边做横向移动，再向前作纵深移动。如果挡拆者平行移动可以将防守拉开并到达可以接球进攻的位置，那么防守队员就不得不放弃夹击防守，回到人盯人防守的状态，这时防守者在复位的过程会滑动较长距离，这会使防守者出现防守空当，造成既不能进行夹击防守，也不能很快到达挡拆者面前进行盯人防守的局面。

当然，挡拆者也不能过于深入终点线的位置，因为在终点线处不能造成较大的威胁，也不能将夹击队友的防守者吸引过来。

第五节　交换球

一、交换球概述

交换球（进攻球员之间）是另一种进攻手段，是两个队友之间的传球。交换球意味着意图和目标，它不同于投球，球的传递速度较慢，球员可以更容易处理传球，交换传球时必须对准接球目标，才能确保球交换成功。长曲棍球是一项跑步运动，如果传球者或接球者在投球或接球时站着不动，防守队员会很容易用身体或球棍破坏投球或接球。如果在有防守压力时，持球方还需要通过切入或移动来投球或接球（切入不一定总是只为了射门）。长曲棍球比赛中球的交换要靠球员手脚的协同配合，不仅要把自己从防守队员的控制范围中解放出来，还要确保掷球者和接球者之间没有防守的阻截，才能保证交换球成功。

二、交换球的策略

队员一般在突破躲闪和切入时使用交换球，其方法有：改变速度，改变方向，假动作。

（一）改变速度跑，直到传出球

掷球者用变速跑来摆脱防守的压力，并腾出手来传球，特别是持较长球棍的防守队员更应该一直跑，直到把球传出去，这样才能避开防守队员的阻截。对防守队员来讲，如果掷球者在跑的过程中停下来传球，掷球者就会成为一个固定的目标，而固定的目标总是比移动的目标更容易对付。如果进攻队员保持固定的速度移动，防守队员还是容易赶上来并接近，仍然可以进行阻截，破坏球的交换。

（二）改变方向一直跑，直到接住球

接球者可用变向跑来摆脱防守的压力，并腾出手来接球。为了在接球时不被防守队员阻截，接球者应该一直保持移动，直到接到球为止。如果在移动过程中进攻队员停下来接球，会面临被防守队员赶上并干扰。

如果投球者和接球者在跑动中不改变速度和变向，则交换球时可能会出界。传球者应尽量把队友带到外线，远离防守的压力，投球者（传球者）需要投出有一定提前量的球，接球者稍微错开位置就可以伸手接球，而不会被对手轻易截获。注意：传球的目标点不是队友的脚，否则容易造成队友接球失误。在交换球时，当接球者面对对手的防守压力时，需要接球者带动自己面对的防守队员向球门前进，当防守队员后退时，进攻队员要拉开距离——这就给了进攻队员一定的距离或空间，这样防守队员不得不放弃对进攻的防守。这是获得空位接球的有效手段，如果进攻队员做一个“V”形切入，“V”形切入的角度是45度，然后回来抢球，这打通了传球线路并缩短了距离，防守队员这时就无法进入传球线路。例如，假设持球的中场队员1在场地的5号位置，中场队员2在场地3号的位置（参阅第十一章第一节，图11-1的场地位置）。他们都是静止的，而且他们之间有一个20米的传球距离，如果此时中场队员2在禁区做了一个45度的“V”形切入，然后转身离开。原本是一个20米的传球现在就变成了中场队员1号到中场队员2号的10米的传球，如图5-11所示。

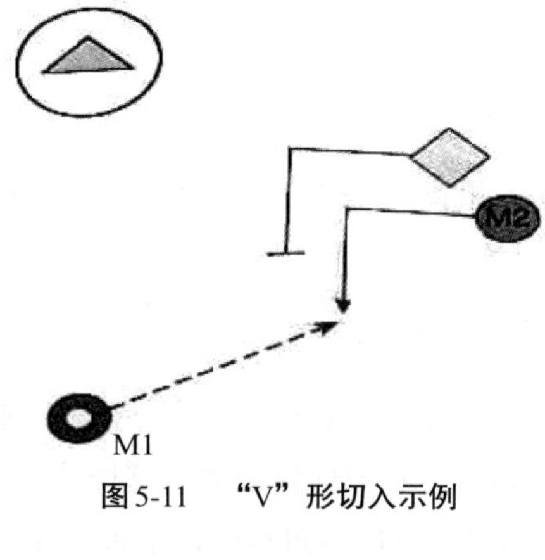

图5-11 “V”形切入示例

（三）结合假动作切入

如果使用直线切入，那么传球就会变长，防守队员可能进入传球线路。“V”形切入会缩短队友之间的传球，而队员之间的短传球通常有更高的成功率。当球员做“V”形切入时，通常应该在接球前到达球的右边。如果不能到达球前，则需要调整身体来处理球。在某些情况下，进行“V”形切入时，防守队员将会十分注意并紧跟。如果防守队员紧跟，进攻球员应该做一个反向“V”形切入（图5-12），然后突然中断自己的动作，好像要去抢球，吸引自己的防守队员过于注意，然后向后门切入。这样做的目的是为了让防守队员保持迷惑，无法理解和判断接球者的真实意图，造成无法紧跟接球者。

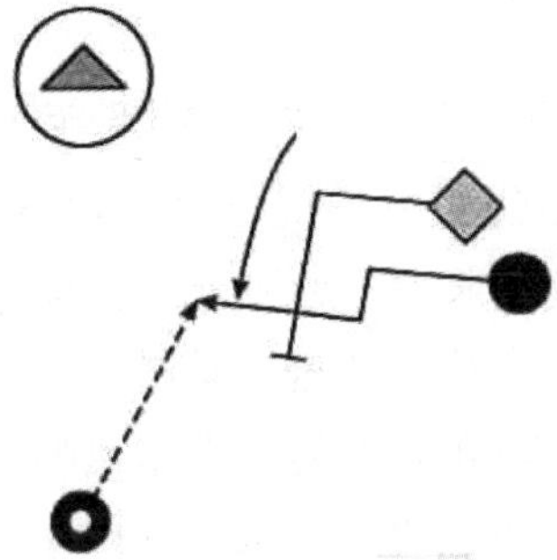

图5-12　反向“V”形切入

三、无球进攻技术

无球进攻技术包括切入、挡拆、交换球和无球移动。球员可以利用切入来创造进攻空间，接住队友的传球，以此获得射门得分机会；使用挡拆是球员进攻战术配合的重要技能，挡拆是主要的进攻配合战术武器，挡拆可以在球场上的任何地方为球员提供传球、接球或投球的机会；当球员处于对手的防守压力时，“V”形切入是实现与队友成功交换球的最有效的方法；通过正确的无球移动，球员可以完成切入、挡拆或交换球，进而迫使防守球员不能做到人球兼顾。

无球移动指无球队员移动到正确的位置切入，挡拆或交换球，无球移动在长曲棍球教学中是比较难的进攻技术，球员在进攻时往往只盯着球，他们不太关注在球外发生的事情。而防守进攻队员无球移动时不能背对球员，也不能只面对球的方向，而应该站在球和防守队员之间的直线上（图5-13），保持头脑清醒，遵守“人球兼顾”的规则，此时防守的主要注意力要在对手身上，次要注意力是看球，并且通过观察对手的眼睛、头部和身体动作来判断他的下一步动作。

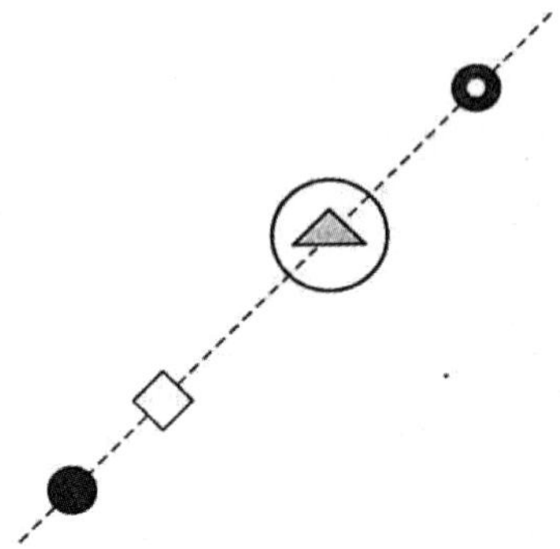

图5-13 防守无球移动的站位

但是，在防守方人数占优势的情况下（如6V5），或者如果对方使用区域联防，那么防守战术的“人球兼顾”原则就不再适用。在区域联防中，防守队员会更关注球，而不是某一个特定的进攻球员。如果攻防双方是6V6，且防守方打的是人盯人防守，那么防守战术的“人球兼顾”原则就适用。

进攻队员通过不断地移动迫使防守队员调整球、人的位置，这时防守队员想要做到“人球兼顾”就很困难。防守队员必须要在球、人之间做出侧重，如果防守选择人，将有可能失去团队的防守阵型，如果防守选择球，则这时可能使进攻队员选择摆脱切入，接球形成射门得分的威胁。

第六章　控 球 防 守

控球防守是指一名防守队员对控球或即将接球的对手进行的防守。一般来说，对控球队员的防守有两种情形：第一种情形是控球队员与防守队员距离较近，第二种情形是控球队员与防守队员距离较远，如果是在第二种情形下，就需要防守队员移动到控球队员较近的位置。防守队员在快速接近控球队员的同时，还应该控制好身体的平衡，以防对手的摆脱。一般来说，控球防守战术运用有三种：第一种是面对控球球员进行防守控制，第二种是防守正在试图突破的持球进攻队员，第三种是防守正在持球移动到球门准备射门进攻的持球队员。此外，对控球队员的防守不必考虑时间、距离的因素。当对中场区域的控球队员进行防守时，要考虑对方的射门威胁，需要进行贴近防守。

第一节　控球防守策略

当防守队员进行控球防守的时候，可以根据对手的威胁等级使用三种策略中的一种：基本策略、突破遏制策略和防射门策略。有时对手只是带球寻找进攻机会，有时对手想要突破防守，有时对手要创造机会并自己射门。如果防守队员面对的进攻球员只是带球在寻找进攻机会时，可以使用基本的控球防守战术，尽管其威胁可能很低，仍然需要给持球人一定的对抗和防守压力。如果带球者不放弃球并决定向远离球门的区域移动，或者做到使持球队员将球传到远离球门威胁的区域，防守队员的防守策略就取得了成功，此时防守队员就会进入威胁相对较小的无球防守状态。在防守对手的突破战术中，当持球进攻队员在同伴的掩护下向球门移动，这时防守队员需要快速移动到前场，到达持球进攻队员体侧进行对抗（包括身体和球棍），缩小与持球者的距离进行贴近防守，并充分利用身体和球棍阻止持球者的射门，最好是将持球者逼出球门附近的威胁区域。

控球防守的策略和技术取决于持球队员在场上的位置，控球防守需要掌握“缓冲”和“进攻”的概念，并充分运用进攻和阻挡技术。控球防守技术分为三种：第一种主要是抢球、防御和放松。当带球者没有对球门进行威胁时，防守队员只进行球的控制和防守，这种对球施加的压力较小。第二种是持球者持球突破到球门时防守队员需要持棍在相应的位置进行阻挡。第三种是当持球人接近球门发起攻击时防守队员需要靠近并控制持球者，并将其赶离球门。无球防守包括多种球棍技术和技巧，将在下一章介绍。

第二节　控球防守的技、战术

一、一般的控球防守

控球防守包括提供防守的适当缓冲空间，需要考虑球棍所能到达的位置，迫使持球对手到达防守队员设定的陷阱区域等。

二、控球防守的技术环节

（一）缓冲

缓冲是指防守队员给对手多少空间。缓冲的范围和区域应该由防守队员到达对手的速度和能力以及对手在球和目标（距离）中的位置来决定。如果速度够快，可以选在离对手稍远的区域并可以协助本方球队防守，如果速度很慢，就不能离持球者太远，否则当对手摆脱时，防守队员无法跟上，从而造成防守失误。例如，如果对手在距离球门30米的地方控球，就不应该冲到30米的地方去防守对手。在这种情况下，最好是移动到距离球门25米左右的地方落好位，当持球队员朝向自己移动时，可以从容地选择好相应的位置，迫使持球者改变进攻方向，朝向威胁较弱的区域移动，以达到事半功倍的效果。当然，如果持球队员已经处于射门威胁很大的区域，防守队员必须紧紧跟上贴近防守，并积极干扰和破坏持球者的射门进攻。

（二）追防

一般来说，防守队员应至少与持球进攻队员保持一杆的距离，并把关注点放在对手的腰上，如果持球队员在远离球门的进攻区域里移动，并不真正具有威胁，则保持一杆距离即可。但如果持球队员正以不是太快的速度带球移向球门，这种情况下，即使速度不快，防守队员也要相当注意，应尽量以平移滑步而不是交叉步进行移动，快速追上持球队员，跟上他的节奏（图6-1），同时利用自己的身体和球棍对对方进行干扰阻拦，迫使对方把球传给不在最佳进攻位置的同伴，从而消除他的射门威胁。

图6-1　追防持球队员示例

（三）换防控球者

如果球被传给外线的对手，防守队员可能需要进行换防，他应优选对准备接球的队员进行防守。如果对手已在外线接到球，则应该及时换防，防住最有威胁的对手，从而瓦解对方的进攻。

防守队员换防时，要采用最快捷有效的方法到达持球者的身前，使自己的身体重心降低，保持良好的身体平衡以控制对手，放低球棍，同时盯住对方的腰部（重心）的变化。

（四）对发动进攻者的防守

进攻球员最大的优势是"发动快攻"，在长曲棍球比赛中进攻队员选择合适的时机持球发动快攻会具有很大的威胁，对于持球队员的防守，防守队员应考虑最坏的情况，并随时预防持球进攻队员运用突破或假动作甩开自己。作为防守持球进攻队员的一般原则是：防守队员可能无法确定持球者的意图（接球、传球或突破、射门），但应该采用有效的手段和行动，迫使持球队员到达远离球门，或者到达持球队员不擅长的场区，这样做的目的是阻止对手采取其擅长的技术手段或处于良好的角度进行射门。防守队员还可以通过侧重防住对手的强侧手或者利用场上边线、本方队员的协防等手段实现这个目的。

三、控球防守的战术——四人夹防与双人夹防配合

控球防守一般采用正面面对的防守站位进行防守，并尽量始终保持面对防守，防止持球者摆脱，此时防守与进攻双方会有身体和球棍的接触和对抗。

现代的控球防守更强调防守配合。防守队员会采用预设的防守陷阱，将持球队员逼到球场两侧，远离球场中央，同时同队队友在就近的位置进行夹击防守，从而取得团队防守优势，造成持球队员的失误，这种防守持球队员的战术配合，一般分为四人夹防或双人夹防的配合形式。

第三节　阻截技巧

一、球棍阻截

（一）球棍阻截的含义

一般来说，阻截是指用身体阻挡对手或用球棍阻挡持球的对手，如果防守队员使用球棍头或球棍柄给对手施加压力，那么这就是球棍阻截，球棍阻截可以在球场上任何地方使用。如果持球者不断躲闪试图避开阻截冲向球门时，防守队员应该保持适合球棍抬起进行“戳”或“戳阻截”的身体姿态。

（二）球棍阻截策略

1. 运用球棍阻截的目的

（1）迫使对手保护他的球棍。

（2）给对方握在球棍尾端的手施加压力，以干扰对方的传球、接球或射门。

（3）从对方手上夺走球。

2. 常用的球棍阻截方式

（1）戳阻截——防守队员使用握在球棍尾端的手（在球棍的底端）引导球棍向前，以便戳对手球棍的尾部，进而影响他的球棍头。当防守队员的出棍时机准确，可以在不用过度伸展手背或牺牲身体平衡的情况下，不必将脚过度迈向前或者手臂过度伸展，就能达到阻截的目的，这也是长曲棍球比赛中最有效的球棍阻截方法。

（2）内阻截——内阻截是驻守在内场区的防守队员运用球棍阻拦正在切入内场区域进攻队员的传球和射门的防守动作。防守队员进行内阻截时首先要预判进攻队员是传球还是射门。

（3）抬举阻截——防守队员进行抬举阻截时，要把球棍头放在对手的手套或前臂下方，一旦进攻队员准备射门，防守队员立刻利用球棍抬举对手的手套和球棍破坏其射门。

（4）拍击阻截——拍击阻截通常用于交叉击球的情况，例如当右手（右手为惯用手）防守队员与左手（左手为非惯用手）进攻队员进行对抗时，防守队员拍击对手握在身体前方的球棍达到阻截的目的。防守队员进行拍击阻截时，脚步要保持小碎步，否则容易因脚部的停止而被进攻队员摆脱。

二、防射门：在球门附近阻截对手

当进攻队员持球冲向球门并准备射门时，防守队员要及时占位并控制对手，随时准备用身体的对抗将对手赶离球门，以阻拦对手全力以赴地进攻。此时，防守队员的脚步移动是至关重要的，要利用腿的蹬力进行对抗，不能只是用手和胳膊去阻截，否则防守队员根本无法防住对手的全力攻击。当然，如果进攻队员只是与队友交换球或者传球，防守队员只需用手臂来阻止对手的有效传递即可，但当进攻队员在球门附近准备射门时，防守队员就要竭尽全力阻挡并抢占有利位置，以便有效防住对手的射门。

三、对进攻对手的反应

当持球队员向球门逼来时，压力就在防守一方。此时防守队员会采用各种身体动作来对抗和控制对手，尽量减少对手的威胁，引导对手远离球门。为了达到将对手赶离球门的目的，防守队员要降低重心，保持头部向上且使身体重心比对手更低，用下肢和臀部的力量与对手对抗，如图6-2所示。

图6-2　防守者用双腿蹬力驱离对手

四、控制对手

当持球进攻队员逼向球门时，防守队员应及时控制对手。要用握在球棍尾端的手（非惯用手）靠近对手的髋部并用双腿施加力量，驱赶对手。例如，防守队员右手（惯用手）握杆，进攻队员同样是右手（惯用手）握杆，在传统的防守技术中，防守队员采用“V”形前臂握杆和贴住进攻者的姿势，如图6-3所示。这种姿势的主要不足是前臂握拍很难抵挡对手的力量。现代的防守技术中，可以采用非惯用手靠近对手的髋部，球棍向后，也可用球棍放在对手身前，身体面对防守。无论如何，要以防守者自己对哪种技巧感觉更舒适和自然，需要保证身体和球棍同步用力，形成平衡的“V”形握拍姿势控制对手。大多数球员喜欢采用非惯用手挡住对手的髋部，保持自己的身体贴近对手的腿部以控制对手的移动。例如，左手为惯用手的防守者面对右手为惯用手的进攻者时多采用此种防守姿势（图6-4）。

图6-3　防守者“V”形握拍贴近防守示例

图6-4　防守者用握拍的非惯用手靠近对手髋部的防守示例

第四节　防守带球者

一、防守带球者基本策略

比赛中并不是所有的带球者都会进行突破或者射门，大多数情况是带球队员只是把球传给另一名队友。在这种情况下，防守队员往往因为持球队员对球门威胁不大，容易造成防守疏忽，使持球队员轻易进行传球助攻射门得分，此时正确的做法是防守必须随球的移动进行调整，应该紧盯住持球队员并保持一定的防守压力。除此之外，还必须设法破坏对手有威胁的传球，使持球队员不能轻松有效地向邻近的目标进攻，或向队友传出高质量的球进行助攻。鉴于此，基本的控球防守应包括盯住或贴近带球者，采用合适的站位和球棍姿势，时刻保持警惕，干扰其传球，使持球队员的队友不能更好接到球进行进攻。

二、接近带球队员：拉近距离

（一）防守队员接近带球者的姿势

当对手持球和接球时，防守队员先要盯住球，然后采取正确的身体姿势调整球棍，并占据良好的击球位置。防守队员应该采取碎步移动接近持球队员，并根据持球队员的躲闪调整脚步移动的方向，以达到控制对手，并能够面对对手主动进行防御的目标。防守队员到达防守位置时，应保持适当的身体姿势和杆位，重心下降并落在两腿之间，脚与肩同宽，屈膝降臂，手臂和手腕放松，肘部弯曲，球棍远离身体，挺胸抬头。一般而言，防守队员的身体重心应该低于或与持球进攻队员的身体重心相当，应保持脚后跟微微抬起，身体的重量落在前脚掌，保持最佳的起动状态，当持球队员进行突破和摆脱时，防守队员才能对持球队员的移动变化做出最快的反应。防守队员接近带球者的防守姿势，如图6-5所示。

图6-5　防守队员接近带球者的姿势示例

（二）防守队员侧身防守的姿势

当对手准备传球时，防守队员应该将身体侧向对手45度角进行拦截，由于是在如此近距离的对抗中试图抢下球，对防守队员来说是有很大的难度的，因此拦截的球棍应以阻挡和干扰球为目的，而不是试图抢下球。防守队员侧身防守姿势，如图6-6所示。

图6-6　防守队员侧身防守姿势示例

防守队员阻挡和干扰球时，应将球棍远离身体的前方，一只手放在球棍底端，另一只手放在身体腰部外侧，保持球棍角度与地面平行，球棍头部指向对手的球棍尾端或持球队员的腰部，这样利于用球棍戳对方的球袋进行抢球。相反，如果球棍抬高靠近持球队员的头盔高度，容易造成防守犯规。

（三）防守队员靠近持球者的技术动作

防守队员在靠近持球队员时，其视线应放在对手的身体上，而不是球棍头，眼睛要盯住持球队员的腹部上方和持棍尾端的手臂。进攻球员面对防守时经常用他们的头盔、眼睛、肩膀，特别是他们的球棍头来做虚晃，如果防守队员的注意力都集中在上述几个部位，就可能会被这些虚晃所骗到。应该记住：在靠近防守队员的过程中，接近的最后一步往往就是持球队员进行突破的最佳时机，这时防守队员必须及时用下肢先急停刹住，再运用小碎步向前靠近来防守持球队员的突破。

当持球队员从较远的位置向防守队员飞速冲过来时，防守队员首先要顶住压力，并尽快加速，在最短的时间内达到奔跑者的速度，这样才可能在同一个行进方向跟上或防住持球进攻队员，才能对他们的射门进行阻挡。

靠近持球队员时，要特别重视持球队员的起动，如果持球队员先于防守队员起动，那么实际上从一开始他就处于优势，而防守队员已经很难再跟上持球队员的速度，因此靠近控球队员时，首先应该控制持球队员的启动才能防住对手。

三、换防

如果同队队友失去对持球进攻队员的防守位置，就近的防守队员应该立即移向进攻者进行防守，如果持球进攻队员被发现正在做快攻，防守队员应该首先采用球棍阻挡持球者的手部动作，阻止其高质量的射门（而不是仅用身体去挡）。换防时，换防者应该选择移动到持球进攻队员最可能到达的进攻点，并选择适当的角度去防守即将发起攻击的持球者，必须要在他到达前抢先赶到，球棍应该从阻挡改为戳的动作，打乱持球队员的射门准备动作，同时还应关注其身体重心的变化，而不只是注意其球棍头。此时防守队员永远都不能失去对自己身体的控制，必要时要用肩迎向持球进攻队员的胸部，保持身体重心下降，将进攻队员逼出攻击区域。当然，如果持球进攻队员已先于换防队员到达前传球，这时换防队员应立即转身到内线进行协防。

四、防守出击

持球队员会在进攻受阻时将球传给同队的队友，对于防守队员来说，这可能是立刻进行拦阻和破坏掉传球的最佳时机，但有时候持球队员把球传给同伴是为了进行下一个传切进攻配合，所以在防守持球队员传球时，防守队员出击断球应谨慎，要在持球队员传球时放慢脚步，降低重心，人球兼顾（图6-7）。防守队员应保持身体放松，不能只站在原地不动或者只盯住球，如果这样的话，持球队员很可能利用防守队员分散的精力，与同伴进行传切配合。另外，防守持球队员传球时需要持续不断地给持球队员制造压力，并与本方的同伴协同配合，防止持球队员的队友接到球；通常的做法是防守队员移动到持球者和他的队友之间，降低重心，不断用身体和球棍进行干扰，防止他的队友在合适的方向接到球；防守队员的队友也要提供支援，防止持球队员的队友以顺位切入或后门切入的方法接球进攻。

图6-7 人球兼顾防守示例

五、防守带球突破

（一）防守队员快速移动面对带球突破者

防守带球突破者采用的防守方法：当持球突破者移动时，防守队员要降低重心、调整身体，尽快到达防守位置。在进攻队员进行急停急起突破时，防守队员迅速调整自己的身体位置和球棍的位置，破坏其突破，防守队员一定要向持球突破者前进的方向移动，并跟上持球突破者的速度，同时以身体正面阻挡对手向球门方向移动，将腿迈向有球一侧，与对手并肩移动，如图6-8所示。如果防守队员面对持球突破的进攻队员时，已经失去了最佳的防守跟进，那么防守队员应尽力提前到达就近的另一个防守点，再次采用阻挡等各种方法进行贴近防守。若对手已经很接近球门，且在一个射门和传球助攻的位置，此时防守队员还没有到达并面对他，这时防守队员很可能已经无法防住突破者的进攻了。

图6-8 防守带球突破动作示例

（二）防守队员防守持球突破的球棍动作

正如前面提到的，在防守持球突破的进攻队员时，防守队员应该调整自己身体的位置，引导球棍自然跟随。为使球棍在比赛中保持灵活性，身体要保持适度的紧张，并积极移动，尽力与持球突破者速度相匹配。防守队员的球棍头应始终放在对手的棍侧（棍对棍），挡住对手通向目标的通道，球棍阻挡的目标应该是对方握住球棍尾端的手，而不是他的球棍头。防守队员还应切记不要让球棍拖在对手后面，如果球棍拖在对手后面的话，球棍就不能充分发挥牵制对手的作用。总之，无论面对何种情形，防守队员应全力以赴做到身体面对持球突破者，这对防住持球突破者是极为重要的。

（三）防守队员采用“戳”和“回”技术应对持球队员

防守的目标是给持球者施加压力，破坏其正常的进攻，如果防守具有攻击性，进攻队员会由于防守的压力变得被动，可能迫使他改变下一步行动，但这种攻击性的防守不应用力过度，否则有可能造成犯规或失去有利的防守位置。防守队员还可以采用各种球棍阻拦技术，迫使对手被动地保护自己的球棍和球，从而分散他突破的专注力。

带球突破者面对防守有两种应对方法：要么把球传给队友，要么把球带近球门。如果持球人被迫传了球，防守队员可以采用“戳”和“回”技术。“戳”和“回”技术的重点是向对手杵球棍进行阻拦。但应注意在向带球者的方向落步时，要减小“出步”和过度用力（图6-9）。并保证球棍可以向任何方向“戳”和“回”，此时身体的重心应移到前脚的内侧，这样有利于在球棍“回”时保持身体的平衡。

图6-9 “戳”和“回”技术示例

第七章　无 球 防 守

第一节　无球防守概述

本章主要讨论无球防守的一般概念和基础知识。无球防守主要包括对球的交换防守、“V”形切入防守、场区防守和移动到空位防守，主要用来对抗进攻性的换球、截球和挡拆。当进行无球防守时，要警惕对手所有的无球移动，眼睛来进行观察并用身体和球棍应对对手的动作，如“V”形切入、挡拆和球交换等配合。此外，防守队员还应该学会判断进攻队员的两种挡拆：内线切入挡拆、外线切入挡拆。无球防守的主要目的是防守者占据最佳防守位置，让进攻的威胁最小化。

在大多数比赛中，防守队员面对的都是无球防守（与控球防守相比较）。队员在进行无球防守时需要明白几点：首先明白身体和球棍的位置，其次了解对手在场上的位置（图7-1是三个防守区域存在不同程度的防守压力示例图），最后需要知道在内线防守和外线防守的区别。

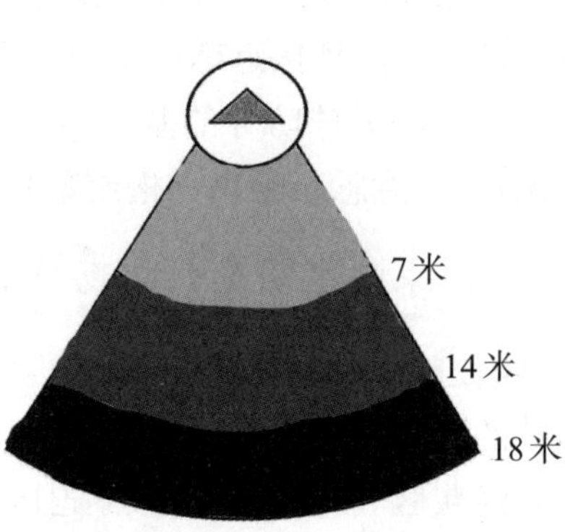

图7-1　三个防守区的不同防守压力示例

第二节　无球防守的策略

一、无球防守时球员的球棍与身体位置

首先，无球防守时球员的球棍应该在身前保持45度角，阻挡或抢断传球、抢占传球通道和阻截对手球棍；其次，无球防守时防守球员的站位应该在对手和球之间的“开放”位置，构成一个“球—自己—对手”的三角形，保证可以清楚观察到场上情况（图7-2），但如果防守球员、对手、球处在一条直线上，则防守球员就只能观察到对手而看不到球，会导致他无法根据球的变化进行相应的防守调整。

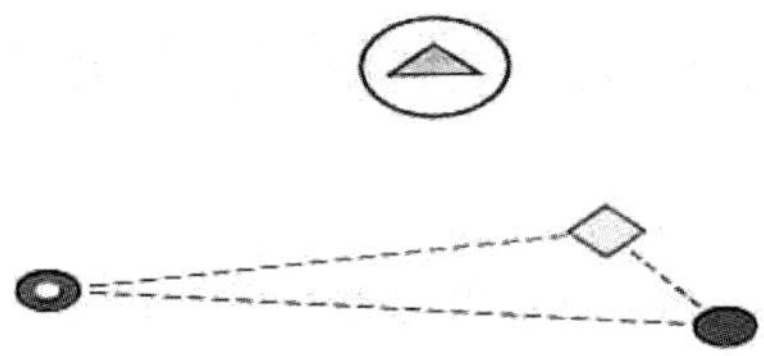

图7-2　无球防守的三角站位示例

二、无球防守时队员的场上位置

进行无球防守的一般原则是球员应根据场上的变化不断调整自己与球门的位置，进攻球员越接近球门威胁越大，球队防守的关注点应该在接近球门的球员身上。影响无球防守的基本因素包括视野、重心（人对球）、身体位置（面对和侧身）、意志、距离（松或紧）。

（一）球门区域的特定防守方案

判断进攻队员对球门的威胁程度是依据球员离球门的距离来决定的，球门前最佳的防守区域分三块，每块区域都有特定的防守方案。

1. 浅灰区（8米）——最紧迫区域。对手若在浅灰区时，防守队员的身体姿势与对手应成直角，将90%的注意力集中在对手身上、10%的注意力集中在球上。

2. 深灰区（8～14米）——中间区域。对手若在深灰区时，防守队员对球和对手的注意力应该是各占50%，防守队员应该清楚预测和判断，进攻队员可

能随时发动攻击（接球和射门）。

3. 黑区（14～20米）——开放区域。若对手在黑区时，防守队员有更多缓冲机会，身体可以呈现开放姿势，将70%的注意力集中在球上、30%的注意力集中在对手身上。

（二）球在边线与内线时防守队员的位置变化与站位原则

无球防守时，防守队员根据球在边线与内线进行位置变化与站位的调整，此时应该遵循的原则有：

1. 对手在边线时，防守队员的站位应该靠球的一侧，位于对手与球门之间，这样可以给自己缓冲的空间。

2. 对手在内线且球在防守队员前面时，选位应在对手与球之间，不能给对手太多缓冲；如果有人传球给内线对手时，防守队员应绕前在进攻对手间的传球路径之间阻断球；若防守队员站在无球对手后方，对手可以直接切入或接球射门；当对手在内线切入，同队的防守队员需要向前场移动去协助队友，形成换防，此时容易造成防守漏洞，如果换防的队友移动距离过长，也不能及时防守到位，就容易被对手形成以多打少的局面。

上述原则可以用以下几个场景来说明：①无球防守中防守队员根据对手从外线到内线移动来调整防守的方式；②防守队员根据对手运用传切手段从边线到内线进行移动来调整防守的方式；③防守队员根据对手从边线移动到内线，然后返回边线进行移动来调整防守的方式。

（1）场景一：中场进攻球员1持球在场区外左路；中场进攻球员2和他的防守位于边线。如果中场进攻球员2把防守带到场区（内线），防守队员必须转身和调整位置，如果他站在内线而不是站在与球面对时，则没有缓冲余地。如果防守队员不调整自己的位置，继续站位在中场进攻球员2和球门之间，那么中场进攻球员2可以接中场进攻球员1的传球射门（图7-3）。

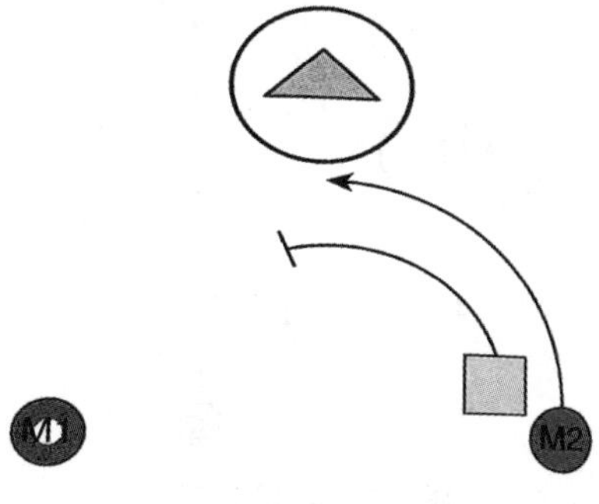

图7-3 场景一示例

（2）场景二：中场进攻球员1在场区外线；中场进攻球员2持球并被防守队员顶在场区外。中场进攻球员2将球传给中场进攻球员1，并尝试从边线向内线场区切入接球（传切进攻）。此时防守队员根据中场进攻球员2的移动进行调整，把球和对手分开，当中场队员2切入时，防守队员应在对手和球门之间移动，并偏向球侧一方随时准备阻断中场进攻队员的接球。当中场进攻球员2靠近内线，防守队员则需调整站位到有球的强侧位置，防止中场进攻球员2从场区中跑出接球（图7-4）。

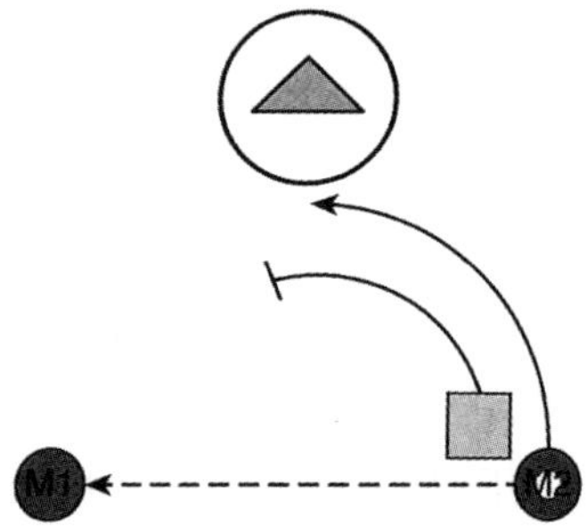

图7-4　场景二示例

（3）场景三：进攻队员持球在球门后的2号位置（参阅第十一章第一节图11-1的场上位置）。中场进攻队员和防守队员在边线3号位置，此时防守队员可以给中场队员适当的缓冲空间。此时防守队员站在对手与球门之间（人与球门的位置），由于防守队员给中场进攻队员有适当的防守空间，这名中场进攻队员只能从边路切向持球的队友，防守球员采用人、球兼顾战术，进攻队员根据防守队员的侧重，选择最佳的传球路线，防守者更多侧重于传球者一侧，中场进攻球员可向球门移动，而持球者可以采用弧线传球的方式传给中场队员。如果中场进攻队员没有获得空位，则需回到外线，防守队员紧跟到外线，恢复防守位置，如此反复进行练习（图7-5）。下面的练习将帮助球员学习无球防守技术。

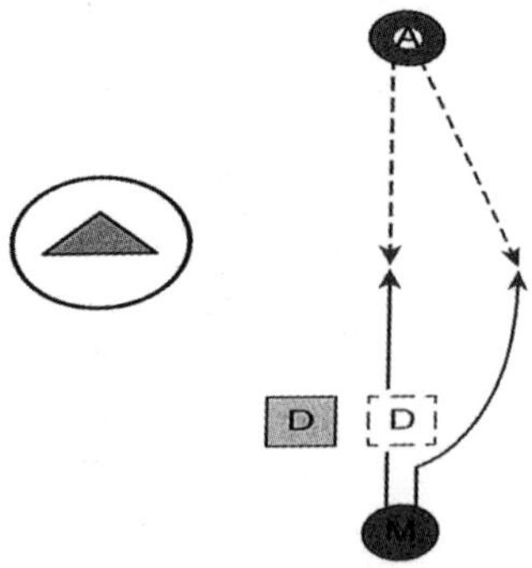

图7-5　场景三示例

（三）无球防守的调整训练

1. 目的

学习根据对手的位置变化，调整自己的防守方式。

2. 练习准备

防守球员、外线队友、教练员、球棍、球。

3. 进行练习

球员在内线和球门之间找到合适位置，教练员持球站在左路外围相邻位置，队友从外线切到内线场区，球员将防守位置从球员和球门之间调整为球和球员之间（上部），进行贴近防守（图7-6）。

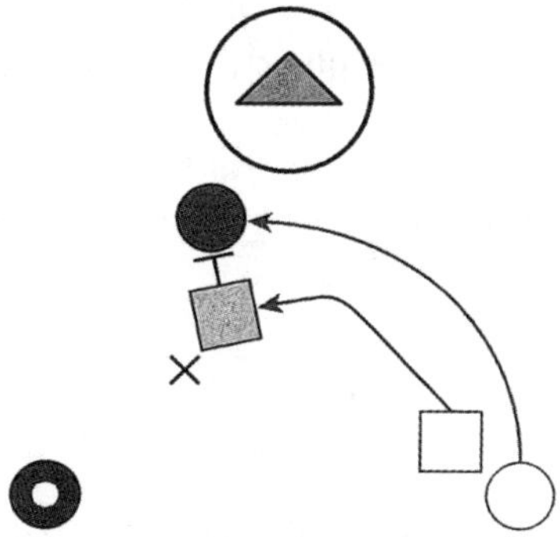

图7-6　无球防守的调整训练示例

4. 指导要点

（1）防守球员要对对手移动做出快速反应，并根据对手位置的变化调整自己的位置。

（2）防守时，采用高位的身体姿势，保持头部转动，做到人、球兼顾。

（3）防守队员的球棍要伸在传球线路上，防止对方传出有威胁性的球。

（4）防守队员必须时刻观察自己周围的情况。

第三节　无球防守的分类

一、对交换球的防守

（一）对交换球防守的策略

多数进攻队员会在球门周边的边线移动，并在场区外线转移球，以调动无球防守队员移动。进攻的目的是创造一个有利于本方的攻守对位，无球防守队员可以根据对手对本方进攻威胁程度的大小来施加不同的防守压力。如果进攻方在外线没有得分威胁和任何侵略性进攻，可以给予较小的防守压力；对手拿到球时要立即盯防，要给以足够的防守压力，当他传球给其他队友后，防守压力可适当减少；如果对手在进攻端威胁很大，防守队员此时必须贴身防守，施加更大的防守压力。例如，进攻方队员做“V”形切入为交换球创造条件，试图打开攻击缺口，加速向内场区移动，或以45度角的路线切回，防守队员虽可能不知道对手意图，但首先必须阻止他向内线移动。但要注意对交换球进攻施加防守压力要掌握一定的平衡，只需施加足够压力破坏对手进行交换球移动，施加足够压力阻挡对手在交换传球中发挥作用，倘若压力施加过大，容易失去防守位置，失去对对手的控制。下面的练习将帮助球员学习防守“V”形切入技术。

（二）防守“V”形切入训练

1. 目的

学习如何正确防守对手“V”形切入技术。

2. 练习准备

队友或教练员在球场5号位置持球，球员和一名队友（对手）在3号位置（参考第十一章第一节图11-1的场地位置）站位。

3. 进行练习

对手采用“V”形切入法切向内线，然后向外线返回到教练员处接球。防守队员要根据对手“V”形切入并做出防守调整，如果进攻方摆脱防守，或者防守队员失去有利的防守位置时，教练员就把球传给进攻方。

4. 指导要点

（1）防守队员注意力集中，施加压力不宜过大。

（2）防守队员的目标是阻碍对手接队友传球和阻止对手接到球后突破射门。

（3）为了防守成功，防守队员要使用正确的无球技术，即身体位置、球棍位置和观察视野。

二、对切入者的防守

切入者是一名无球的进攻队员，利用改变速度和方向来破门、传球或接球拉开射门空间进行攻击，切入有时是为给队友创造射门空间或吸引防守，有时切入（使用“V”形切入）也可能会从队友处获得交换传球的机会。在无球防守中，防守队员面临的最大的威胁是对手通过切入的方式准备接球和射门，防守的重点是防止切入者跑向场区的过程中接到球，如果未能防住，当切入者获得同伴传出的球后，就可以完成助攻或射门（切入并投球射门）。

防守队员一旦发现对手切入，必须及时改变视野方向、身体位置和球棍位置。对手切入时防守队员必须专注于对手，注意周围并观察对方是否会进行挡拆。防守队员的注意力要放在切入者和他的球棍上，头部要来回转动，保证同时看到对手和球并进行预判，观察的视野越广，预判就会越好。防守队员可以喊“有切入”来提醒守门员和队友，注意听到守门员的“阻拦”或者队友的“挡拆”回应和提示，他应该随时明确：对手是否有一次挡拆，是否被队友告知换防，倘若对手动一步，就应该立刻做出落步并展开防守的身体姿势，紧跟并和切入者肩并肩跑，最理想情况，是在球一侧选位对抗切入者，保证能够看到对手前方。

一般的内侧阻拦姿势是球棍垂直上下，肩膀朝向对手（图7-7)。如果对手是右手为惯用手的球员，防守队员的球棍要放在左肩位置，如果对手是左撇子(左手为惯用手)，防守队员要操纵球棍离开左肩进行阻拦，这样球棍可以随身体自然转动，用肩膀肌肉而不是手臂控制球棍进行阻拦。

图7-7 内侧身阻拦姿势示例

如果右手（右手为惯用手）防守队员和对手同是右手（右手为惯用手）持棍，当他们并行跑的时候，球棍会自动转到前肩（球棍领先）；防守队员可以看到切入者的胸前，阻拦他的手臂动作。如果右手（右手为惯用手）防守队员对抗左手（左手为惯用手）持棍切入者，当他们并行跑的时候，切入者是向左侧身，防守队员的球棍需要主动转动，阻拦切入者手臂的动作。

对手切向危险区域时，无论当时的形势如何，就近的防守队员都要首先阻挡切入者，但防守队员如采用人盯人防守，或接到换防指令则例外。防守对手无球切入时，不能让对手轻易从身旁切入，不能期望可能有人在内线帮助自己防守或者是对手“假切入”，防守队员必须对预期或预期最坏的情况做出最好的防备。

三、内线防守

防守队员对位于场区内线的进攻队员进行的防守称为内线防守。当对手进入内线场区时，防守队员需要集中注意力和提高警惕，内线是球场最危险区域，对手一旦接到球就意味着可能会有非常高的射门命中率，可以很快变成潜在的破门得分。

内线防守是一项体力消耗很大的防守任务。防守队员在球场最危险的区域阻挡对手和进行身体接触，会有大量激烈的推、挤动作和脚步移动。如果球被攻方传到或反弹在内线场区，防守队员必须用身体阻挡对手，将他们从场区赶走（即清理场区），然后由守门员捡起球。内线和外线的防守目标不同，防守队员会力图防止更多进攻队员进入内线，因为进攻队员在内线时优势明显，对球门的威胁会很大。

当出现内线1V1防守时，防守队员要竭尽所能进行阻挡，可以通过侧滑或与对手并行移动来改变防守位置，要在内线机动灵活地调整站位，并通过狭窄空间。

防守队员在场区内侧可以使用三种球棍方式中的任何一种：传统、遮挡、对肩。在传统球棍姿势中，球棍保持直立，握在靠近球棍尾端的手比握在靠近球棍头一端的手离身体更远［图7-8（a）］。在遮挡球棍姿势中，球棍保持倾斜，使球棍与地面成45度角［图7-8（b）］，防守队员的大部分阻挡力量来自手臂，保持手肘向下和向外，球棍从准备位置伸出阻拦。在对肩球棍姿势中，防守队员需要转动肩膀朝向对手［图7-8（c）］，转动肩膀同时翘起球棍，用肩膀肌肉的力量挥动球棍来阻挡，应注意不能把球棍放在腰部或身体侧面，否则这样会使身体变宽，导致防守队员很难有效提升移动的能力。

(a)

(b)

(c)

图7-8　内线防守的球棍姿势示例

内线防守时，防守队员的球棍应该尽量接近对手才能有效阻挡，阻挡时应该阻挡对手的球棍或球棍中部，而不是球棍的塑料棍头。防守内线时，防守队员要积极移动，力图达到最合适的位置进行阻挡，如果是处在不合适的位置上，仍可靠球棍把手利用球棍塑料棍头来阻挡对手，但如果动作稍慢将起不到阻挡的效果；如果只是使用塑料棍头来阻挡球员，将完全错过对手的球棍。为获得球棍阻挡效果，在防守时应专注于对手握在靠近球棍尾端的手（而不是球棍头部），瞄准对手前臂进行阻挡。因为阻挡越接近握在靠近球棍头的手，越需要使用更多力量（杠杆原理）。后续衔接动作是朝向地面，就像用大锤把钉子打进地面（并非大幅度挥臂的动作），把对手手臂推向地面，整个过程应该保持持续和不放松压力（图7-9）。

图 7-9 内线阻挡球棍发力示例

对手在内线场区时，防守队员的注意力应该集中在对手身上，对手离球门越近，对他的关注度要越高（而不是看球）。如果防守队员想快速看球，需将球棍朝向对手，通过转头或转身找球并快速转回来，此时即便是对手想要摆脱也能感觉得到并能很快回位。使用这个技巧对从场区滑出时非常有用，但要注意不能过度使用此技巧。例如，当守门员发出阻挡信号时，防守队员正在转头或转身看球，听到守门员的口令，此时又必须举起球棍来阻挡对手，可能会因来不及转身或转头而不能阻止对手射门。另外，规则规定：只要防守队员没有抱住对方而导致对手较长时间不能移动，就不会受到犯规处罚。

如果球员背对球站在球门正前方，这时也只能专注于听。在内线防守时，如果球员没有机会转头或转身找球，就只能依靠听力。听是为了做出更好决定并提高球员对球场的感知能力。防守队员听到守门员的指示（球的位置或阻挡），或者听到队友协防的请求（如挑球、断球、夹击等），必须立刻反应并做出阻挡等技术动作。

四、防守选择

如前所述，阻挡和换位都是面对进攻队员进行防守的基本战术配合，进攻队员将身体置于队友的防守者位置附近，以达到干扰防守队员的目的，同时利用同伴的帮助进行定位突破，获得队友的传球进行射门的机会；对防守方来说，此时的无球防守队员必须立即识别出对手的意图，及时向队友传递信号以避开进攻者的阻挡。

阻挡分为两种：有球阻挡和无球阻挡。有球阻挡是对对手在持球情况下进行的防守技术，对有球者的防守。无球阻挡是对无球者的防守，可能会涉及无球者的切入。如果对手接近球门时，防守队员可能需要换防，阻挡时要根据对手的变换随时进行调整。无球阻挡与有球阻挡都会使用特定的阻挡技术，对有球者有时需要换位防守，对无球者则需要防止其假切入或突然反跑进行攻击。

第四节　防守挡拆

一、防守挡拆的基本策略

防守挡拆一般适用于进攻区域和中场区域。进攻方可在球门后或场地左、右路区域挡拆，当对手横移时防守队员应与他一起移动，并预留适当的缓冲空间，不必完全控制对手。如果对手在防守者的球棍长度距离内进行投球，防守队员要对对手的手部进行干扰阻挡，使其投球失误。对攻方的挡拆进行防守时，对手如果不是在一个真正危险的区域，可以给其0.5米左右的缓冲，这样可以后退，为队友让开通道供队友挤过。面对进攻方的挡拆，在必要的时候还需要进行换防，或在进攻队的队友接到球后立即逼抢。作为防守方，首要任务是识别和告知同伴对手的挡拆，当对手进行挡拆时，防守队员应紧紧跟随并阻挡，以减少对手前挥杆或从后门切入，并做好随时换防的准备。另外，与队友交流时必须语言简明，如“左挡拆”或“右挡拆”，要连续不断反复呼叫（而不能只喊一次）。当然，理想的情况是：防守队员可以就近为队友创造合适空间，让队友可以在挡拆中避开挡拆者而又不失去自己防守的对手。

根据规则，挡拆者进行挡拆时候必须保持静止状态，而防守方则不需。如果进攻方的挡拆使防守方被迫停下来，且无法追赶自己的对手，则需要进行换防。另外，当对手进行挡拆时，如果防守方预测到对手的意图，可以提前离开挡拆地点，绕前并向带球者的方向移动以避开挡拆者。由于跨步上前的防守姿势能最大限度地跟上对手的速度，防守队员需要获得防守的角度并采取跨步的防守姿势，才能提前避开进攻队员的挡拆。

（二）防守挡拆的配合

当队友接近挡拆时，防守者必须立刻决定让队友留下还是换防。发出口令“通过”是告诉队友反挡拆时直接走，不用换防，这时垂直举起球棍，让队友顺利通过并跟上自己的对手。指令“准备换”是告诉队友要换防（比如“左挡拆，准备换”）。规则特别规定：在挡拆时，只有防守者面对对手可以呼叫换防。

“准备换”的指令是防守换防的时机。对手建立挡拆时，防守队员摔倒或跟丢带球队员无法回位时，可以发出“准备换”指令，意思是换防。防守队员要时刻做好防守准备（比如挡拆空位被封，队友被挡拆），如果对手准备好了挡拆，防守队员应该时刻准备改变方向和保持脚步移动，利用快速移动到达适当位置进行防守或换防。

应对进攻方的挡拆时，防守队员首先要识别和发现对手的挡拆意图，当听到队友喊“左挡拆”或“右挡拆”后，立刻落步并采取防守姿势，并且紧紧跟随对手进行跑动，可以和对手大步并肩跑到挡拆点，对手慢下来，防守队员也应跟着慢下来（采取人盯人防守），然后选择通过挡拆的最佳路径，垂直举起球棍穿过自己的队友和挡拆者之间的路径，防止和挡拆者相撞（图7-10）。

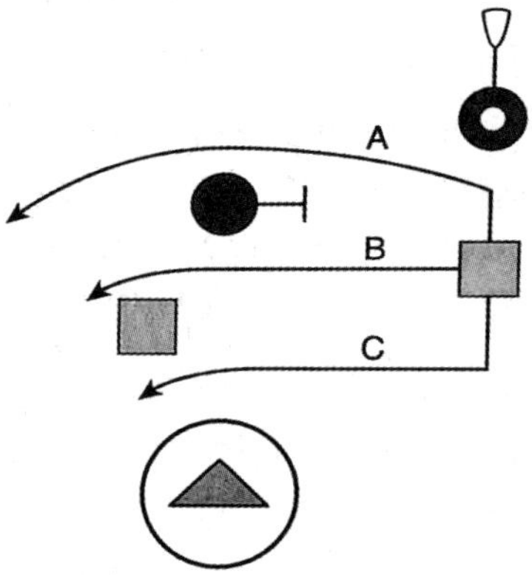

图7-10　防守挡拆配合的示例

三、防守挡拆路径选择的策略

防守队员可能选择的路径：

1. 路径A（在挡拆者与对手之间）——最差路径。防守队员可能未注意到挡拆、一直紧随对手无法越过或避免挡拆。

2. 路径B（通过间隙）——最佳方案。具体做法是跑过同伴与挡拆者之间的开放路径或缺口，最好是挤过或穿过挡拆开放路径。一般来说，当同伴到达一米处和一米外时，防守队员就能对挡拆做出判断，决定是否进行换防，换防总是比较安全的操作。

3. 路径C（在挡拆者与本方队友的身后）——第二最佳选择。防守队员从此路径通过时，由于防守队员远离对手，对手此时可以从容地腾出手来接球攻击。

防守队员从攻击区移动到远离挡拆的下方，他的对手此时可以后退并拉开距离成为一名供球者，这时防守队员必须尽快缩小与对手的距离和空间，因为缩小距离才能使防守队员的球棍可以采用“戳”的方法阻挡和干扰对方。如果防守队员不缩小与对手的距离和空间，就很容易被对方突破，这时对手则可以从供球者变成突破者。因此，如果挡拆时防守队员选择从远离挡拆下方的路线去跟随对手，此时防守队员应该在对手采取危险投球之前尽快缩短距离。

第五节 无球防守训练

一、无球防守训练要点

第一阶段：学习相互之间如何进行交流以及挤过或穿过、交换的防守方法。第二阶段：当对手挡拆时，做不换防练习。

无球防守包括：视野、身体姿势、球棍姿势、场地定位意识、内外线调整等。具体防守技术包括：阻挡球交换，阻断传球路径，阻挡对手进入内线区域等。防守挡拆是最重要的无球防守技术之一，无球防守队员必须要了解各种类型的挡拆以及如何防守这些挡拆，防守挡拆的防守队员要与队友在身体和意识上保持协调、同步配合才能完成。

二、挡拆演练

在长曲棍球比赛中，无球防守队员主要会面临两类进攻挡拆：外线切入到内线挡拆和两人内线挡拆。进攻队员由翼区切入到内线，或从外线切入到内线队友处进行挡拆。外线切入到内线挡拆包括切入挡拆、侧翼挡拆、边路假动作和假传球动作。一般而言，任何一名球员都可以进行挡拆，而队友则利用球员的挡拆来获得接球、投球射门机会；反之，无球防守队员则通过选择各种防守方法来破坏这种挡拆。当两名进攻队员在场区驻守，试图相互挡拆获得空位投球射门，此时无球防守队员可以采用面对面紧贴防守，挤过、绕过或换防到有球一侧的位置来进行反击。

三、外线切入内线

当进攻队员的队友从外线切入进行内线挡拆时，无球防守队员应该立即从边路或侧翼返回。为调动防守的挡拆者，进攻队员有时会使用假动作、急停拉开相互间的距离或假传球动作来调动防守，进攻方的挡拆者也会用各种挡拆方法封住内线防守队员，帮助队友占据有利的进攻位置。

当两名进攻队员从相反方向切入对方时，外线的队员会为内线队员进行挡拆，挡拆进攻的目的是让内线队员有机会投球射门，而这时无球防守队员必须保持警惕并准备阻挡对方。以下是无球防守训练外线切入防守的演练方案。

（一）球队可以采用的演练方案

1. **方案一：**进攻队员2在球门后面持球，防守队员1在边路防守进攻队员1，防守队员3在进攻队员2和球门之间防守中场队员3，进攻队员1切入内线为中场队员3挡拆，后者切入周界接进攻队员2的传球，防守队员1阻挡进攻队员1，如果防守队员3被进攻队员1阻挡住，那么，防守队员1要准备与防守队员3换防，换防后，必须与从边路切入的中场进攻队员3进行对抗，以获得靠前有利的防守位置（图7-11）。

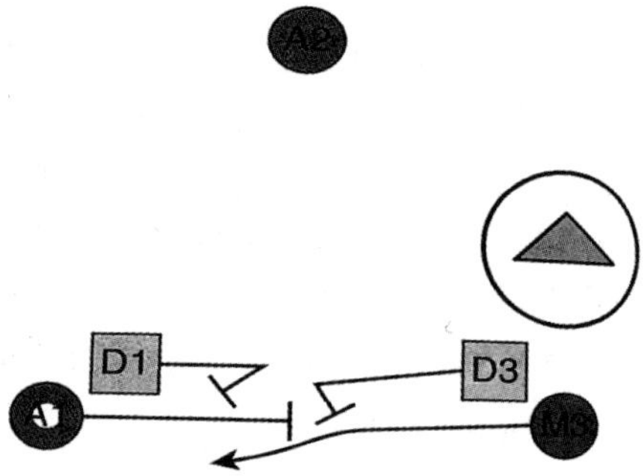

图7-11　防守外围切入的演练方案一

2. **方案二：**中场进攻队员2持球位于球门外，防守队员1在边路防守进攻队员1，防守队员3在场区线上防守中场进攻队员3，防守队员3位于中场进攻队员3和中场持球进攻队员2之间，防守队员1在进攻队员1和球门之间。进攻队员1开始往内线切入，防守队员1必须跑到有利位置（人与球之间）防止进攻队员1接进攻队员2的传球，倘若未接到球，进攻队员1继续向内线切入，为中场进攻队员3挡拆，后者利用挡拆切入外线接中场进攻队员2的传球。当防守队员1阻挡进攻队员1时，这时假设防守队员3被阻挡住，防守队员1需要与防守队员3换防，因为防守队员1和防守队员3都靠近球门，他们可以进行边路防守配合（两人区域联防），或者用换防假动作来防守攻方的挡拆（图7-12）。

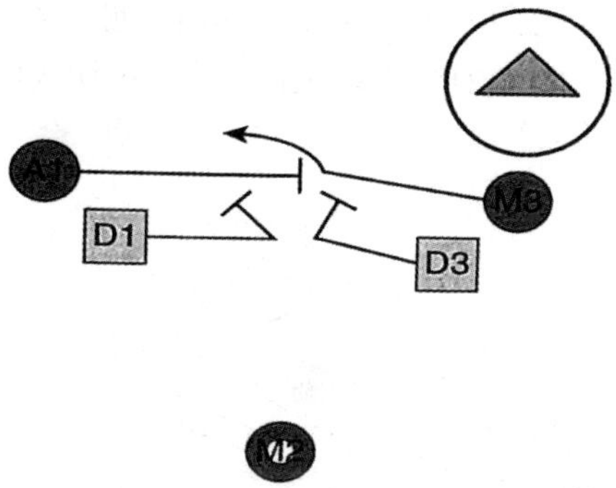

图 7-12　防守外围切入的演练方案二

3. **方案三：**中场进攻队员 2 在球门外持球，防守队员 1 在场区上方防守中场进攻队员 1，防守队员 3 位于偏向中场进攻队员 3 左侧（进攻队员 3 在场区线上）防守，中场进攻队员 1 向场区切入，为进攻队员 3 挡拆，以封堵防守队员 3；防守队员 1 在中场进攻队员 1 后面，观察对方的下一步攻击目标，进攻队员 3 利用挡拆从球门上方切入，接中场进攻队员 2 供球，并进行传球或射门；此时如果防守队员 3 被进攻队员 1 挡住，这时防守队员 1 和防守队员 3 要立即进行换防（图 7-13）。

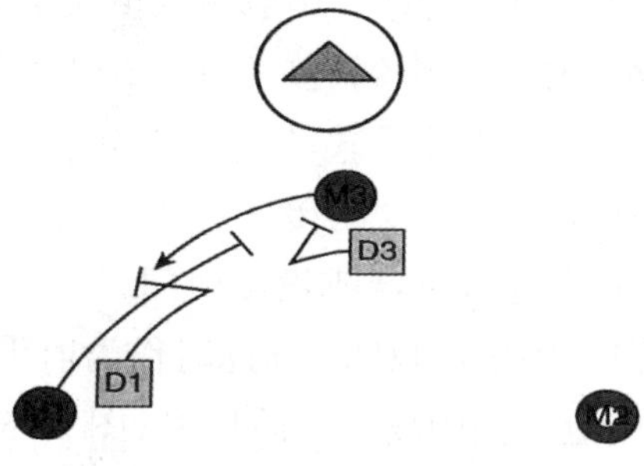

图 7-13　外围切入的演练方案三

（二）防守典型的挡拆和切入

典型的“挡拆和切入”，是指内线队员上前为正在从周界切入的队友挡拆。周界队员的意图是接住队友的传球，有机会就投球射门，如果攻方的挡拆成功，无球防守队员必须准备立即换防。

例如，进攻队员 2 在球门后持球，中场进攻队员 1 在场区外被防守队员 1 防守，中场进攻队员 3 在场区线上被防守队员 3 防守。中场进攻队员 3 与中场进攻队员 1 在左路场区进行挡拆，防守队员 3 防守中场进攻队员 3，中场进攻队员 1 切入场区内与中场进攻队员 3 进行挡拆后，接进攻队员 2 的传球，防守队员 1 这时必须跟随中场进攻队员 1 向场区边线下方移动，如果防守队员 1 被阻挡住，防守队员3与防守队员1要换防，以防守中场进攻队员1，此时防守队员1换防至防守中场进攻队员3，防守队员3防守中场进攻队员1并阻挡切入内线（图7-14）。

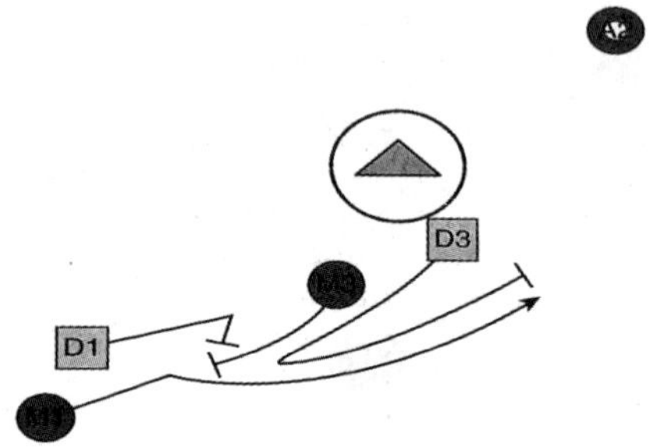

图7-14　防守典型的挡拆和切入示例

（三）防守急停转身

急停转身，是指切入者突然进行移动变化并依靠挡拆者的帮助进行转身，拉开与防守队员之间的距离。切入者进行切入时要先带动防守队员来到远离挡拆位置的下方，然后利用同伴的挡拆突然停止移动并转身向反方向移动到周界附近进行接球和投球射门。

例如，进攻队员2在球门后持球，中场进攻队员1在球门前方由防守队员1防守。防守队员3在场区中防守中场进攻队员3，中场进攻队员3在左路场区为中场进攻队员1进行挡拆，中场进攻队员1与中场进攻队员3在左侧场区内挡拆后转身切入并准备接进攻队员2的传球。防守队员1跑到场区线下方，中场进攻队员1可以在上方来进行供球或投球射门，防守队员3与防守队员1换防并阻挡中场进攻队员1（中场进攻队员1此时作为射手威胁性很大），防守队员1换防后要在场区线附近阻挡中场进攻队员3（图7-15）。

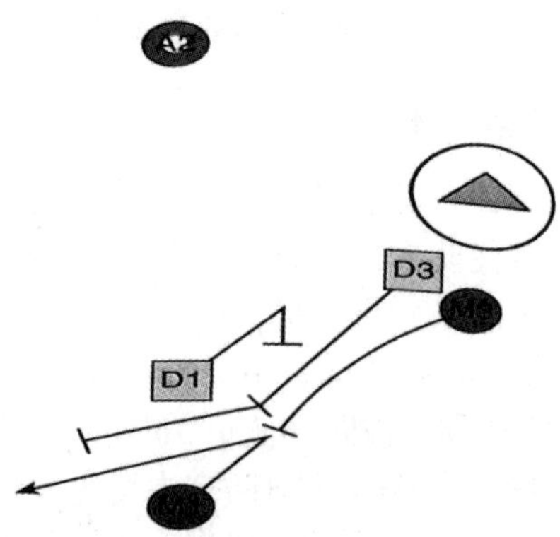

图7-15　防守急停转身切入示例

（四）防守假传球

进攻队员在球门场区切入时经常会使用假传球动作，如果进攻方进行假传球，这时防守队员应该自动进行换防。如果两名进攻队员在球门场区假传球，由于对手是处在球场上最危险的地方，防守队员会非常难于防守，必须随时准备好换防；如果进攻队员在球门深灰区进行假传球，防守队员应该采取“人盯人”防守对手；如果进攻队员在黑区或以外区域进行假传球，防守队员应该再次“人盯人”防守对手，因为这些区域一般不会有很多假传球动作。防守假传球的原则是不要跟随对手的假传球动作，否则会被对手欺骗并失去边路的优势。防守假传球动作有两种方法：传统方法和现代方法。

传统方法：防守者需要靠近并保持面对进攻队员

例如：中场进攻队员1进行折线移动，在同伴挡拆时准备进攻，这时中场进攻队员1处于危险位置，防守队员1应立即缩小与进攻队员1之间的距离，球棍要尽早准备就绪，随时可以进行断球（图7-16）。

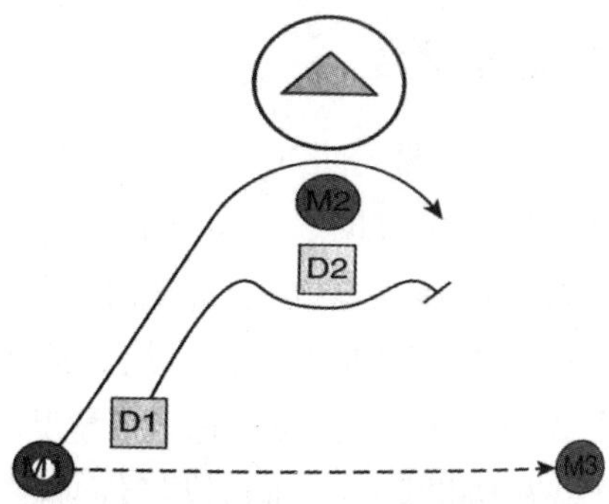

图7-16 防守者需要靠近并保持面对进攻队员示例

现代方法：防守者被挡住时交换防守

防守中，两名进攻队员开始移动，防守队员一般会选择边路防守并随时准备换人。例如：假设中场进攻队员1获得被守门员踢出球门的球，并被防守队员1防守，进攻队员2在折线上被防守队员2绕前防守，中场进攻队员3位于球门前方与中场进攻队员1相邻。中场进攻队员1传球给进攻队员3后，中场进攻队员1利用进攻队员2的挡拆从折线边切入。防守队员1在切线位置附近紧跟中场进攻队员1，防守队员1和防守队员2都位于切线位置，如果中场进攻队员1进行折线移动并成功利用进攻队员2的挡拆通过，防守队员1被进攻队员2阻挡，无法跟上进攻队员1，此时防守队员2必须与防守队员1换防，防守进攻队员1，防守队员1则换为防守进攻队员2（图7-17）。

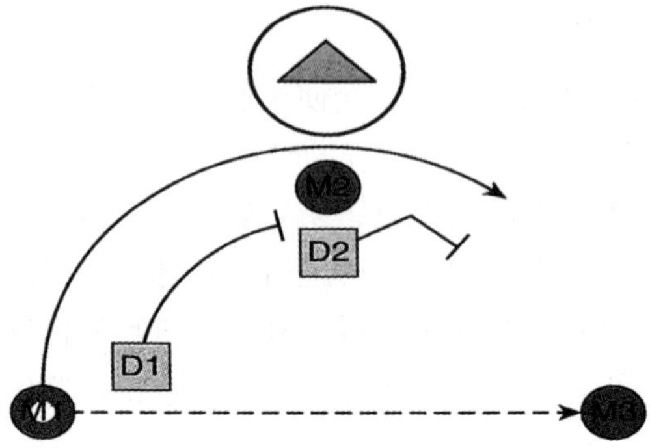

图7-17　防守者被挡住时换防示例

第六节　防守双人内线挡拆

一、双人内线挡拆防守配合

双人内线挡拆的防守规则是两名防守队员在球门前面防守对手。另外，当队员在内线（球门线10米处）防守时，行动不能有半点迟疑。进攻队员因在球门区时离球门太近，因此球门区是球场上最危险区域，进攻队员一旦把球打进内线就会变得危险，对手会随时进行快速射门，或者因防守的犯规获得点球。离内线持球进攻队员最近的防守队员此时应立即向防守他的同伴靠近，并马上缩小与同伴的距离并协助防守，同时尽量向球门靠近并呼叫守门员协助，准备好球棍断球。双人挡内线的防守配合包括：防守方阵、包夹、球侧防守。

（一）防守方阵

当防守球员在折线上防守（图7-18）时，两名防守队员容易被自己外侧的对手挡住，此时进攻队员可能会突然出击接球，进行快速射门。例如：进攻队员3在球门后面控球，进攻队员2在折线上被防守队员2防守，进攻队员1在折线上被防守队员1防守。突然进攻队员1在防守队员2的外侧发起挡拆，进攻队员2利用进攻队员1的挡拆，切向边路区域，接进攻队员3的传球。

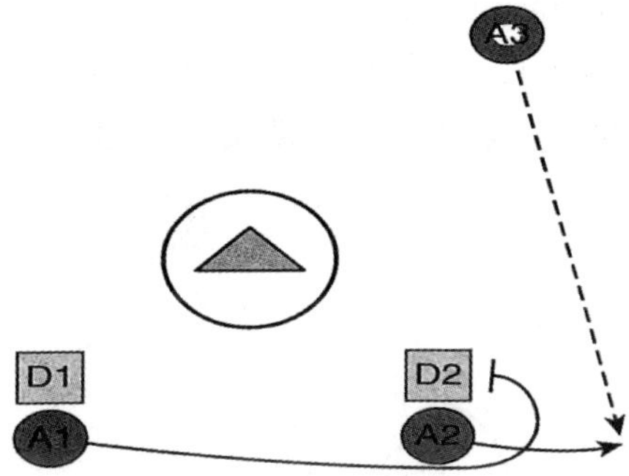

图7-18 防守方阵示例

（二）包夹

包夹指两名防守队员分别处于对手肩部外侧，对手的同伴就无法到达其肩膀外侧进行挡拆，两名防守队员要随时准备在防守区域（双人区）换防。

例一：中场进攻队员3持球在球门前方（图7-19）。进攻队员1和进攻队员2分别在边路场区，防守队员1和防守队员2防守边路。进攻队员1向防守队员2方向进行突破，为进攻队员2挡拆，挡拆后进攻队员2沿弧线切出，并寻找机会接中场进攻队员3的传球，此时防守队员1和防守队员2防守边路并准备好交换防守位置，一旦进攻队员1和进攻队员2完成挡拆，跑向边路，防守队员1应该立刻与防守队员2交换位置并阻挡进攻队员2接球进攻。

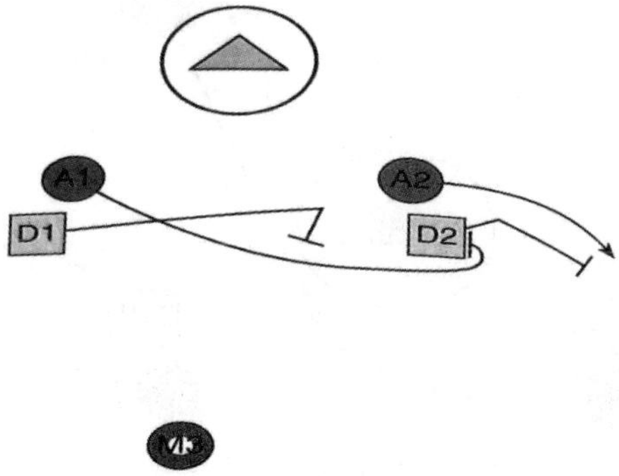

图7-19 包夹防守配合示例一

例二：进攻队员1在球门后控制球。当进攻队员2和进攻队员3都在折线上时，防守队员2和防守队员3分别在两个边路。当进攻队员2在防守队员3处为进攻队员3做挡拆时，进攻队员3在挡拆后向外切入，寻找在球门后给进攻队员1的传球机会，防守队员2此时要马上与防守队员3交换位置并要防守进攻队员3的进攻（图7-20），此种防守配合虽然能有效防住攻方在边路的进攻，但这种战术阵型的缺点是两名防守队员无法很好地防守中路。

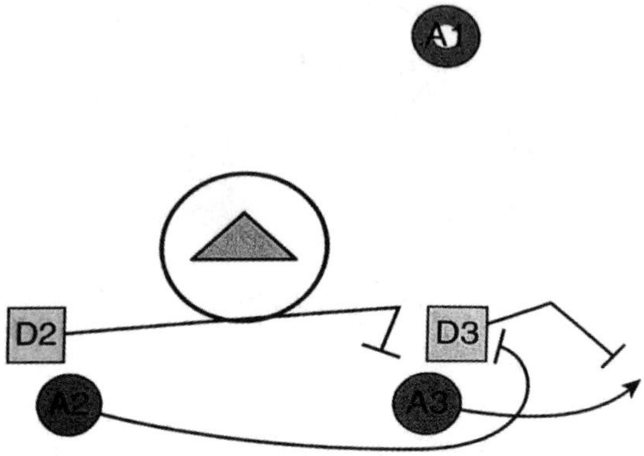

图7-20　包夹防守配合示例二

例三：进攻队员1在球门后持球，防守队员2和防守队员3分别在边路防守进攻队员2和进攻队员3。进攻队员2向进攻队员1的位置移动，防守队员2要设法将进攻队员2截住，进攻队员3向边路拉开，吸引防守队员3跟进，此时防守队员3要根据进攻队员2的位置作出选择：与防守队员2一起包夹进攻队员2，如果防守队员3无法做到及时有效的包夹，则进攻队员2可以轻易从中路切入，并获得一条畅通无阻的路径接进攻队员1的传球投球射门（图7-21）。

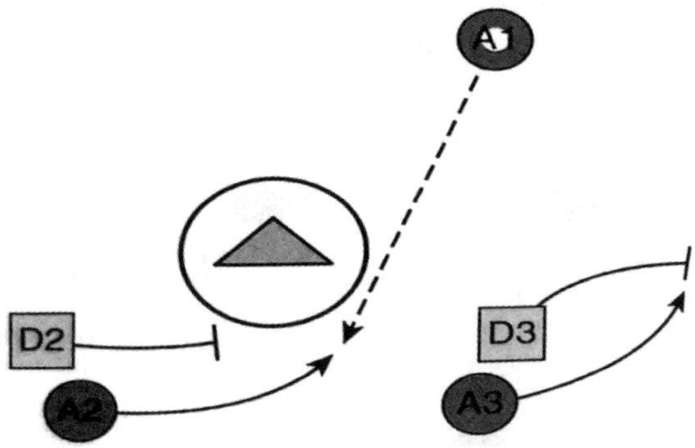

图7-21　包夹防守配合示例三

（三）球侧防守

当进行球侧防守时，防守队员应用外侧肩膀对着持球队员，无球防守队员要站在球与对方球员之间，防止其接球。例如：进攻队员3在球门后持球，防守队员1和防守队员2在折线位置分别防守进攻队员1和进攻队员2。当进攻队员1接球后移向防守队员2方向，此时，防守队员2应立即移到进攻队员2靠近球的外侧位置进行防守。防守队员1应尽力切断进攻队员1和进攻队员2之间的联系，并与防守队员2互相呼应，兼顾防守进攻队员1和进攻队员2靠球一侧，防守队员1和防守队员2还要避免相互之间出现进攻队员1可以切入的间隙（图7-22）。

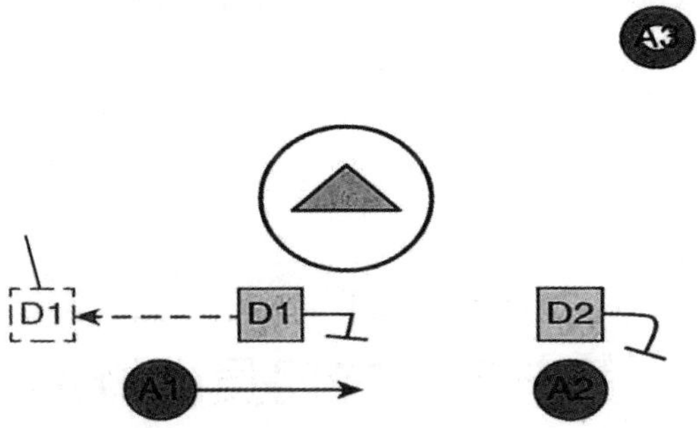

图7-22 球侧防守配合示例三

二、防守2V2内线切入进攻训练

（一）目的

学习如何防守2V2内线切入进攻。

（二）训练组织

防守内线切入的2名队员在防守线上，一名教练员或队友在外传球，2名球员在进攻线上。

（三）进行训练

2名队员在线上防守，2名进攻队员互相挡拆并试图从教练员那里得到传球。防守队员必须相互沟通，确定对方挡拆的位置（“向右挡”或“向左挡”），明确队友和自己是应该“交换”防守还是“保持”自己的位置。

（四）训练要点

防守队员应根据进攻对手位置的变化，恰当运用包夹，球侧防守以及交换防守等配合，重点首先是防止对手摆脱切入；其次要积极用球棍进行干扰，防止其接球；最后防守队员之间还需要有效的沟通，明确配合的方式。

第八章　守　门　员

第一节　守门员的概述

守门员应该是长曲棍球比赛场上最重要的位置，因为守门员的水平发挥的优劣往往对比赛的结果影响很大。良好的防守再加上优秀的守门员无疑会提高整个球队的竞争力，球队就可能所向披靡，很难被击败。守门员在球队中可能也是最困难的位置，因为守门员需要具备独特的心理素质和身体素质。在长曲棍球比赛中，大多数守门员在比赛中与对手进行不同的对抗，每一次控球都是一次意志、心理、技术的比拼和较量，比赛的最终结果是由射手的射门和守门员的扑救决定的，守门员面对对手的每一次射门都要有很强的信心将球扑出。但在激烈的比赛中，守门员不可能成功扑救每一次射门，但他需要有坚强的意志和进行坚持不懈的努力。守门员的主要职责是阻止射门，在救球后或死球情况下清场，以及在球门区域内防守。以下将讨论优秀守门员应具备的心理素质和身体素质以及守门员的技术以及训练方法。

第二节　守门员的技术及综合素质

一、守门员的综合素质

（一）守门员的心理素质

守门员应具有强大心理和综合的身体机能。一名优秀的守门员应具有勇敢、心理韧性、专注力、沉着和坚持的心理特征。想要成为一名优秀的守门员，必须要勇敢、坚韧、坚定，克服被高速射门击中的恐惧，这种勇敢应是所有守门员共有的。当守门员未掌握好扑球技术时，他可能会被球击中，但当他逐渐掌握扑救球并提高技术后，就会减少被球击中的可能性；守门员还要有坚韧的心理，这样才能应对困难的局面而不失去信心；守门员必须接受为球队站在球门前所带来的挑战和责任，能够承受作为球队最后一道防线的压力。另外，作为守门员，在面对可能决定比赛胜负的射门扑球时，从几秒钟内的一名英雄瞬间就变成了一名落魄者是时常会发生的事情。

守门员高效的专注力，能够在对手进攻时将焦点集中在球上。在专注于球的同时，还能用余光来判断球场上的局势。守门员的另一个关键特质是沉着，他必须保持对自我情绪的控制。例如，如果守门员扑救失败导致对方进球，此时需要忘记并专注于下一次射门扑救，当被破门时，不应该表现出沮丧的情绪。在激烈的长曲棍球比赛中，守门员需要保持冷静、沉着和镇定，持之以恒和永不服输是至关重要的。比赛中，还要有坚持不懈的精神，未到比赛结束哨声响起，都不能松懈，因为比赛中的下一次救球或本场的最后一次救球都可能是为自己的球队赢得比赛的一次救球，或者即便是不太出色的救球表现，只要不丢球也有可能获得全场比赛的胜利。

（二）守门员的非凡技能

守门员的表现有普通和非凡两个方面。想要成为一名优秀的守门员，需要有足够的能力来挽救本应该阻止的射门，要成为一名每次在场上都令队友可以信赖的人，那么无论在什么情况下都要有稳定的表现。优秀的守门员是球队胜利的基本保证，此外，有时守门员还得做出超常规的非凡扑救。守门员应该把所有的扑救，甚至是非常困难的扑救，都看成是一个机会。要知道，那些艰难的扑救——看起来是必进之球的扑救，是一次改变比赛胜负的机会。这种类型的扑救可能会改变比赛的势头，激励队友的表现，打击对手的信心。优秀的守门员可以让精彩的射门看起来像常规的扑救，当一记精彩的射门被一个常规扑救所逆转时，射手的信心就会被削弱。优秀的射手在射门时，会试图避开守门员将球送入球门，而优秀的守门员有更强的能力将这些射门击出。守门员必须具备许多与其他位置球员相同的身体素质，其中，出色的反应能力和敏捷快速对守门员来说尤其重要，另外，良好的视线对于守门员观察球的移动非常重要。当对手射门时，要求守门员的视线应贯穿射手射出的球直到飞到自己球棍的全过程。为提高守门员的各种技能，可以采用一般性的下肢训练，如跳绳、脚下灵活度训练，以及任何能提高眼手协调性的训练，这些训练对守门员技术水平的提高都会有很好的帮助。

二、守门员的基本技术

（一）停球

作为守门员，要想防住对方的射门，要用眼睛、球杆和身体为对方的射门做好准备，以扑救每一次射门。但也不能在准备防守射门的状态上保持太久时间（最好一次不超过30秒），因为紧张的弦不能绷得太久。在对手射门之前，首先应该观察射门球员的棍头，而不是他的身体动作。守门员眼睛的注意力应集中，球棍已准备好了防守，身体要保持放松。由于射门可能来自不同的方向，射手投掷的速度和准确度也不尽相同，需要保持相应最佳的身体姿势和棍位，迫使射手打出坏球，阻止破门。当对方投掷时，如果守门员处于僵持或不移动的姿势，那么他只是处于防守或阻挡的位置，这时需要守门员做出反应，用球棍和身体同时阻挡球，阻止球通过球门，他可以接住球，打出球，或者把球停在地上，只要球不进球门，就是一次成功的扑球。

（二）守门员停球的身体定位

1. 守门员在准备阶段的身体姿势

在守门员准备停球时，身体的姿势与足球防守队员、摔跤手或棒球内野手相似，目的是最大限度地保持平衡，并保持体重分布均匀。开始准备时，其站姿既要有运动感，又要舒适；需要把身体的重量放在两脚之间，使身体重量更多地压向脚内侧，保持脚后跟不能太靠后，脚趾也不能太靠前，才能更好地移动。在传统的站姿中［图8-1（a）］，双脚基本与肩同宽；在现代站姿中［图8-1（b）］，双脚要比肩更宽。而选择何种身体姿势完全取决于个人的习惯，如果球员需要微调站姿，两脚应该比肩稍窄而不是比肩过宽，如果站姿太宽，往往只是上肢在移动，身体无法快速或有效地移动。如果守门员采用双脚前后站立，脚尖可以是正对射手，也可以以一定角度错开。但无论球员采用什么站姿都要能够顺利迈开脚步，身体跟着脚步迎向射门的球。

图8-1（a） 守门员传统站姿

图8-1（b） 守门员现代站姿

2. 守门员站位时脚和手的姿势

守门员通常使用两种脚位。脚尖向外45度左右［图8-2（a）］或脚尖直接向前［图8-2（b）］。有些守门员使用鸽子式站位，这样他们可以更有效地用后脚蹬地推进获得更多的横向移动，脚的位置应以舒适度和个人习惯为宜。守门员为了迅速做出反应，应该保持重心下降，膝盖弯曲，否则会导致对手投掷球后再进行屈膝，这样将减慢救球的速度。

图8-2（a） 脚尖向外45度脚位示例

图8-2（b） 脚尖直接向前脚位示例

守门员的胸部和头部应该向上，并稍微向前倾，保持平衡。手和肘部应该保持在胸前，肘部保持弯曲并指向下方，手向上，肘部和手放松并展开，这可以最大限度地提高胸前挥动棍袋的能力，挡住对方的射门。要尽可能地让自己的手、脚、脸朝向球，面对射门时，身体要保持放松和静止，两脚站定，图8-3（a）和图8-3（b）分别为守门员身体位置的正、侧视图。

图8-3（a） 守门员站位正面示例

图8-3（b） 守门员站位侧面示例

（三）守门员的球棍技术

大多数守门员在球门区位置都以45度角握住球棍（图8-4），并保持棍袋与头部、肩部或胸部持平。守门员要让棍袋完全暴露在射手面前，左手（惯用手）应该比右手离身体更远，这样棍袋就会稍微向身体倾斜。在应对外线射手时，守门员会降低棍袋的高度，但是多数情况棍袋会较高。守门员要用拇指和食指以“捏”的技巧双手握住球杆，其他三根手指应轻轻放在球柄的一侧。正确的球棍握法对停、抢球非常重要。另外，守门员不要把球棍的顶部握得太紧，这会导致停、抢球动作从一开始就会变得紧张，不能快速、准确地挥动球棍，使棍袋正面对准射门来球。

图8-4 守门员门前基本持杆示例

第三节　守门员的防守技能

一、停球策略

（一）停球时的球杆技术

停球最重要的因素是确保要用球杆引导，身体跟随（图8-5），这项技术是用球棍引导将棍袋推向球，然后，用同侧脚踩住球，将球击出。停球技术采用传统的扫地击球或用球棍做转动的动作，使棍袋兜到球，这两项技术最主要的区别是将高球传到自己体侧的球棍方式不同。如果是右侧持棍的守门员，球杆应放在10点钟的位置，而面对较高的射门来球，球杆应放在身体左耳边。在传统的扫地击球技术中，球杆会先往低处放，然后以逆时针的方向往上，以达到破坏射门的目的（图8-6）。在长曲棍球现代技术中，守门员的球杆会以顺时针方向高高的经过自己的脸部，以接到同样的射门来球（图8-7）。

图8-5　守门员球杆引导的停球示例

图8-6　守门员扫地击球示例

图8-7　守门员顺时针移动接球示例

（二）停球时的移动技术

在当今的长曲棍球比赛中，绝大多数守门员都采用螺旋移动击球技术来防守高空射门。在防守对手射门时，应该使棍袋对准射门来球的方向，并尽量停球，而不是接球，有些教练员强调守门员应该接球，其实，守门员最重要的是先停球——如果可能的话，才去接球，停球时球棍应稍微向后倾斜，手肘弯曲，这样才能缓冲和吸收来球的力量。一般来说，守门员救球时应采用同侧脚蹬地迈步扑救，在保持身体平衡的同时，加快到达救球的位置和加速向球的速度，到达时将双肘和双手向球的方向挥出，两只手同时努力去接球，身体在球杆后面充当第二道防线。守门员必须准备一套对付各种类型射门的策略，每种类型的射门都需要不同的应对策略，有些策略取决于射手的场上位置和球是来自门后还是门前，对于非高空球的射门（包括低射，弹射和底线内射门）还需要使用特定的技术来应对。

二、守门员防守不同类别的射门策略

（一）低射球

长曲棍球中的低射球类似于棒球中的地面球。在棒球运动中，当一个地滚球来到内野手面前时，内野手会跑到球前，将戴手套的手放到地上，身体保持低位。他的手臂是放松并远离身体的，身体已经做好了应对的准备，如果球速很快，没有时间伸臂去接球，或者如果棒球出现不常规反弹，内野手必须把球盯住。长曲棍球运动的守门员就像棒球运动中的内野手，他的球棍要贴着地面，保持低位和放松，使球进棍袋（图8-8）。如果射门的球是在草地上蛇形前进，守门员球棍应放在球的上方，身体重心下降，同时放低球棍，准备停或接球。

图8-8　守门员接低射球示例

（二）反弹射门

对于射门时的反弹球，守门员必须做好倒地救球的准备，还应保持即便倒地还有连续救球的反应能力，也就是接球动作要有控制，救反弹球时身体的重心不能太低，否则身体的平衡如果没有控制好的话，就无法快速出击和反应。救反弹球时，守门员应该首先判断球弹起的角度，并根据球的弹跳调整身体的重心，而不能只动手臂，如图8-9所示。另外，对于弹起很高的球，应该尽快迎上前去接球，才能把球稳稳地停住或接住。

图8-9 守门员接反弹射门示例

（三）1V1射门

守门员可以使用各种应对策略来对付“单刀”的射门者。他可以放下球棍，诱使进攻队员射门［图8-10（a)］；可以用球棍诱使进攻队员向空位射门［图8-10（b)］。当球飞来时，他可以选择留在自己的位置，用球棍破坏对方的射门［图8-10（c)］。在1V1的情况下，守门员应该竭尽全力做好防守扑救，阻止对方的射门，一旦成功破坏对方的射门，会对对方的士气造成很大的打击。

图8-10（a） 守门员放下球杆防守1V1射门示例

图8-10（b） 守门员球棍诱使射手向空位射门示例

图8-10（c） 守门员原地球棍防守1V1射门示例

（四）清场

清场是指队员将球清出本队的防守半场。对方球队可能会因为传球失误、接球失误或守门员救球而将球转移过来。任何防守的人，包括守门员，都可以通过球和球员的移动来获得球权，并将球清除出去。通常情况下，清场是由守门员救球后发起的。对于守门员来说，最重要的任务是阻止射门完成，先进行扑救，当守门员扑救成功并完全控球后，就应该立即发起进攻，将球从防守端转到进攻端。在守门员救球成功并控球后，队友会跑向前场，并向球场的侧翼移动，这时守门员应及时合理分配球，把球传给最有威胁的队友。如果守门员未能及时有效传出好球，可能会让本队失去一次进球得分机会。当然，如果在此时守门员失去控球权，因本方队友已转入前场准备进攻，对方球队会有明显的人数优势，反而使对方球队由守转为攻，获得反击的机会。当守门员决定要传球时，会有一个观察和选择的过程，首先要找本队在前场可能突破对手的控球进攻队员，其次是在中场的队友，最后是两条边线附近的同队队员。一旦确定传球目标，就要立即转髋、转肩并对准接球者，抛出高位球。如果每一位队友都有人防守，那么守门员可以带球绕到球门后面向空位移动，还应注意对手的追赶和抢断，另外，倘若守门员在救球后原地不动，没有转髋、转肩进行传球，则传球的力量和准确度就会大受限制。

三、守门员与队友的配合——防守的最后环节

（一）守门员在防守中的核心作用

守门员是全队防守的最后环节。守门员所在位置能很好地观察球和对方队员的动作，成为场上的防守核心，需要随时与队友沟通。他可以鼓励场上的防守队员打出有效、积极的防守，可以引导强侧防守队员的移动，以支持弱侧防守队员。守门员在比赛中会受到很多关注：当本队比赛进展顺利，成功扑救对手的射门时，关注是积极的，当本队比赛进展不顺利时，或者被对手破门得分，对他的关注就有可能不那么积极了。

（二）守门员与队友的联系

守门员防守时经常会发出以下的呼叫来指挥防守：

1. 球的位置：守门员会喊出 “左前”“中前”“右前 ”等。

2. 阻挡呼叫：守门员会喊出“阻挡”的呼叫，告诉本队的防守队员阻挡对手手部动作，用身体将其赶出球门。

3. 挑球呼叫：守门员可以预测潜在的挑球，并通过呼叫“挑球”提醒防守队员。

4. 断球呼叫：当传球者准备传球时，守门员可以提前做出“断球”呼叫。提前的断球呼叫可以让内线防守队员有足够的时间来断掉对手的传球，守门员要预测到对手的传球并呼叫“断球”，但应该等到球离开传球者的球杆，否则会提前通知传球者。

（三）守门员与队友的协调配合

守门员还可以通过他的行动来带动全队的士气。守门员要和队友一起做到努力、拼搏、热情、勤奋并以身作则。守门员与防守队员的联系在长曲棍球比赛中至关重要，守门员应该鼓励和赞扬队友的努力来帮助维持防守的整体士气，永远不要因为本队被破门进球而责怪任何的队友，本队的任何进球都是在整个防守中取得的，而不仅仅是射门进球球员的功劳。守门员可以允许对手精彩的进球，但不轻易放弃任何一个救球。具体来说，守门员不能容忍无人防守的射门、非常远的射门或被直接过掉自己的进球，如果有这种情况发生，对手的士气将大振。此外，守门员也不能轻易在每节开始或结束时丢球，如果这样的话，球队将可能直接输掉比赛而没有任何扳回比分的机会。

综上所述，守门员要具有良好的身体素质，如出色的观察能力、良好的反应能力、快速地移动能力等。更重要的是，守门员必须具备优秀的心理特征，如勇气、坚韧、专注、沉着和坚持等。在长曲棍球比赛中，守门员最重要的三个职责是：阻止射门、清场和充当核心防守。首先，阻止射门需要正确的防守选位和球棍技术，要求守门员用球棍引导自己的身体迎向来球，并针对射手使用的射门方式，熟练自如地运用球杆和身体进行停球，而防守射门的技术和方式要根据对手是在中场区射门还是在进攻区射门来选择；其次，守门员还要负责从球场的防守端清扫球，通常情况下，守门员通过阻止射门并控球，向跑到前场的队友传球发起进攻；最后，守门员要充当全队防守的核心，通过他们对对手进攻的判断，指挥队友进行防守协同配合，并发起反击。

第四节　守门员的训练

守门员技术和争球技术一样，是一项比较特殊的专业技能。由于这种独特的技能原因，守门员需要通过大量的学习和训练才能掌握，而各种重复性的训练将挖掘守门员的潜力，训练时面对各种不同的射门动作技术，在守门员的头脑中会逐渐形成各种不同的反射，从而为在真正比赛中充分发挥守门员的技术水平积累经验。

一、晃动训练

（一）目的

学习如何保持守门员球棍位置。

（二）练习组织

守门员在球门线上，教练员或队友持球。

教练员或队友用球棍“晃动”（假动作），守门员保持合适位置，不被晃动骗到，迅速移动到射门处救球。

（三）训练要点

守门员不能轻易被射手的球棍假动作欺骗。

二、迎球训练

（一）目的

学习用右手（右手为惯用手）迎球技术。

（二）练习组织

守门员手持一个篮球，并面对墙面站立。

（三）练习方法

守门员只用右手将篮球投向墙面，当球反弹回来时将球迅速接住。这个动作类似于在球场上运球，但这时是垂直运球而不是水平运球。

（四）训练要点

主要训练守门员接高位球的技术。

三、右手（右手为惯用手）救球训练

（一）目的

学习右手动作救球的技术。

（二）练习组织

守门员进入准备姿势，只用右手握住球棍（用拇指和食指握住球杆），教练员或队友持球面对守门员，相距5～10米。

（三）练习方法

守门员在门前保持准备姿势，教练员或队友用各种方式射门时，守门员用右手持棍进行救球。

（四）训练要点

这个练习主要训练用右手持球棍进行救球，守门员要注意手握球棍的方法。

四、网球接球练习

（一）目的

球员学习如何用右手（右手为惯用手）去接球。

（二）练习组织

守门员保持准备姿势，徒手面对教练员或队友，教练员或队友手持网球。

（三）练习方法

教练员或队友将网球抛给守门员，守门员跨步上前，伸手指向球并接球。

（四）训练要点

本练习主要训练守门员跨步上前，用手指向来球并熟练接住球，教练员或队友可以改变抛球的方向、高度，以此来训练守门员的反应能力。

五、防射门练习

（一）目的

掌握防守各种方式的射门并接球的技术。

（二）练习组织

守门员进行个人训练，教练员或队友进行纠错和点评。

（三）练习方法

守门员降低重心并向各个方向迈出接球，然后回到开始准备姿势，重复进行练习。

（四）训练要点

本练习要求守门员在训练中控制身体的平衡，并随时能衔接进行下一个技术动作，特别是大腿的正确发力。

第二部分

比 赛 篇

第九章　长曲棍球运动的团队与个人技能

长曲棍球运动需要运动员身心的融合，其中的心理因素包括智力和运动激情，而诚信、纪律和自信等品质是一个成功球员人格的重要特征。诚信正直反映了一个球员的品性，纪律体现了球员的投入，信心来自球员的奋斗。当激情和力量都取得了教练员认可时，球员的智力会让他脱颖而出。身体的协调性、平衡性和整体竞技性在任何一项团队运动中都是至关重要的。因此，除了个人技能外，球员还需要发挥团队精神，包括无私、理解、可塑性、团结、处理逆境的能力、竞争精神和获胜的欲望。

第一节　场上各位置的技能

长曲棍球运动涉及三个位置的场上队员，进攻队员（前锋）、中场队员（中锋）和防守队员（后卫）。他们相互支援，展开团队合作。进攻队员（前锋）负责进攻对手的球门和得分；中场队员（中锋）负责进攻对手的球门，守护自己的球门，并在球场前后带球；队守队员（后卫）负责守护本队的球门，尽量减少对手射门机会。每一个位置都需要特定的技能，但所有位置的球员都必须具备优秀的球棍技术能力，并在比赛中将他们的运动技能发挥到最佳状态。

一、进攻队员（前锋）

在过去，进攻队员（前锋）被选中是因为他们有最好的球技，当今的进攻队员（前锋）则具有快速移动和变向能力以及平衡的双手球棍技能。快速移动和变向需要步法敏捷而灵活。一般情况下，前锋会比其他球员受到更多的防守，当一名前锋在球门后方区域活动时，防守队员往往对他进行很强的攻击性防守，防守队员知道他虽然不能射门，但他们随时可以突进球门区，因此他会被重点防守。长曲棍球比赛场上的每个球员都会随时打进攻和防守，当进攻失去控制时，最好的进攻队员也会成为很好的防守队员。

二、中场队员（中锋）

中场队员（中锋）是长曲棍球的主力。中场队员中锋需要比其他球员拥有更多的整体技能，要有意识地在场地两端和限制线之间进行跑动，具备更多的进攻和防守技巧，必须要在球场上来回不停跑动，必须有很好的耐力，是对体能要求最高的球员。

三、防守队员（后卫）

过去，防守队员（后卫）往往是队里跑得最慢的队员，但在现代的长曲棍球比赛中，后卫往往是队里技术最全面的运动员。越来越多的球队强调防守反击的打法，因此后卫扮演着重要的角色。后卫必须对进攻方向的变化做出快速反应，并跟上对手的速度。后卫需要有攻击性，但也必须控制进攻。他们必须有高度的团队合作意识，并能够对场上情况进行预测、反应、滑动和掩护策应，为队友提供帮助。

总之，长曲棍球运动员应具有广泛的认知、创造力和判断力，场上表现出正直、自律和自信的特点。他们应该具有着强烈的求胜欲望，具体体现在球员的努力、决心和奉献精神上，而且还应具有很高的长曲棍球球商，以及机智、速度和敏捷等运动技能。长曲棍球运动员应该具备许多其他竞技体育项目所需的团队技能，比如无私、领导力、可塑性、一致性和竞争精神，他们还必须理解许多基于比赛性质的团队技能，包括球的移动、射门、角度和假动作等。当然，一名优秀的长曲棍球运动员还必须掌握他所处场地位置的某些特定技能。

第二节　团队技能

长曲棍球运动员需要明白自己只能是一个更大的、有凝聚力的团队的一部分，球员必须保持“团队第一”的态度，而不是专注于对个人奖赏和荣誉的渴望。球员需要具有无私的精神，应了解团队的长处和短处，并据此调整自己在比赛中的表现。例如，如果球员持球时，队友的球棍在弱侧手（非惯用手）时，持球队员需要意识到这一点，并及时调整送球速度，以便队友更方便接住球。相反，如果队友用他的强侧手（惯用手）时，他几乎可以接住任何传球（在准确性和速度方面），那么队友可以采用特定的方式（最合适的速度和落点）传球给他。优秀的球员能够做到与队友配合得更好。例如，球员给队友一个精准传球，队友可以漂亮地接住；球员在防守上为队友提供协助，使队友得以及时截住持球进攻队员。优秀的球员与队友相处会很融洽，配合默契，使对手在赛场上很难取得优势，进球得分。

长曲棍球运动员需要明确自己在球队中的角色。在比赛的关键时刻应该有人愿意站出来成为领导者，而其他队员愿意跟随。比赛中，如果球队队长能够勇敢带动大家朝着积极的方向前进，那么整个团队就会跟随，当然如果一个团队有幸拥有多个具有领导力的人，那么这个团队有可能在更大压力下取得成功。但在一个团队里，不是每个人都会扮演主角，每个人都有特定的角色和担当的职能。每个球员都需要理解、接受并努力在自己的特定角色上做到出类拔萃，也就是说即使有好的领导者也必须要有好的追随者，因为在比赛中队长需要遵循教练员的战术意图，将信息传达给全体队员，协调大家一致行动。

长期参加系统训练可以造就优秀的长曲棍球运动员。优秀的长曲棍球运动员应该愿意学习新的技术和战术对抗方式，并不断尝试新的技术和战术。球员们在训练中需要注意细节，做好了这些，就能把好球队变成更好的球队，把更好的球队打造成冠军。正如NFL历史上唯一一位四次赢得超级碗的前匹兹堡钢人队主教练员查克·诺尔所说："冠军之所以是冠军，不是因为他们做了什么非凡的事情，而是因为他们在平凡的事情上比任何人都做得更好。"

长曲棍球运动员需要持之以恒。比赛中无论处于有利或不利的情势，都必须保持坚持不懈，不轻易言败。比赛中需要沉着、冷静和自信，而始终如一的态度和努力才会带来始终如一的表现。当然，一名优秀的运动员，应该坚持不懈加强练习，这会有助于自我提升，也有助于团队整体变得更好。

此外，运动员必须能够应对逆境。在任何团体运动中，逆境是不可避免的，长曲棍球运动员在心理和技术等方面都需要有很强的对抗能力。球员应该保持精神和体能上的坚持与毅力，要有坚定的决心迎接挑战，以及永不放弃、克服困难的决心。正如著名教练员诺曼·文森特·皮尔所写："人生的考验不是为了打败你，而是为了创造你。"因此，这种决心和品格不仅适用于长曲棍球比赛，也适用于生活，如果我们拥有这种对待生活的决心和毅力，我们将获得巨大的回报，这将对我们的生命产生持久、积极的影响。

长曲棍球运动员还需要有竞争精神和获胜的欲望。长曲棍球是一项很有竞争力的运动，在高中和大学阶段，运动队的竞争力随着运动水平提高而增强。然而，长曲棍球运动需要在比赛中表现出体育精神，运动员需要遵守规则，尊重对手，尊重比赛的公平、公正，运动员应力争做一个谦逊的失败者，一个优雅的胜利者。

除了与球员个人特征相关的团队技能外，长曲棍球还需要球员根据比赛发挥团队技能，下面介绍一些与长曲棍球有关的团队技能。

一、控球

在长曲棍球比赛中，控球环节是非常重要的，一旦控球失误，就很容易造成对方射门得分，因此我们在比赛中要尽量减少失误的次数。在进攻方面，有些球队打得保守，保守的球队重视控球，倾向于打出固定的6V6阵地进攻，通过球的转移寻找最佳的机会射门；有些球队打得激进，采用快节奏的风格，并寻求使防守有压力的射门。防守方面，有些球队打得保守，等待对手犯错；而另一些球队则打得积极主动，试图逼迫对手出现失误。然而，无论球队如何选择，每一种进攻和防守都有它的优势和不足。

二、球的运动轨迹

长曲棍球是一种球类运动，这种运动的特点是：球在空中的移动速度比任何能传球或控球的球员都快。进攻方面，球员需要早做准备，双手握紧球棍，随时准备接球、传球和投掷。球员也必须掌握基本的球棍技巧，这样就可以做突破、传球或射门的三重威胁且随时准备在同伴出现射门机会时把球传给队友。防守方面，当球在空中时，球员需要主动调整自己的位置以获得抢、断球的先机。

三、合理利用空间

进攻时，队友之间要保持合适的距离，这样就容易避免防守队员同时防守2名进攻队员的局面。而防守时，要尽量减少击球射门区域的防守压力，破坏进攻队高命中率的射门，全力将进攻队赶离球门区以外，减少球门区的防守压力，防守队还可通过在中场阻截进攻队员或者阻挡射门队员的惯用手来减小射门命中率。

四、把握好时机

在长曲棍球比赛中，时间因素对任何涉及2个或2个以上球员的动作都非常重要。进攻队员需要及时完成攻击动作，包括传球和切入，助攻队员的站位和定向传球，以及任何进攻性动作。防守队员必须及时意识到并作出对进攻队员球门前后射门的反应，并在合适的时机滑到控球者面前，阻止进攻队员组织有效的进攻。

五、了解场地结构

长曲棍球运动员需要了解比赛场地的边界线和攻防的角度，大多数长曲棍球的打法是基于直线原则，目标是球和对方球门的中心。进攻时，控球队员想清空面对的所有障碍并沿直线到达球门，保持自己在“线上”，不控球的进攻球员想让他的防守球员“在线上”，这样对手就不能在一个“V”形的位置上同时观察进攻队员和球。防守时，防守控球进攻队员的防守队员想要阻挡或干扰控球队员，以使他远离中场或阻止其使用他的惯用手。防守不控球进攻队员的防守队员想要偏离直线，这样他就可以获得一个“V”形的位置得以兼顾自己的对手和球。长曲棍球的射门、突破和干扰射门都与角度有关，进攻队员在球门后面进行突破要考虑在击球区域射门时的最佳角度；射门要考虑球门的垂直距离，射门的速度，以及射门的角度等因素；而达到干扰射门的目标则要尽可能多地用身体和球棍使球远离球门。

六、人数优势

长曲棍球就像橄榄球、曲棍球和篮球一样都是身体对抗的运动。只要有可能，进攻方都希望获得以多打少的局面，这样他们就可以发挥以多打少的人数优势，或者迫使防守方需要防守更多空间。而防守方则希望造成以多防少的局面，这样就可以最大限度地减少进攻方以多打少的优势，使本队有更多的人员来防守更少的空间。

七、有效沟通

成功球队的队员都懂得有效沟通。沟通中倾听的能力是最重要的，队员需要清楚、明确传达自己的意图，沟通时语言需要简洁、及时、有效。对于长曲棍球运动来说，交流可以涵盖比赛的方方面面。例如，当球在空中时，如果一名球员需要铲球，可以叫“放球”，或“左帮”“右帮”来与队友沟通。在固定阵型进攻时，可以叫“定位球”；如果一名进攻队员的周围没有对方球员，可以叫“给球”；如果本方的队友即将被两名对手拦截，可以叫“双防”。在非固定阵型进攻时，近距离进攻会首先确定他们的位置，叫“平局”（迫使防守方与他对抗），或叫“给球”（将球送上）。此外，不控球的进攻队员可以叫“送球”（控球队员有一次射门机会，但不控球队员有一次更好的射门机会），或“马上”（防守队员正迅速向控球队员靠近）。对防守方来说，球员说话、移动可以分散进攻队员的注意力并阻碍进攻队的进攻。在固定阵型的防守情况下，滑动、挑球和随球调整是至关重要的。替补席、守门员或一名边线防守队员都会有指定滑动任务：滑还是停，谁滑得早或晚，谁先滑，谁滑第二等。因此，防守不控球对手的队员必须识别并确定挡拆方向（“左挡拆”或“右挡拆”），并告诉防守控球对手的队友“穿过”挡拆或“交换”。防守不控球对手的队员在寻求支援时会向队友传达场上切球手位置（“左帮”或“右帮”）。守门员在遇到任何接近球门的传球时会大喊“阻击”，如果球在击球区被传递，就会大喊“清理击球区”，一旦他拿到球并准备好开始处理时，会大喊“放松”。在非固定防守阵型的情况下，防守方会叫出对手号码，以避免有进攻队员无人防守。在面对对手快攻时，守门员会大喊“进攻”，紧逼防守的队员会喊出他们的位置，以提示全队展开及时的滑动与防守。

八、提供支援

在长曲棍球比赛中，队友们应该时刻准备互相支持。在进攻方面，控球队员需要队友在其两侧提供接球攻击点，以增强防守的压力。在防守方面，队友要随时通过滑动来帮助防守队员防守控球进攻队员。许多防守都是基于这样一个假设：控球进攻队员会甩掉他的防守队员。因此，防守队员要有意识地随时给队友提供协防，要么让控球进攻队员在到达最佳射程之前放弃射门，要么迫使控球进攻队员离开场地中央的高威胁区域。

九、假动作

长曲棍球技术涉及很多假动作。长曲棍球运动类似一场国际象棋比赛或猫捉老鼠的游戏，双方的进攻队员和防守队员都试图用球棍和身体的假动作来隐藏他们的真实意图，每个队都努力追求和利用任何有利于本方的优势。

第三节　运动员个人品格、技能的培养

一、诚信

个人诚信对任何一项运动都很重要。诚信包括诚实、真诚、对自己的行为

负责，有诚信的人会基于正确的道德价值观做正确的事。当一个队友询问对他的长曲棍球技术的看法时，大家要诚实并建设性地做出评价。队友之间要互相信任，并愿意互相帮助，共同分享比赛和训练的知识、经验、促进团队能力的提高。正如著名篮球教练员约翰·伍德所说，“能力可以让你登上顶峰，但品格让你保持你的位置。”对个人来说，如果球员与队友争夺首发位置时，教练员选择了队友而不是他，正确的做法是：在训练和比赛中真诚地鼓励他的队友，并准备好在需要时替补上场。在团队层面上，球员需要对自己的行为负责，无论比赛胜负都不能指责队友。因为球员是团队的一员，他的行为会直接影响团队。所以球员的个人品格对队友和整个比赛都至关重要，其中诚信是最为重要的，诚信有助于对他人的接受和宽容。另外，作为团队的一员，球员还应该学会如何与团队成员相处。

二、纪律

纪律有个人和团队两个方面。球员需要自我训练，通过坚持和努力来培养和发展自我控制力，纪律会使个体产生心理或身体上的改善，它有助于球员培养在压力下激励自己的能力。个人纪律意味着球员要努力训练，保持自己的身体处于最佳状态，保证适当的营养、睡眠和休息；团队纪律要求所有团队成员遵守共同的规则和规定，并使用具体的措施来纠正一些不当的行为，无论是场上还是场下，如果不遵守这些规则，那么不仅会伤害自己，也会伤害自己的队友。长曲棍球运动可以培养青少年学习如何遵守团队的纪律以及自我约束和控制的能力，并培养个人的组织纪律性及如何融入团队的技能，这能够使他们终身受益。

三、自信

成功的运动员通常对自己的能力充满信心。运动员在赛场上拥有乐观的态度也会大有裨益。著名的橄榄球运动员卢·霍尔茨曾经说过：“能力就是你能做的事，动机决定你做什么，态度决定你做得多好。”运动员通过努力学习和反复练习才能赢得比赛，只要拥有球和球棍，他们平时就可以自己进行额外的练习，通过大量练习提升自己的技能，当运动员技能提高并拥有自信后，往往会在赛场上信心满满。如果球队中很多球员通过努力学习和奉献获得了自信，并且他们在球场上表现出这种自信，这将对整个球队产生积极的影响。

四、激情

成功的运动员都会表现出对运动的热情、渴望和热爱。他们通常有强烈的自我完善的动力，他们通过自己的努力展现个人自豪感。美国职业橄榄球联赛最成功、最受尊重的教练员文斯·隆巴迪说过：“常人与成功人士之间的区别不是力量不足，不是缺乏知识，而是缺乏意志。”

成功的运动员会在球场上竭尽全力，当运动员拥有无尽的激情时，他会在力量、柔韧、球类等运动中表现出不懈的努力。长曲棍球和许多运动一样，需要花费较长时间来努力提高自己的技术和能力。提高的方法之一是参加各种运动项目，它的好处有：首先，不管是什么运动项目，它能帮助运动员更好地理解什么是竞争；其次，长曲棍球是一项“混合”运动，许多运动项目（如橄榄球、篮球和曲棍球）的元素都可以在长曲棍球运动中找到，这些运动项目最能传递的是球感、对抗、准确、团队配合等技能，这些技能与提高个人的能力有密切关系。

五、智力

长曲棍球运动员需要聪明，敏锐，领悟，需要掌握并理解比赛，对比赛的理解越深，对后续比赛的调整就越好。在比赛中，运动员应该集中精神，保持警觉，注意个人的技术动作。运动员需要有创造力、想象力和开放精神，还必须有冷静和理性的思考能力，并且有能力在比赛过程中迅速做出决定。在任何一项运动中，运动员的明显优势在于能预测并调整下段比赛的技战术，这种预测能力增加了运动员在正确的时间出现在正确地点的概率，所有这些都来自平时的学习、体验和参加比赛的累积。当然，除了练习和参加比赛，观看高水平赛事也是一个重要的方面，通过观看那些更高水平比赛中运动员的表现，能有助于确定自己想要模仿的运动员，或者确认自己在比赛中想要的个性特点。

六、身体机能

身体机能对长曲棍球运动非常重要，身体机能如机智、速度和敏捷对任何运动员的成功都有很大的帮助。像许多其他运动项目一样，当进入更高水平比赛时，比赛的攻防速度会加快。为了提高这三项身体机能（尤其是速度），需要进行大量有针对性的训练，包括力量训练、跑步训练、柔韧性训练等，运动球员可以通过核心力量的练习、负重训练和耐力训练来提高体能，尤其在大学阶段，运动员全年都应该合理安排力量训练。长曲棍球运动是一项使球移动的运动，因此速度、耐力和力量是运动员身体素质的重要组成部分，而跑步训练应包括短距离跑（以提高速度）和长距离跑（以提高心肺功能），为了帮助运动员提高柔韧性的训练，也可引入瑜伽课程。最后，适当的膳食和营养对保持健康和身体机能也是非常重要的。

七、身高

在长曲棍球运动中，身高可能是一个优势，但它没有在其他运动项目中（如橄榄球或篮球）那么重要。然而，在其他条件相同的情况下，身材高大的运动员比身材娇小的运动员更有优势。例如，如果球员是一名高个子的进攻队员，他将在击球区具有更大的威胁，他的队友能够把球投到只有他才能接到的地方（即对方球员够不到的地方）；如果球员是一名高个子的防守队员，在传球时他能覆盖更大的区域，快速传球到所属区域，也更容易应用戳、切球或过头顶抢球；如果球员是一名很高的球员，由于步幅较大，他能够覆盖更多的攻守范围。作为一名长曲棍球运动员，必须认真地进行自我评估，然后根据自己的优势去适应比赛。如果球员身材娇小，他可以专注于快速，这或许是一个更好的选择；如果球员是个大块头，他应该学会利用自己的身高和对抗优势。每位球员都有长处和短处，在长曲棍球比赛中，如果能够充分利用自己的优势，同时努力改善自己的弱点，人人都可以在团队中发挥出最佳的水平。

八、协调与平衡

协调是指身体各部位同时进行技巧、平衡的动作。在许多体育运动中，球员必须保持器械与身体协调。在橄榄球比赛中，球员使用脚步移动和球的转移，在长曲棍球比赛中，球员借助于脚步移动和球棍转移球，而眼、手协调对完成所有技术动作都很重要。例如，守门员的反应必须比场上其他球员要快，手脚要灵活，因为在比赛中，他们必须对时速超过150公里/小时的射门做出最快的反应。对场上其他运动员而言，擅长对抗的球员手上速度必须要快，并能够保持低重心，从一个较低的位置运球。球员还必须保持平衡，平衡是任何运动要努力达到的关键组成部分，为保持平衡，基本的运动姿势非常重要，基本的运动姿势也是一切运动技术的起点，运动员应将双脚分开与肩同宽，膝盖弯曲，臀部下沉，重心降低，保持头部和胸部正直，这样就可以在任何方向上平稳有效地移动。我们所熟知的拳击运动员、篮球比赛的防守队员或摔跤运动员的场上动作通常都是采用的这种基本运动姿势。

这部分主要讨论比赛中，球队整体进攻和防守两个方面的内容。第九章主要介绍团队与个人技能，各位置的技能、团队技能、个人品格与技能的培养，队员通过个人品格和技能的培养，逐步建立“团队第一”的概念，并融入团队进攻与防守的技战术组合中去。第十章将集中讨论团队进攻：两人进攻、三人进攻、6V6进攻阵型等。其中6V6阵型以人员为基础，以平衡场地为目的，对防守影响做出积极反应，比赛中不管采用什么进攻阵型，团队进攻的最终目标是进球。第十一章则集中讨论团队防守：两人防守、三人防守、6V6团队防守。6V6防守的目标是迫使进攻方将球转移到薄弱一侧、控制场地中间区域、将防守延伸到外线、防守队员尽快移动到持球者位置，用强力的防守制造进攻失误和迫使对方失误，并夺回控球权。第十二章着重介绍球从进攻方的防守半场到进攻方半场的转换。第十三章以过渡防守结束。球员从进攻半场移动到防守半场，如果中场队员被突破，防守方要尽快回到球门区域，并根据对方球员和球移动的情况对防守进行调整。

进攻要遵循各种基本原则，意味着持球队员总是比防守队员占据主动优势，其中控球和运球意味着持球队员总是比防守队员主动，这也是团队进攻的标志性特点。持球队员需要找到一条最近的线路直接射门，有时可能会进行球的转移，迫使防守队员在球与人之间做出选择。团队进攻过程中进攻队员需要了解队友在场地的位置，并按照战术计划执行和调整，以期获得最佳的时机进行高质量的投球射门，完成得分目标。

在橄榄球比赛中，进攻方的优势在于团队知道定位球去向、中锋传球给四分卫的时机，这样进攻方就容易协调配合；长曲棍球比赛中，持球队员应该清晰知道在团队进攻中自己要去的场地位置和出发的时机，从而可以按照预先的战术计划组织有效的进攻。

第十章　团队防守

团队防守的目的是为阻止对方进球，团队防守就像团队进攻一样，也是从个人防守技术开始，由1V1防守到6V6防守组合逐步发展构成。球员个人防守需要专注于防守对方突破、供球和射门而采取的带球进攻技术，一旦球员个人防守技术得到发展和提升后，便可转为团队防守组合。而无球防守技术（防守对方切入、阻挡和换球技术）通常都需要与一名队友配合，团队防守从两名队员协同配合开始，升级至3V3配合和6V6的防守配合，但所有团队防守战术组合都是从1V1的攻防配合开始的。

第一节　防守与团队防守概述

一、团队防守的一般概念

团队防守是建立在许多基本防守战术基础之上。防守方对持球进攻方进行逼抢，使对方持球进攻球员朝着本队希望的方向行进。团队防守主要用于调整攻方队员的移动路线，以掌握球的控制权来达到防守目的，最终目的是阻止对方进行高质量射门。由于球门区后方仍为比赛的有效区域，因此防守方需习惯全方位无死角地进行防守。团队防守时，球员之间不断的沟通对于防守而言不可或缺，防守球员必须时刻对进攻方保持警惕，尤其是在比赛中可能出现突破进攻或者出现中断的时候。

二、影响团队防守的因素

（一）发球

一般来说，持球进攻队员知道发球意图，清楚自己进攻的方向，能提前做好充分的进攻准备。很多球队会假设：持球进攻队员最终会击败他的对手。因此，防守方一般都会派出一名队友协助防守队员对持球进攻队员进行防守，防守方会全力阻止持球进攻队员使用强侧手（惯用手）射门或占据中场进攻区域（目的在于让进攻方射门角度更小）。

（二）控球

球队在未获得控球权时，一般需要遵循这种规则：防守为先，重在夺取控球权，尽量不能远离本队球门，因为远离球门容易让自己处于被突破的危险境地。如果防守队员离开靠近球门的位置，进攻球员就会逼近球门；防守时，防守方应该与进攻方朝着相同的方向移动，且进攻方还需要考虑失误的问题，而这种失误并不一定是被防守方夺走控球权。例如：进攻队员顶着压力，强行进行成功率低的射门（比如从距离球门还有15米远的地方就开始射门），这种低成功率的射门对球门的威胁很小，防守方守门员能轻而易举救下，对于进攻队员而言，这种低成功率的射门和失误没有多大的差别，应该尽量规避。

三、防守的策略

（一）防守运球

防守运球是指防守方依靠防守技术阻挡进攻方带球移动，它是一项需要奔跑和控制球运动行径的防守技术。在橄榄球比赛中，进攻方的优势在于发球的默契，防守方的优势在于球被发出前可以进行移动；而在长曲棍球比赛中，防守方的优势主要是看防守方能够以多快的速度跟上并防守进攻方的运球。

（二）防守射门

防守方不应该为了全力阻止每一次射门而失去自己的防守位置，也不可能防住每一次射门。如果每一次射门都全力阻止而导致失去防守位置的话，反而会给进攻方创造更多突破的机会。防守方要防止的是容易成功的射门，舍弃命中率低的外线射门，重点要控制对手的突破，良好的突破能帮助射门成功，使得守门员无法瞬时反应作出补救措施来救球；如果防守方在限制线上补防，进攻队员可以利用防守的漏洞轻松完成更高命中率的射门；防守方更不应该仅仅只为阻止对方射门或抢断球成功，在限制线上冒险出击或抢断，而应该紧紧贴住进攻队员，封住对方的射门角度，迫使对方将球向外线转移。

（三）球门后方的球

当进攻方带球出现在球门后方这片区域内时，位于球门之前或远在球门延伸线之外的防守方很难看清球和队友们的位置，防守方此时需保持侧身的身体姿势，可以高举球杆拦阻进攻方的传球路线，并需要时刻根据球在外线的移动调整自己的身体姿势。如果球一旦被传到球门后方的区域，防守方在面对对方传球和切入的防守上将处于劣势，但此时防守方的优势是可以穿过球门区进行防守。

（四）沟通与交流

防守方需保持积极活跃的状态，球员之间要保持不断交流和移动。团队防守中的沟通具有很好的作用，作为一个防守整体，应该随时交流并调整针对进攻方的防守行为，使对方不敢贸然采取行动或高质量完成预定的战术动作。

（五）节奏

团队防守有两种截然不同节奏的打法，部分球队偏向通过积极主动的防守逼迫进攻方出现失误或漏洞，部分球队则偏向等待进攻方出现破绽。逼迫进攻方出现漏洞的防守方一般专注于争夺球的控制权和创造由守转攻的机会。现在，越来越多的球队偏向于防守反击，这主要得益于6V6固定防守打法带来的良好效果；而部分防守方注重比赛节奏的把控，等待进攻方出现失误。当然，球队也不希望出现保守的球员，因为防守不仅仅是简单地把控球权争到手，重要的是力争防守快速向进攻转换。

（六）专注

防守方需时刻警惕对手进攻位置的变化，防备对方带球或不带球的突然行动，并能作出迅速反应。当比赛暂停时，保持专注也很重要。例如：本方正在进行防守，并使球出界，裁判员会吹哨示意比赛暂停，球员在吹哨后稍作休息。随后，裁判员会吹哨继续进行比赛，此时如果没有做好充分的上场准备则会造成防守混乱。因此，即便比赛暂停，球员也不能松懈，需要在开始比赛前做好充分的准备。暂停期间，防守队员应该与队友们进行商讨，通过喊出对方防守队员的球衣号码，让所有人都知晓自己防守时负责盯防谁，待上场后才能迅速找到自己需要防守的对手。

（七）反应

长曲棍球中的各种防守动作都是对进攻方的攻击所做出的反应。过去，防守队员在对手面前严阵以待，不允许持队进攻队员突破障碍，来到场地中间以获得绝佳的射门机会。随着现代攻防战术的演变，团队防守逐步转向于防守持球进攻队员，以争夺中场的控制权为主，防守队员力图迫使持球进攻球员传球给边线区域的队友以较低的角度射门。一般来说，进攻方会将其强攻手安置在场地的3号和5号位置。作为应对，防守方会力图使其转用非惯用手进行运球或射门，并逼迫对手到达场地低威胁的位置。

第二节　团队防守的策略

一、团队防守策略概念

团队防守策略是基于团队防守队员的个人能力和团队防守的战略安排而做出的。有些防守球队希望使用攻击性防守造成进攻方出现失误，另一些防守球队则愿意等待进攻方露出破绽。团队防守的方法有主动和被动两种，它们由三个关键因素所决定。防守球队是否想要拓宽并对位于防守线四周或防守线以内的进攻方施压逼迫，保护好球门区；防守球队是否想要抢断进攻方用惯用手进攻的带球，或者争夺中场的控球权；防守球队是否采用人盯人防守打法或者采用传统补防和协防的打法。

二、团队防守分类

团队防守一般总是对持球进攻球员和其邻近的队友施加压力。团队防守施加的压力大小要做到平衡，如果防守球队采用前进式防守，对持球队员施加很多压力，可能会出现防守失误，失去自己的防守区域，使进攻方更容易突破射门；如果防守球队采取后退式防守，投入更多的精力防守球门禁区，可能会让对方球队有更多的时间和空间实施进攻战术策略。

（一）前进式防守与后退式防守

1. 前进式防守

前进式防守通常用于对持球队员的传球和外围接应队员进行施压，目的是打乱和干扰进攻方节奏。例如：防守方可以阻止去往X区域的任何传球，对进攻方而言，依靠传切战术进行进攻的策略受前进式防守影响更为严重，前进式防守可以进行捅球出界和制造对方失误。反过来，有时防守方前进过度，反而为进攻方制造突破的机会，这时防守方因远离球门区将导致迅速回防的距离变大（图10-1）。因此，通常选择前进式防守的球队个人防守能力较强，一般都不会有补防和协防的站位安排。

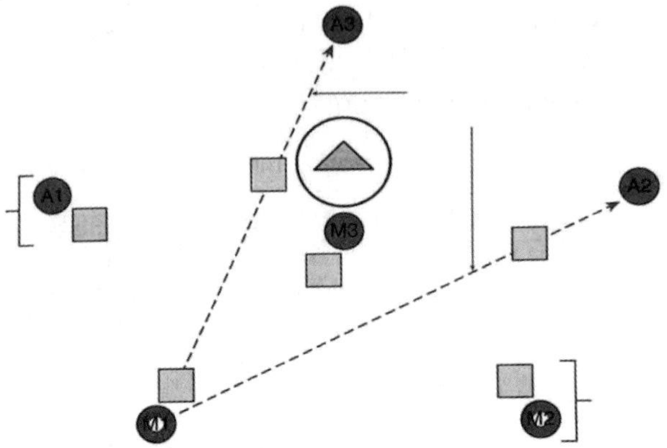

图10-1　前进式防守示例

2. **后退式防守**

后退式防守更多会关注球门区，后退过程中主要依靠补防和协防。例如：当球越过球门延伸线时，侧翼区防守队员补位到同样位置，以便在防守区内协防（图10-2）。当球越过球门延伸线时，中场的防守队员要及时到达球的落点区域，一旦防守队员被持球进攻队员突破，中场队员也能够及时上前协防。如果球队采取后退式防守，防守队员会在球门之前区域进行争夺，由于防守方较为收缩，为防止球被抢断，进攻方只能选择传球给四周队友，因而逼迫进攻方多数的射门只能在球门区域外完成。

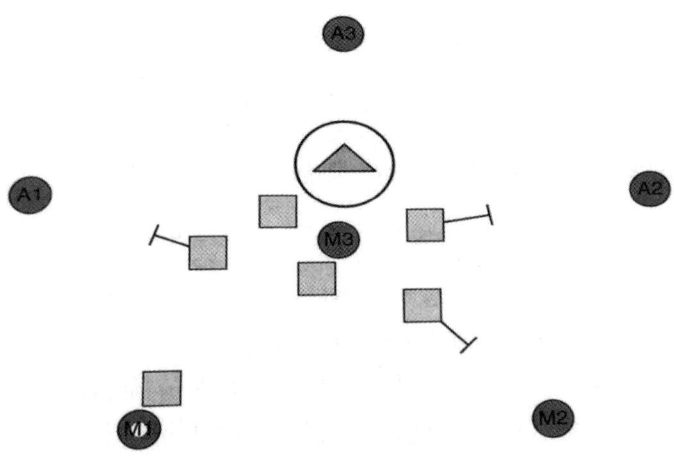

图10-2　后退式防守示例

（二）对带球进攻者的防守

团队防守主要是要防守持球进攻者的惯用手和防止持球进攻者抢占中场区域位置。防守球员可以采用紧逼战术防守持球队员，其他队员采取行动阻止进攻队员朝着同一方向前进，迫使他们远离带球进攻队员或远离场上有利站位，将持球队员逼入远离威胁的方向。这一战术能够将进攻队员逼入固定区域，使其不得折回离开，但防守队员应注意紧跟进攻队员之后，防止其转身，如果持球进攻队员到达靠近球门区的位置，防守队员应该面对进攻队员，防止进攻队员转身突破并找到良好的角度进行射门。

（三）惯用手带球进攻防守

惯用手持球进攻防守指防守队员采取各种手段逼迫进攻队员用其非惯用手进行攻击。防守队员要全力抢断持球队员所带的球，迫使其换成非惯用手，防守时应采取侧前的姿势防守持球队员的惯用手，将其逼入远离威胁的方向并继续紧逼，使其无法换回惯用手。另外，同队的防守队员要适时跟随其后以紧逼进攻队员，为队友提供协助，防守队员的目的是紧紧跟随惯用手持球进攻队员，将其逼向补防的队友。

（四）侧前站位紧逼防守

防守方一般采用侧前站位的方式迫使对手远离场地中场区域来减小射门角度。团队防守还有一个目的就是要逼迫对手传球给边线区域的队友，为达到此目的，防守队员必须侧前面对，以免被进攻队员轻易突破。防守队员的站位选择应有利于将其逼入远离中场的方向，并持续紧逼对手，让其无法重回中场。当然，为达到此目的，防守队员还可利用上一节所述的紧逼方法：跟随着进攻队员，将其逼向补防队友。

三、紧逼式防守球门区后的持球突破

一般来说，防守球门区后的持球突破有三种战术方案。

（一）紧逼式防守球门区后的持球突破战术方案一

持球队员在1号位置，防守队员1对其进行防守。持球队员1突破并越过球门延伸线，防守队员1朝向场地角落或端线位置阻拦持球队员1，阻断突破路径并抢断持球队员1在自己前方进行的射门。防守球员1紧逼或侧前防守持球队员1的右手（右手为惯用手），迫使其进行场内横移突破，而持球队员1后方有进攻队员也有防守队员，由于他看不见场地人员具体站位情况、进攻或防守的行动轨迹，进攻队员1有可能会开始“盲打”造成进攻失误（图10-3）。

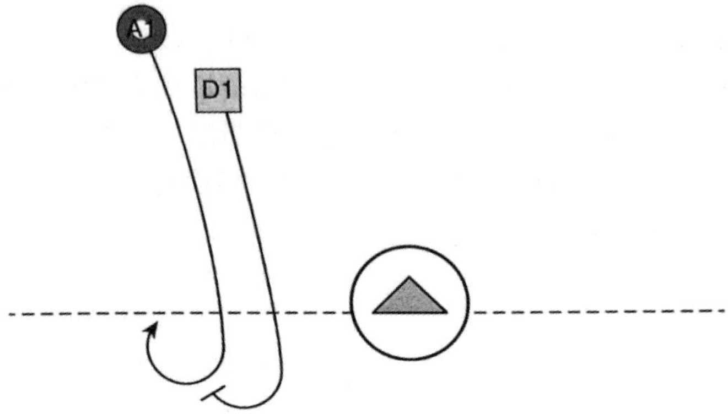

图10-3　紧逼式防守球门区后的持球突破战术示例一

（二）紧逼式防守球门区后的持球突破战术方案二

持球进攻队员1在5号位置，防守队员1对其进行防守。防守队员1逼其进入球门后X区域（图10-4）。防守队员1运用紧逼防守战术，紧跟在进攻队员1身后，来到球门后区域，当持球进攻队员1到达球门时，防守队员1可选择与球门间的合适位置并待在此处，防守队员1可根据持球进攻队员1的位置进行调整。此时，防守队员1每移动一步，持球队员1的突破角度就会减小一点，防守队员1这时可以选择兼顾自己的对手与球门侧面附近的进攻队员而不用追赶持球队员1到球门后的X区域。

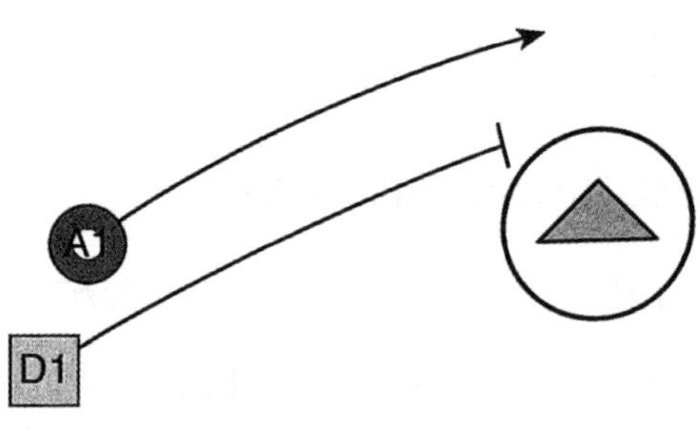

图10-4　紧逼式防守球门区后的持球突破战术示例二

（三）紧逼式防守球门区后的持球突破战术方案三

当持球队员来到球门后的X区域并转身时，会让防守队员陷于非常被动的局面，如果持球队员跑过X区域，在球门区弧线外沿移动，并通过1号位置直逼球门，这时防守队员可以直接穿过球门区，在球门延伸线处进行防守（图10-5）。

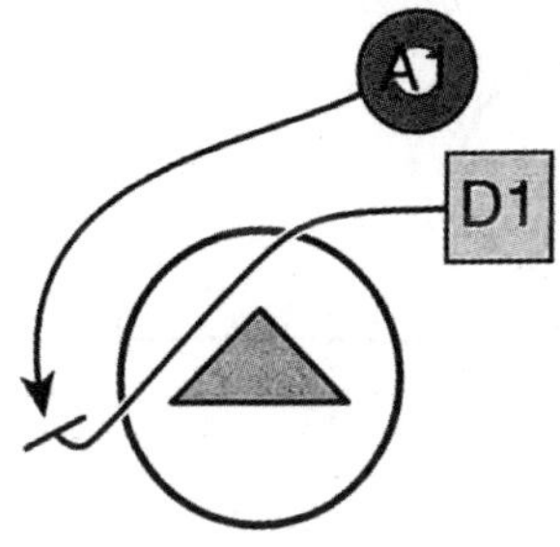

图10-5　紧逼式防守球门区后的持球突破战术示例三

四、非紧逼式防守球门区后的持球突破

防守队员要紧逼突破后来到球门前的持球进攻队员，与上一节所述的最大区别在于如果防守队员不紧逼突破者，持球队员就可能射门成功。当防守队员逼迫持球队员换成非惯用手进攻或远离中场区域，这时一般会出现两种情况：一种是在球门区前正确紧逼突破者，另一种是在球门区前不紧逼突破者。

例一：持球进攻队员1是使用右手（右手为惯用手）的球员，位于3号位置，防守队员1对其进行防守，防守球员想迫使持球者在进攻时换成非惯用手，通过移动来到持球进攻队员1的右手外侧并采用紧逼方式迫使其转为左手，并前往中场外远离习惯的射门区域（图10-6）。

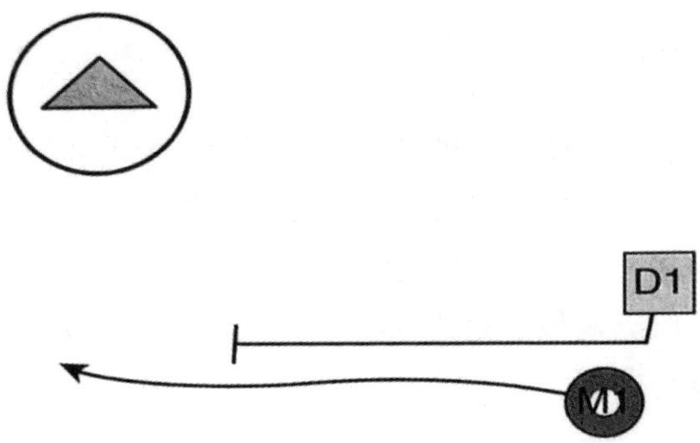

图10-6　非紧逼式防守球门区的突破示例一

例二：持球进攻队员1右手为惯用手，位于3号位置，防守队员1防守持球进攻队员1，防守队员2在球门禁区。防守队员1迫使持球进攻球员1传球给边线区域的队友后，防守队员1不再对进攻队员1进行紧逼；当防守队员2补防到进攻队员1时，进攻队员1转身回切中场，换成左手进攻（图10-7）。这样，防守方派出2名防守球员前去防守，成功使持球队员换到非惯用手，但此战术的不足之处在于防守方未能成功拦截该进攻队员进入中场区域。

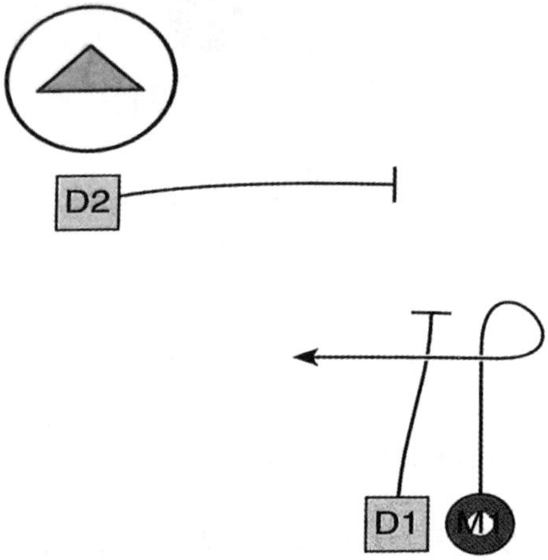

图10-7　非紧逼式防守球门区的突破示例二

第三节　团队防守的配合

个人防守是由一名防守队员紧盯一名持球进攻队员，团队防守是从2V2防守开始逐渐过渡成3V3防守到最后6V6防守组合。

一、两人防守型打法

两人防守型打法是团队防守的基本构成要素，最重要的是两名防守队员之间的沟通、对局势的预测以及做好防守失败的思想准备。两人防守型打法主要围绕如何对付来自进攻方的进攻手段（如挡拆等），而团队防守中有很多可以使进攻方的进攻手段影响最小化的方法。下面是一些可被应用于对抗多种进攻挡拆的团队防守技巧。

（一）开辟通道不换防

开辟通道不换防是指发生在球门后的典型进攻挡拆战术，防守方为了给被进攻球员挡拆的防守球员开辟出一条能跟上他的对手的通道，两名防守队员不用交换防守的防守配合（图10-8）。例如：持球进攻队员1在球门后被防守队员1防守，进攻队员2在球门后的X区域为队友挡拆；防守队员2距离进攻队员2一米、距离协防边一米、在自己与进攻队员2之间开辟一条通道，便于防守队员1穿过以继续防守进攻队员1。如果出现防守队员1被挡住，防守队员2就有充足时间和空间进行交换并防守进攻队员1。

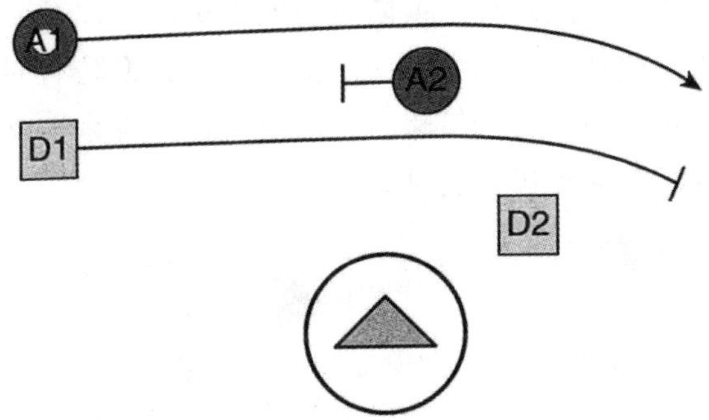

图10-8　防守方开辟通道不换防示例

（二）收缩空间不换防

收缩空间不换防的技巧：防守方收缩挡拆空间，但不换人。例如：进攻队员1持球，持长棍的防守队员1对其进行防守；持短棍的防守队员2防守进攻队员2；进攻方的目的是试图使防守球员换防以获得不平衡的攻防对抗效果。如果防守球员交换防守，进攻队员1就可能拥有突破持短棍防守队员2的优势，进攻队员2为进攻队员1挡拆，进攻队员1利用挡拆，准备穿过挡拆路线；持短棍的防守队员2迅速移动到进攻队员2的右后侧，压缩挡拆路线。此时进攻队员2挡拆路线被压缩，进攻队员1只有一条移动路线（图10-9）。同时，持长棍的防守队员1后撤步让自己处在有利的防守位置，挡在此路线的下方，这样持长棍的防守队员1就能继续防住自己的对手。

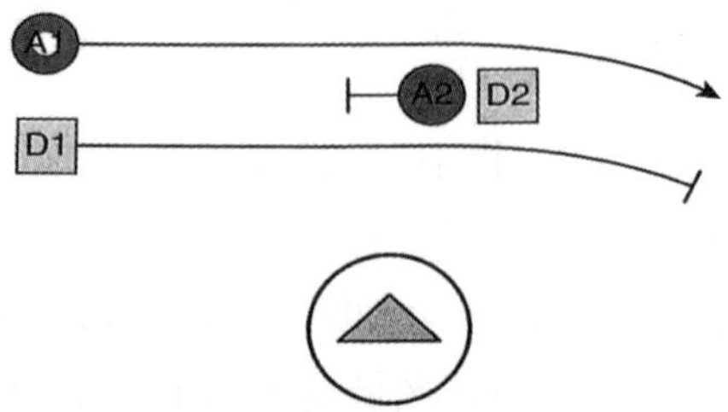

图 10-9　防守方收缩空间不换防示例

（三）换防

换防有被动式和主动式两种。换防有时属于被动，以补防本方防守队员被进攻方使用挡拆战术成功挡住后的对手（图 10-10）；换防有时属于主动，当进攻方进行挡拆掩护时，防守方的策略就是对所有挡拆都采取交换防守，目的是最大限度阻止攻方挡拆掩护进行突破。

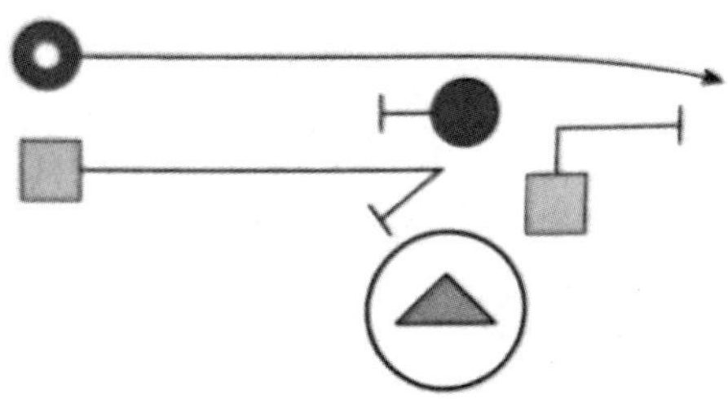

图 10-10　防守方交换防守示例

（四）两人夹击

在争夺控球权时，防守方可以采取两人夹击的方法来应对部分或全部发生在球门后的挡拆战术。防守方可以在进攻队员没有防备的一侧切入防守，防守无球进攻队员的防守方会让持球进攻队员跑过阻挡区，再试图从毫无防备的一侧进行背后偷袭形成夹击（图 10-11）。

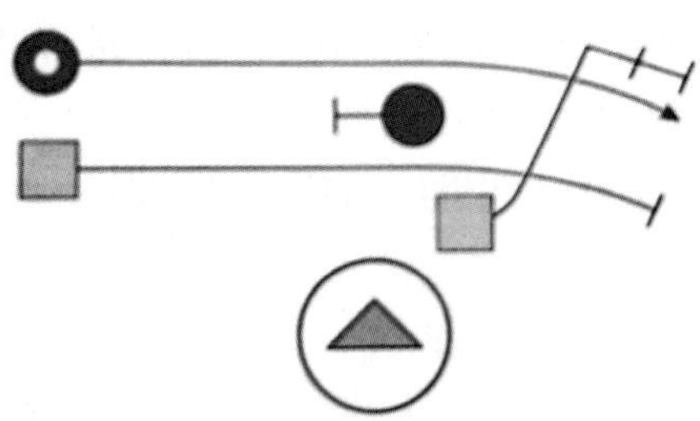

图 10-11　防守方两人夹击示例

二、三人组合防守型打法

进攻方一般会选择组成近身攻击组合来进行挡拆、突然起动、二次挡拆、假挡拆以及带出球门区等进攻。对于进攻方的攻击组合，防守方可以：一名防守队员负责防守持球进攻队员，另外两名防守队员负责观察和判断可能发生的动作；防守队员可以将持球进攻队员逼出球门区，或者把他逼向球门后的X区域。无球进攻防守队员的防守方要警惕挡拆、突然起动和假动作等无球攻击动作，观察、判断并及时提醒队友，以身体移动和球棍技术来帮助队友（图10-12）。进攻方试图采用挡拆战术，中场进攻队员1位于5号位置，被防守队员1所防守；进攻队员2位于4号位置，被防守队员2防守；进攻队员3位于3号位置，被防守队员3防守。进攻队员2持球，并将球传给进攻队员1，接着替进攻队员3挡拆。一旦进攻队员1接到球，且防守队员2识别到对方将采用传切配合后，应立即告知防守队员3，通过他们之间有效沟通以及恰当的移动与球棍技术，防守队员2和防守队员3就可以避开进攻方的这个挡拆。

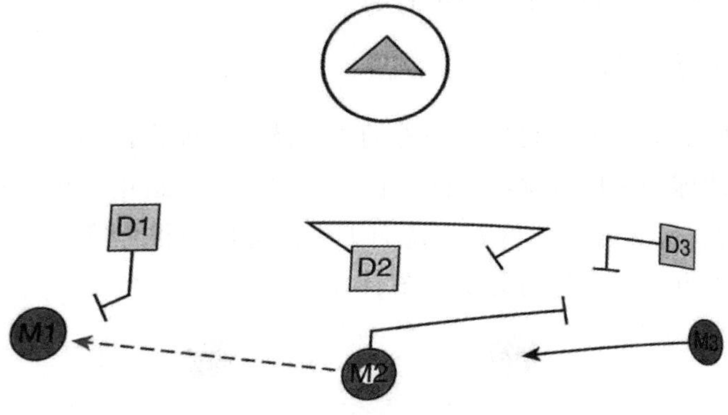

图10-12 三人组合防守配合示例

第四节 团队防守战术：人盯人、补防、区域联防

一、人盯人战术、补防战术与区域联防概述

人盯人战术指球队利用本队的积极移动，在相互间没有队友协助的情况

下，球队每一名球员各司其职，对自己负责的对手进行防守的战术配合。而补防战术是指同队队友根据场上实际情况，上前补防已突破队友的进攻对手或者防守队员采取紧逼持球进攻队员的方法，把其逼入特定方向，使持球进攻队员进入队友补防的位置，而补防队员紧逼并限制突破队员移动的进攻动作，逼迫持球进攻队员放弃突破，不得不在外线射门或传球给其队友的战术配合。补防战术使得进攻方射门的成功率下降，防守方对控球占据主动，且极有可能断掉进攻方的传球。区域联防则是指球队充分将整体防守优势融合起来，抑制对手在区域的进攻优势，形成局部区域的防守优势，更好地进行抢断和控球，一旦抢断成功，则加快攻防转换，发动快攻，取得比赛的主动权。

二、补防战术的种类

根据队员场上的站位，防守方通常有三种类型的补防战术：就近补防、邻边补防和禁区补防。就近补防是指离持球进攻队员最近的防守队员上前补防，邻边补防是指持球进攻队员周边的其中一边的防守队员上前补防，禁区补防始于球门禁区区域，是目前最常见的补防。

（一）就近补防

就近补防的基本原则是离球最近的防守队员上前进行补防，一般是从进攻队员相邻处或球门禁区处移动过来。例如：进攻队员运用弧线切入战术（移动路径为弧形），到达球门禁区前，此时如果防守队员被他摆脱，防守方可以使用就近补防的方法对其进行盯防（图10-13）。

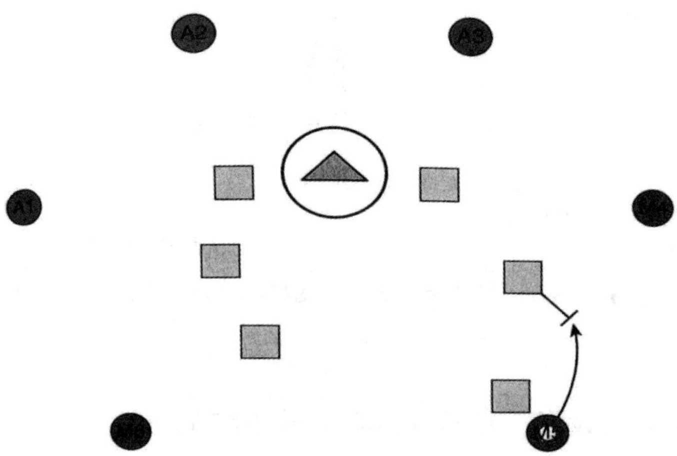

图10-13　就近补防示例

（二）邻边补防

传统邻边防守主要是邻边补防，其中禁区是球场上最需要注意的区域。对禁区补防的原则是：协助的防守队员被禁区防守队员的补防动作“拉”到其身后（一防带动二防前往禁区进行防守），邻边补防是“圆圈式补防”（图10-14）；另一个邻边补防例子是穿越禁区补防（图10-15），补防的运动轨迹像彗星的运动轨迹样，也称“彗形补防”，协助防守的队员穿过球门禁区从一边到另一边进行补防。

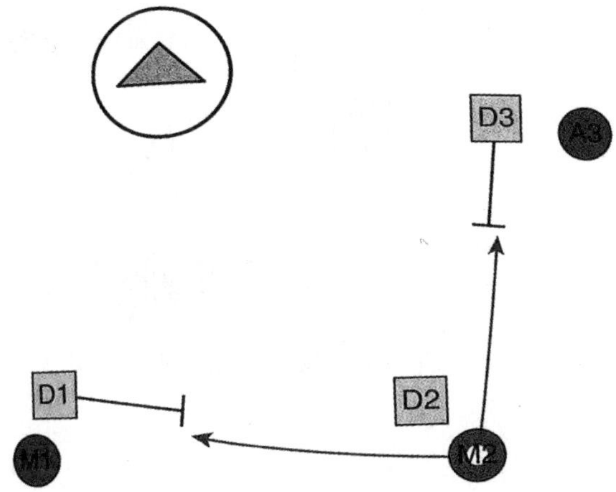

图10-14　邻边“圆圈式”补防示例

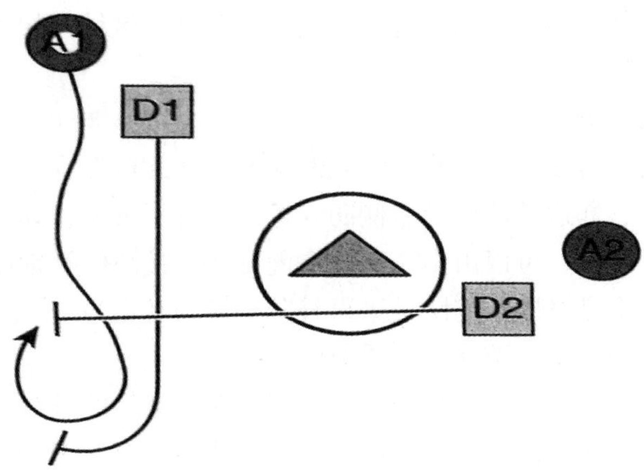

图10-15　邻边“彗形”补防示例

（三）禁区补防

禁区补防相对于邻边补防更为复杂，禁区的防守主要是禁区补防。禁区补防的原则是：协助的防守队员移动到禁区防守队员身后，将其“推”到补防前线（二防向前推而达成第一道补防线）（图10-16）。也就是禁区防守队员离开禁区，其他无球防守队员挤进禁区内帮忙防守。

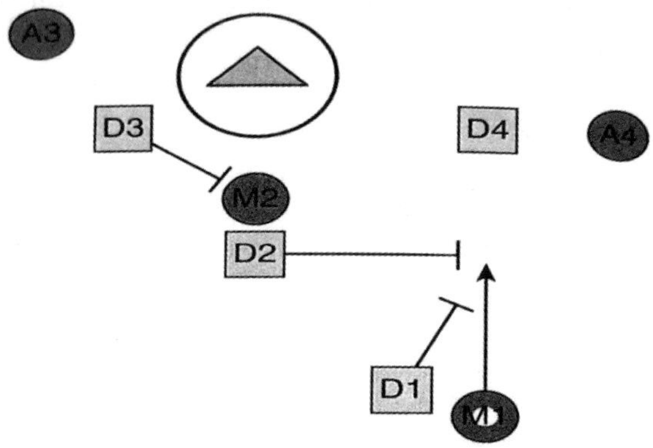

图10-16　禁区补防示例

（四）接防

1. 接防的概念

接防是指防守方将持球队员逼入某个区域内，并进一步紧逼持球进攻球员到边线或逼迫他用其非惯用手进行攻击，此时在此区域内的防守队员对持球到来的进攻队员进行防守。

2. 接防的分类

接防是防守方用3名队员对场上正具攻击性的对方队员运用二次补防、禁区外突然动作、邻边补防以及后侧防守等方法进行夹击，如果防守队员不想和持球队员继续对抗，可以由本队队友提前补防。接防的类别如下：

一防：通常是禁区防守队员进行补防（最为常见）。

二防：推动一防，防守中最重要的补防。

接防禁区外突然动作：防守任何禁区外对手突然的进攻行动。

邻边防守：防守侧面突破的进攻队员路线。

后侧防守：防守离球最远的进攻队员。

图10-17中所示，持球队员1在3号位置，防守队员1对其进行防守；进攻队员2位于球门禁区处，防守队员2对其进行防守。防守队员1迫使持球队

员1传球给边线区域的队友。防守队员2从禁区内上前进行补防。防守队员1在禁区击退防守进攻队员2，但不与防守队员2一起夹击持球队员1。

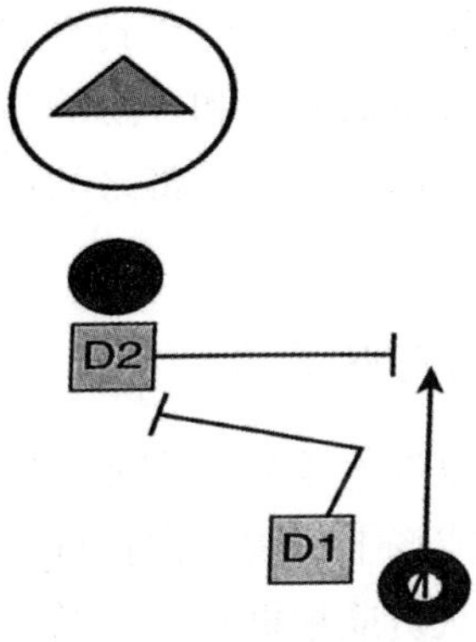

图10-17 接防配合的示例

（五）跟防

防守队员如果仅仅为了牵制对手，会放慢节奏继续对抗（如持长棍的防守队员与中场进攻队员进行对抗），或者从禁区处进行假补防。图10-18所示，防守队员1负责防守位于3号位置的持球进攻球员1；进攻队员2在禁区被防守队员2堵截。防守队员1逼迫持球进攻球员1传球给位于边线区域的进攻队员3，此时禁区防守队员2上前补防持球进攻队员1，使其放弃射门，同时防守队员1向进攻队员2移动进行补防。然后，当防守队员2喊出“保持”的口令时，防守队员1立即返回恢复对持球进攻队员1进行防守。

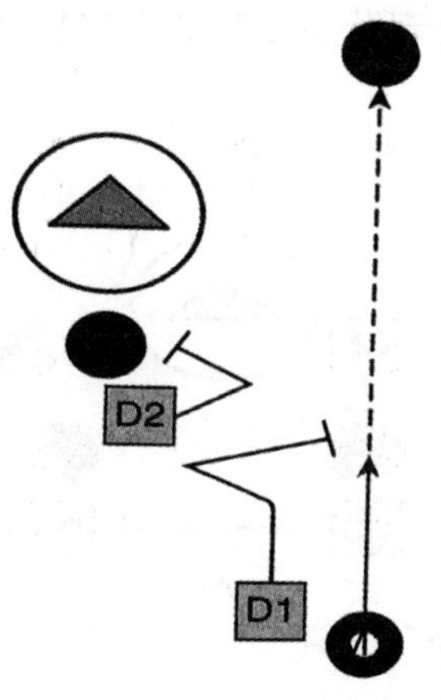

图10-18 跟防配合的示例

在长曲棍球比赛中，教练员、守门员或在场上的防守队员负责喊补防口令，这时喊口令的人会观察进攻队员与防守队员之间的对抗，并大喊“提前”

"延后"或"保持"。当任何一名在场的防守队员听到来自教练员、守门员或者场上的防守队员发出的口令时，会立即传达给队友，使场上所有队员的行动都在同一频率上。其中："提前"口令意味着持球进攻队员很快就要射门得分，防守方为防止其射门得分，会采取补防和接防的防守策略；而"延后"或"保持"口令意味着防守方认为持球进攻队员带来的进攻威胁较小，不用立即发动补防或接防，只需跟防即可。

（六）针对进攻战术的补防策略

补防策略是对进攻方进攻战术预先设定好的应对策略。球队补防策略的制定要基于防守方是否在人数或场上位置上占据优势，还要明确对一防、二防和三防的具体人员安排，防守队员应根据对手人数与进攻能力自主选择实施补防顺序。比如：一防是由禁区的防守队员完成，二防是留给邻边防守队员。下面是补防顺序与具体进攻战术作对比的例子。

1. 2-2-2进攻的补防战术配合

中场进攻队员1在5号位置，中场进攻队员2在3号位置，中场进攻队员3在禁区右侧，中场进攻队员4在禁区左侧，中场进攻队员5在1号位置，中场进攻队员6在2号位置。中场进攻队员2持球，防守队员2逼迫中场进攻队员2传球给边线区域的队友，防守队员5补防到中场场进攻队员3处并掩护防守队员3，防守队员3补防到进攻队员4处掩护防守队员4，防守队员4补防到中场进攻队员2处，防守队员1接防到禁区，防守队员1折回紧盯对方向内传球，防守队员5、防守队员3和防守队员2都退后到禁区（图10-19）。

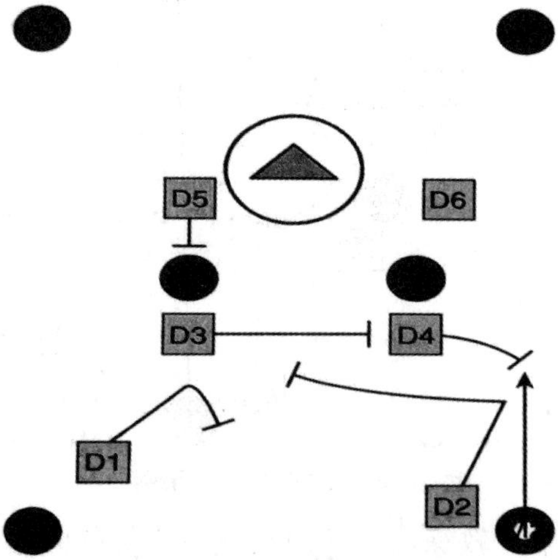

图10-19　2-2-2进攻的补防战术示例

2. 1-4-1 进攻的补防战术配合

中场进攻队员1位于4号位置，中场进攻队员2位于禁区左侧，中场进攻队员3在禁区右侧；进攻队员4在侧翼区 $1\frac{1}{2}$ 号位置，进攻队员5在侧翼区 $2\frac{1}{2}$ 号位置，进攻队员6在球门区后X区域位置。中场进攻队员1控球，防守队员1逼迫中场队员1使用非惯用左手。防守队员5补防到中场进攻队员3处支援防守队员3，防守队员3补防到中场进攻队员2处支援防守队员2，防守队员2补防到中场进攻队员1处，防守队员1接防到中场进攻队员3处。无球防守队员退到禁区拦截中场进攻队员2和中场进攻队员3（图10-20）。

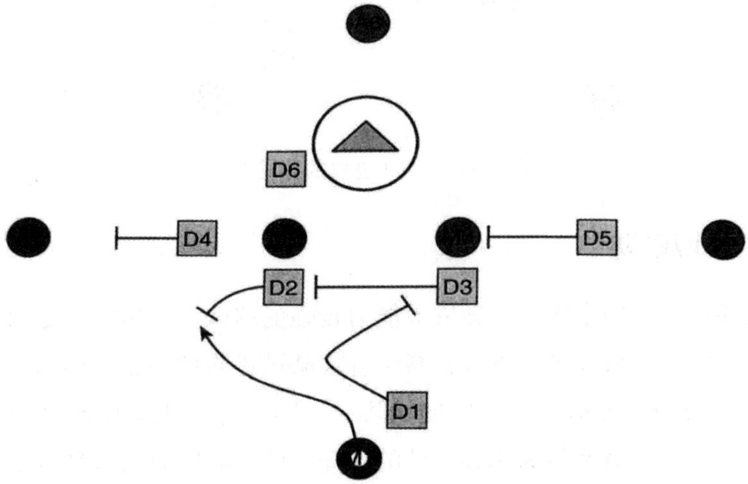

图10-20 1-4-1进攻的补防战术示例

3. 2-3-1 进攻的补防战术配合

中场进攻队员1在5号位置，中场进攻队员2在3号位置，中场进攻队员4在翼区 $1\frac{1}{2}$ 号位置，中场进攻队员3在禁区，中场进攻队员5在侧翼区 $2\frac{1}{2}$ 号位置，进攻队员6在球门区之后的X区域。中场进攻队员2控球，防守队员2逼迫中场进攻队员2传球给边线区域的队友，防守队员5保持在进攻队员5后防守，防守队员4和防守队员6来到防守队员3在的禁区支援，防守队员3补防中场进攻队员2，防守队员2接防到禁区，防守队员1折回紧盯对方向内传球。无球防守队员退到禁区拦截中场进攻队员3（图10-21）。

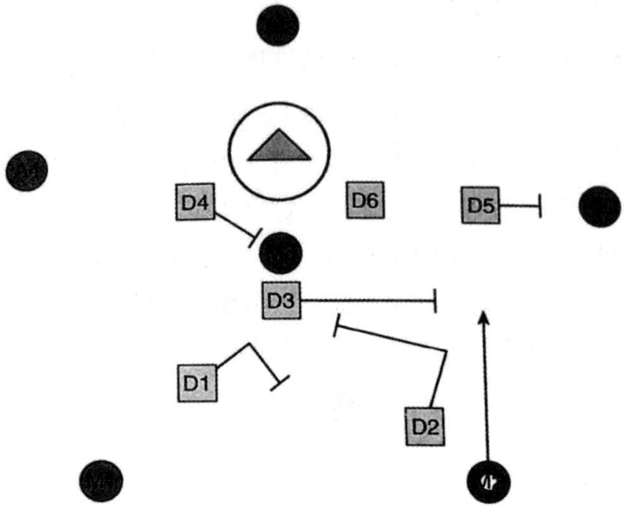

图10-21　2-3-1进攻的补防战术

三、区域联防

区域联防主要用来防守突破进攻能力较强的球队。区域联防是通过球员站位形成一片防守区域来堵截进攻，减少进攻队员进入球门禁区传球，逼迫对方进攻队员在防守区外射门。在区域联防中，防守方是跟球而不是跟着队员移动，应特别注意对球及与球相邻区域的防守。区域联防有很多种打法：防守队员在有些区域内不会越过球门延伸线防守持球进攻队员，而是设法在球门延伸线以外保护球门禁区；防守队员在某些区域会越过球门延伸线给持球进攻队员施加额外的压力。当球门区后的持球进攻队员突破球门延伸线时，防守方需要立即决定是邻近防守队员还是后侧防守队员来进行补防；如果持球进攻队员是从一个防守区域到达另一个防守区域，防守方需要决定防守者是否要跟随持球进攻队员进行防守，或者由相邻的另一区域的队友来防守。在防守区域持短棍的防守队员，是进攻方首要的攻击目标，一旦被突破，防守队员可以从邻近区域或禁区来进行补防；如果防守队员被迫轮转，可以遵循基本的盯人防守原则：保持紧密的阵型，在传球路径上高举球杆，不停地转头观察球和队员的移动，通过持续轮转接近球进行防守。

团队防守目的在于阻止对方射门进球。队员需要理解基本的防守概念：如何抢断、球的转移和控球、防守射门、球门区后的球、沟通与交流、比赛节奏、是前进防守还是后退防守。团队防守始于两人防守型打法，比如换防或不换防，逐步发展到3人防守型打法和6V6团队防守型打法。团队防守的基本策略是掌握中场的主动权或迫使持球进攻队员使用非惯用手进攻，而球队采取哪种方式，是人盯人、补防、区域联防等防守战术，这些都要根据球员的特点来决定的。

第十一章 团队进攻

第一节 团队进攻的概述

一、团队进攻的概念

团队进攻最终的目的是为了进球得分，团队进攻是从个人进攻技术开始的。首先，应掌握突破、传球、射门；其次，必须掌握两个或两个以上的无球进攻技能，如使用和设置铲球、切入传球、交换球以及适当的无球移动。团队进攻包括几个基本的因素：发球、控球、传球、直线原则、高质量射门、比赛节奏和场地位置使用等。团队进攻的战术有两人配合、三人配合和6V6全队进攻。在6V6团队进攻中，队员在场上站位要保持均衡，进攻方可使用不同上场队员的配置组合来获得优势，进攻中需要时刻根据对方防守策略来调整进攻策略，而进攻方最有效的策略调整是根据对方是否人盯人防守或者是否区域联防来调整进攻方式。

团队进攻是建立在各种类别的基本原则之上的，与橄榄球比赛的“发球”进行类比，长曲棍球比赛中控球队员总是比防守队员更具主动性和优势，控球和传球是球队进攻的标志性特点。持球队员会试图使用直线移动直接将球射入球门，没有持球的球员会将防守队员牵制和保持在人与球之间的直线上，迫使防守队员做出选择（防球还是防人），为同伴做出支持。团队进攻的目的是进行高质量射门而得分，进攻球员需要了解场地位置、战术计划和协调传球事宜，场上进攻的节奏可以根据实际情况可快可慢。

二、影响团队进攻的基本因素

（一）发球

进攻的最大优势是“发球”。在橄榄球比赛中，进攻方的优势是队员知道球应该打进到什么位置以及何时将中锋锁定在四分卫。在长曲棍球比赛中，持球进攻队员的优势在于他清楚如何跑位以及何时进攻。当然，倘若进攻队员既可以使用右手，也可以使用左手向任一方向发力射门，持球队员将会比防守队员拥有更大的优势。

（二）控球

进攻是由持球方发起，从争球开始，一般球在地面持续时间不会很长，两支球队都会全力以赴争夺控球权，取得控球权方先发起进攻。拥有控球权和保持控球权是进攻的核心要素，而团队控球权是球队的重要问题，团队进攻中必须要有领导者来决定传球，这个角色类似于橄榄球比赛中的四分卫或篮球比赛中的控球后卫。

（三）传球

长曲棍球是一项在场地奔跑和传球的运动，球员在场上要懂得分享球，持球队员要在第一时间将球传给场上更具威胁的队友，无球队员要依据战术计划向预定位置移动并保持持续运动。由于球在空中移动速度快于任何防守队员移动或滑动速度，球移动和球员的移动配合可以最大程度减少防守到位，进而破坏防守和造成错位进攻。每一次传球进攻（如动态进攻）都要与队员移动（如“传球和切入”或“投球和移动”）相结合，队员从队友手中接球时需要抬头、看球且一直盯住，进攻中每名队员还应提前考虑并预测下一步行动。

（四）直线原则

长曲棍球带球进攻的基本原则是直线原则，无球进攻原则同样也可以遵循直线原则。进攻队员将防守队员牵制和保持在人、球之间的直线上，迫使他无法同时观察到人和球，再从正面突破来攻击目标。此时，如果防守队员把注意力集中在队员身上，无球进攻队员应设法转移防守队员的注意力；如果防守队员把注意力集中在球上的时候，无球进攻队员需要离防守队员足够近，这样防守队员转身时该队员可以变向切入并给对方构成威胁。

（五）高质量射门

球队进攻的目标是将球转移到从折线到12米处的区域内，以获得高命中率和高质量的射门。进攻队员射门时必须要有选择，最好的射门不一定是防守队员无防守时出手的射门（大角度射门），有时与防守队员在身体对抗时的出手，往往会获得更好的射门效果。

（六）比赛节奏

各种进攻之间的区别主要是比赛节奏的把控和变化，进攻节奏的把控旨在控球，在橄榄球比赛中控球失误经常发生，而长曲棍球比赛中控球失误出现较少（与橄榄球相比），但每次发生失误都可能付出沉重代价。因此，控球在比赛中则显得更为重要，控球进攻是防止失误的最好方法，控球进攻可以调动对手，被视为最好的防守，控球还可以稳定比赛进程。不同的进攻战术配合使防守不断重新组合，创造新的攻守变化，调动防守，使之错位或在某些区域创建以多打少的局面，轻松进行进攻或在后场甩掉防守队员。

快节奏进攻指快速推动比赛的攻防转换。进攻依赖于固定战术或队员移动，取决于参与人员和比赛的经验积累。相对而言，跑动式进攻战术会加快比赛的攻防节奏，最大程度发挥场地上的人员优势，对防守施加更大压力，创造高命中率射门。

（七）场地位置

长曲棍球比赛场地位置一般是根据时钟表盘刻度进行分配的，在6V6进攻战术中球员的落位，应根据球的转移所对应的特定场地位置来确定。该战术可对应“时钟”进行设定配置（图11-1）。

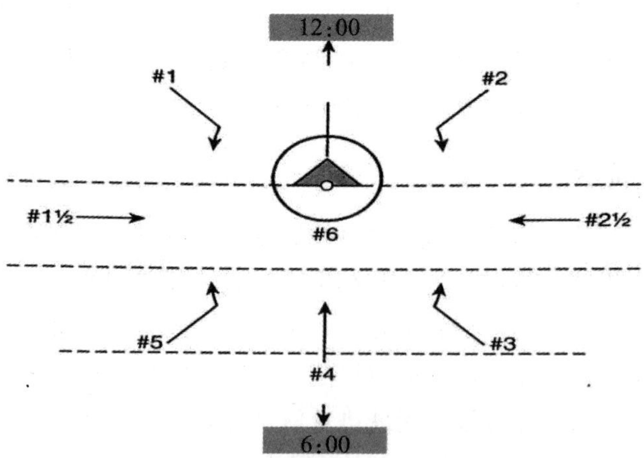

图11-1 球门周围场地位置示意

1. 防守队员

在长曲棍球中，位于球门正后方对应12:00时钟位置称为零号位置，位于此位置的防守队员称为X型防守队员。另外两个位于球门后方左右两侧的场地位置，称为位置1和位置2。一般情况下，右手持棍球员，即右手为惯用手球员（以下简称右手球员）位于10:00时钟位置，称为位置1；左手持棍球员，即左手为惯用手球员（以下简称左手球员）位于14:00时钟位置，称为位置2。

2. 低翼

低翼位于场区到场区上方10米处，进攻球员在该区域的最佳位置是站位于场区上方几米处，便于进行突破或在球门后移动，方便将球从场地一侧转换到另一侧。其中，对应9:00时钟位置通常是右手球员活动的区域，对应3:00时钟位置通常是左手球员活动的区域。

3. 高翼

高翼位于场区上方10米处并延伸到限制线。进攻球员在该区域位置应偏向于球门的上方（注意力主要位于球门上方）。对应7:30时钟位置称为位置5，通常是右手球员活动的区域；对应16:30时钟位置称为位置3，通常是左手球员活动的区域。

4. 中场

球队防守最困难的位置是场地中心上方区域，当球进入这个区域时，防守队员在该区域必须要阻止对方控球队员攻入任何方向。对应6:00时钟位置称为位置4，无论持球或运球队员是用左手或右手持球或运球，这个区域通常都是进攻的主要位置。

5. 内线

场上最危险的进攻位置是内线，长曲棍球场地的位置5在球门正前方的折线上。进攻往往总是比防守领先一步，传统的进攻方式一般是场上的中场队员突破场地中央再进行射门。例如：进攻队员在位置5用右手射门，他会迅速越过场地中央摆脱防守进行射门（图11-2），同理在位置3的左手进攻队员也将迅速越过场地中央摆脱防守进行射门。

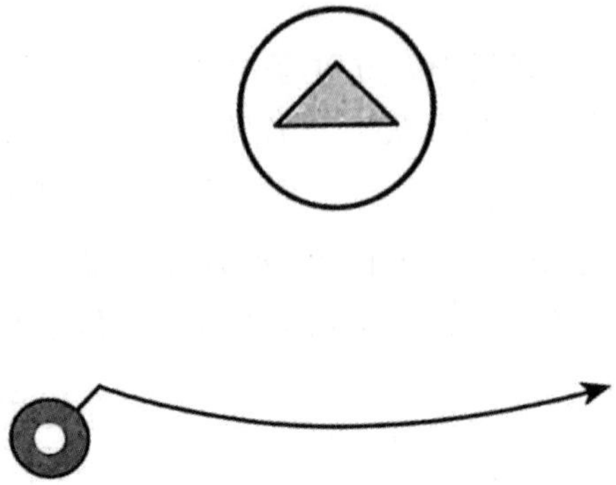

图 11-2　进攻队员从折线处横穿场地中央攻击的示例

防守的主要目标是需要快速消除场地中央的障碍，把突破者逼向较小空间。如果防守队员把持球进攻队员逼向较小空间，持球进攻队员就会被迫射出小角度的球。例如：在位置5的持球进攻队员习惯用右手射门，防守球员会迫使他用左手射出低角度的球（图11-3）。

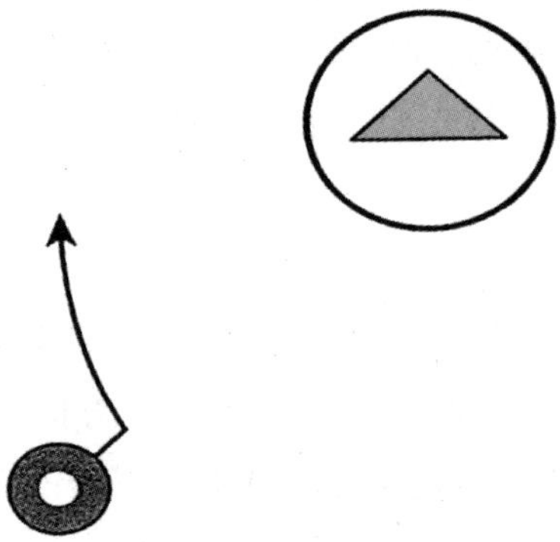

图 11-3　防守迫使持球者用非惯用手进攻示例

防守队员采用逼迫进攻队员用非惯用手来控制对手的进攻，此时进攻方也会对应做出反应（改变右投手或者左投手在场上的位置）。例如：位于位置5的持球进攻队员是左投手，可能使用他强力的左手进攻，防守方要逼迫对手陷入小空间：防守要考虑迫使对手沿着边路移动进入较小空间，最终使进攻方的射门角度变得更小（图11-4）。

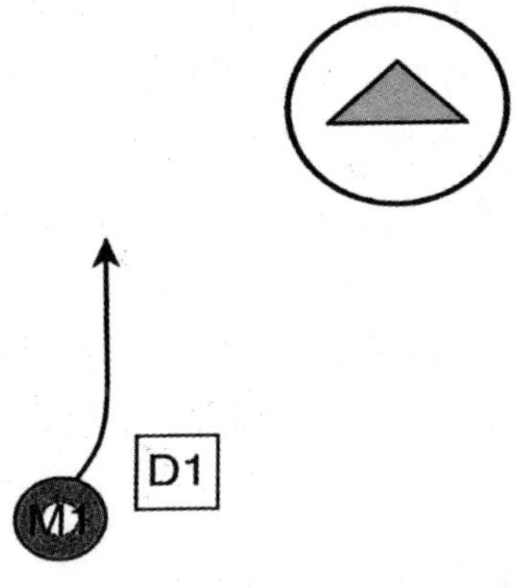

图11-4　防守迫使进攻向边路移动示例

在中场区域，防守队员原则上要迫使对手用非惯用手进行攻击。例如：位于位置5的持球进攻队员想用左手射门（左手是惯用手），防守方会迫使他用右手，但要防止他逼向场地中间，这时防守队员不能离他过远，以免对手回到靠近球门的场地下方并用左手射门。防守考虑的原则是迫使持球进攻队员使用非惯用手的同时还不能处于中场区域的有利位置，这样持球进攻队员才不能做出各种有利的射门选择。

第二节　防守的进攻性反应

一、防守的进攻性反应概念

比赛中，进攻都会受到防守赋予的压力，球队防守一般会利用对中场进攻队员的紧逼（把进攻队员从中场击退）来打乱进攻的部署。例如：如果进攻队员是单手持棍，防守方会着重防守其持棍进攻手的方向。另外，球队进攻必须对两种重要的防守策略做出反应：①对手是否移动；②对手是人盯人防守还是区域联防。

二、防守的进攻性反应的策略

（一）防守方滑动的进攻性反应

球队防守一般都尽量避免滑动，这也称为岛屿防守。防守队员和他的对手就像在一个独立岛屿区域，如果防守方认为自己的防守能力优于对手，就不会轻易滑动，教练员会告诉防守队员要紧紧防住自己面对的队员，不应期待任何别的援助，因为每名队员都有自己要防守的队员；尤其是在面对持球队员时，大多数防守球队会后退保护球门，在持球进攻队员威胁射门或传球之前，防守方会组成两名防守队员进行包夹或向球滑行防守，从而迫使进攻队员放弃射门转而选择传球。多数情况下防守方会让折线区防守队员向持球队员滑行，阻挡持球进攻队员的防守队员则返回到折线处，并在折线区提供协助（滑动或轮转）。

（二）防守的进攻性反应

防守的进攻性反应一般指进攻球员根据防守方向的球移动与否（防守方会假滑并回到他的防守位置或者防守区域），对防守方做出不同的攻击与应对。进攻队员总是希望防守队员移动和轮转，如果持球队员被两名防守队员逼防，则进攻队员应该采用失误风险较小的方式进行传球。进攻队员试图向攻击的方向移动，并从防守队员身前滑开，如果是在相邻的通道滑行，将为突破进攻队员创造移动的空间；如果是在折线区滑行，进攻队员一般不会把球攻到内线，会将球传到侧后方，再利用防守方的失误进行攻击。

1. 滑行和二次滑行的进攻性反应

这两种主要的防守技术：

（1）滑行并还原至预备姿势；

（2）假滑。

如果防守方滑行，他们通常会计划不止让一名球员滑行，进攻方需要尽量避免对手再次滑行防守。防守总是想进行第一次滑行来处于最佳位置，但是进攻方应该将对手的第二次滑行防守的机会降到最低。在图11-5的示例中，持球队员（中场队员1）位于场地位置3，被防守队员1防守；中场队员2位于场地位置5，被防守队员2防守；进攻队员3位于场地位置1的球门后方，被防守队员3防守。持球队员（中场队员1）带球向左躲过防守，并越过场地中间。对防守方来说，理想的情况是防守方希望防守队员2向持球队员滑行，并希望防守队员3滑到中场队员2处进行防守。但是，当持球队员移动时，进攻队员3向前方移动到折线区前面，并在切入时摆脱了防守队员3，这样防守队员2不会有机会再次滑向持球队员（中场队员1）进行防守，这也正是进攻方想要得到的结果。

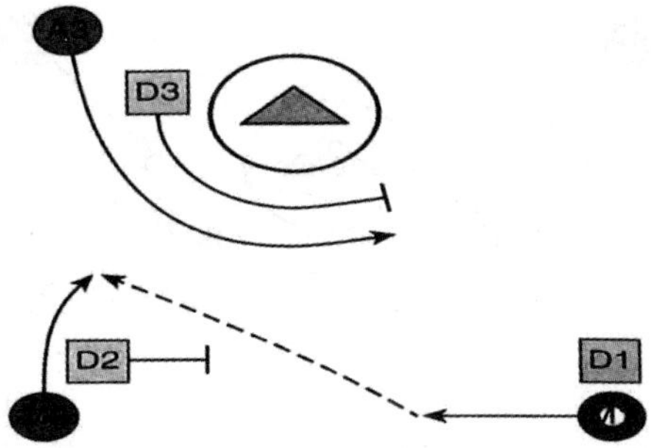

图 11-5　进攻防止防守二次滑行示例

2. 滑行和还原的进攻性反应

防守方运用滑行和还原防守，进攻方希望防守方继续滑行并轮转，同时将球向前移动，寻求2V1的进攻机会。

进攻球员4带球位于位置3并被防守队员4防守。进攻队员3处于折线处，并被防守队员3防守。进攻队员2位于场地位置2的球门后方，并被防守队员2防守。 进攻队员1处于场地位置1，被防守队员1防守。在防守端，防守队员4逼迫持球队员4沿边路向前方移动，折线上的防守队员3滑向持球队员4，而防守队员4则回到折线区并防守进攻队员3（图11-6）。

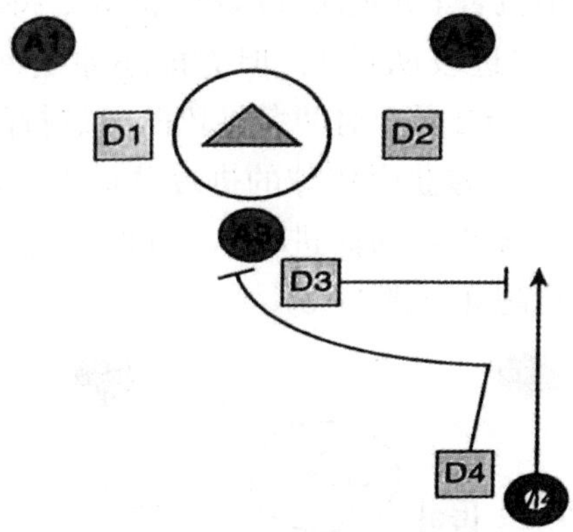

图 11-6　防守滑行轮转示例

对进攻而言，持球进攻队员希望带着防守队员继续滑行并轮转，持球进攻队员4试图使防守队员2滑向自己，以使防守队员1迅速地滑过球门并对进攻队员2防守。进攻的目的是将整个防守方布局打乱，逼迫对手产生失误并出现进攻机会，如果出现这种情况，进攻方会先传球给进攻队员2，再转移到进攻队员1进行攻击（图11-7）。

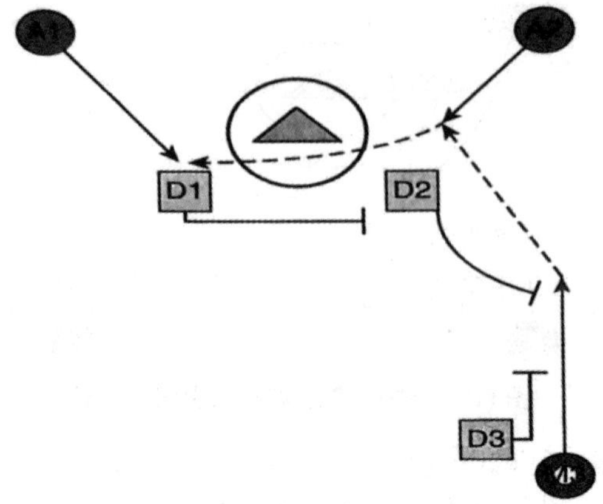

图 11-7　持球进攻者吸引防守滑行并轮转的示例

3. 假滑防守的进攻性反应

如果防守方使用假滑防守，对此进攻方要迫使整个防守方轮换，或者消除可能的再次滑行防守。防守方则想进行假滑，回到防守自己原来对手的位置，而不是让防守队员轮换。例如，进攻队员 1 持球位于场地位置 3 处，并被防守队员 1 防守，进攻队员 2 在球门后方的场地位置 2 处，并被防守队员 2 防守，进攻队员 3 在球门后的场地位置 1 处被防守队员 3 防守。持球队员 1 沿直线通道突破，防守队员 2 假装滑向进攻队员 1，但立即还原返回对进攻队员 2 进行防守。本质上来讲，防守队员 2 要面对两名进攻队员进行防守：突破到直线通道上的进攻队员 1 和在球门后方获得传球的进攻队员 2。 如果进攻队员 2 在无人区移动，那么防守队员 2 就很容易向进攻队员 1 假滑且仍然可以很快还原返回到进攻队员 2 的面前进行防守（图 11-8）。

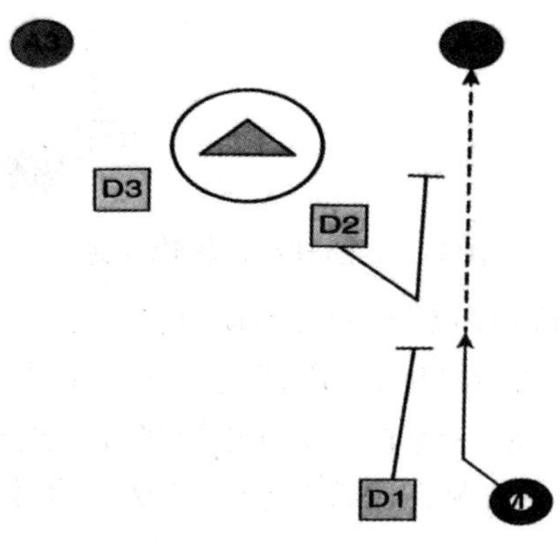

图 11-8　假滑防守进攻性反应示例一

在进攻端，持球进攻队员 1 想迫使防守队员 2 向他滑行，或者让另一名防守队员滑向自己来协助同伴进行切入进攻。让防守队员进行重复滑行的关键是持球进攻队员继续使球向前移动，迫使防守队员调整位置，利用防守中出现的失误发动攻击。在此示例中，进攻方希望进攻队员2接近球门，以便当防守队员2假滑时，进攻队员2可以朝折线的前方移动并吸引防守队员3，然后进攻队员1带球向前移动并传给进攻队员3，进攻队员3接住球并沿球门后侧向球门进攻，这时防守方就不得不轮换了（图11-9）。

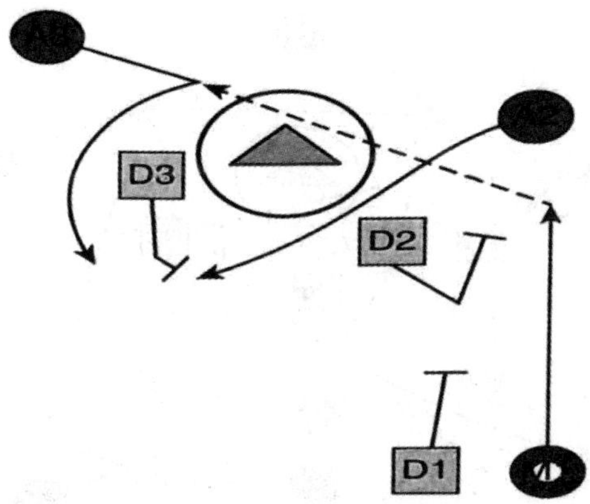

图11-9 假滑防守的进攻性反应示例二

三、区域联防

（一）区域联防概述

区域联防是指防守队员在整个场地一定区域内进行联合防守，进而实现全队防守的目标，进攻则需要在整个场地范围内围绕防守区域进行攻击。每个进攻队员都应该具有攻击性，进攻队员必须进占防守队员的防守区域，对防守造成进攻压力，迫使对手防守自己。进攻方可通过外线带球、球的转移或切入到不同位置来改变进攻阵型，尤其是进攻方采用不同寻常的组合方式攻击时，防守方对进攻阵型变化要有及时的应对之策。例如，进攻方在折线区内试图带球切入攻击内线防守队员，这种不同寻常的组合方式会促使进攻队员在折线区内侧变得更具有危险性。在区域防守中担任防守内线的防守队员其主要职责是阻挡带球切入者或内线的射手，同时，他们还需要随时补防从外线突然进入内线的进攻队员。

例如：进攻队员1位于球门正后方的X位置，进攻队员2位于$2\frac{1}{2}$位置，进攻队员3位于位置3，进攻队员4位于位置4，进攻队员5位于位置5，进攻队员6位于$1\frac{1}{2}$位置。进攻方会绕着外线带球转移，进攻队员6持球并吸引防守队员1，进攻队员6把球传给切入球门前方的进攻队员1，进攻队员1诱使防守队员2无意识滑行，进攻队员3切入至折线区以寻求进攻队员1的传球，并将折线区的防守队员6吸引出来。如果切入的进攻队员3没有空间进攻，进攻队员1会把球传给在球门后方切入的进攻队员2，此时进攻队员5切入到折线区内，寻找来自进攻队员2的传球，如果切入的进攻球员5没有空间进攻，进攻队员2就把球传给移到位置3的进攻队员4（图11-10）。

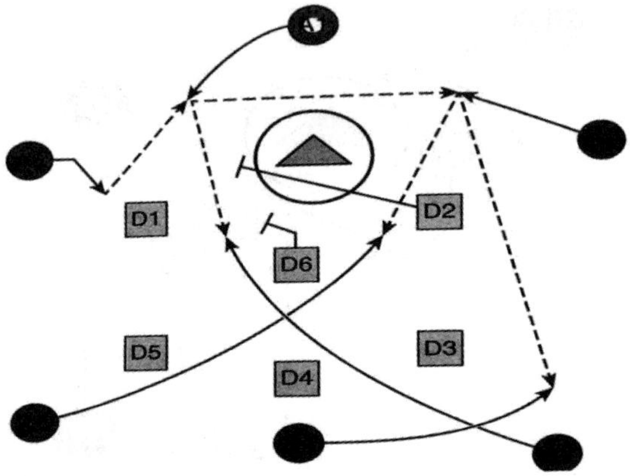

图11-10 区域防守战术中绕着外线传球在折线区的进攻示例

（二）进攻区域联防战术的策略

1. 进攻区域联防战术中攻方球和球员的移动

区域联防倾向于跟球而不是跟对手，即随着球的转移整个防守也要跟着转移。防守队员会对持球队员和其侧面相邻区域进行防守，随时抢断其传出的球。因此，球员移动和球移动对于进攻区域联防都很重要，而有效的进攻策略是通过将球从一侧快速传到另一侧来改变防守方在场上队员的布局，如果进攻方只是将球向外线转移而不能大范围调动防守，那么，大多数区域联防战术的防守组合都会非常适应这种球的动向。

2. 区域联防中区域连接区的进攻策略

进攻区域联防需要攻击防守区域中的连接区以迫使防守方轮换，区域防守区的连接区是指每个防守队员防守区域之间的场地位置。进攻方认为如果他们将球移向区域防守区的连接处，那他们的进攻就会很有效率，针对快速转移球导致连接区域的短暂失衡，进攻方可在失衡的该区域形成以多打少的优势。当进攻队员突破该区域并吸引防守队员时，将迫使防守队员滑动，造成该区域防守轮换；一旦防守队员轮换时处于防守失位，进攻方就会通过对手的防守轮换获得射门机会进行高质量射门。因此，面对区域联防，进攻方的进攻遇到困难，可以采用的补救措施是：在对方建立区域联防之前就突破防守方，并迫使对手轮换。在图11-11所示的示例中，进攻队员2持球位于位置3，进攻队员1在位置4，并且被防守队员1防守，进攻队员2向左滑行并攻击位置3和4之间的连接处，如果防守队员1上前阻止进攻队员2，那么防守方因防守队员1失去原来的防守区域就不得不进行防守轮换。

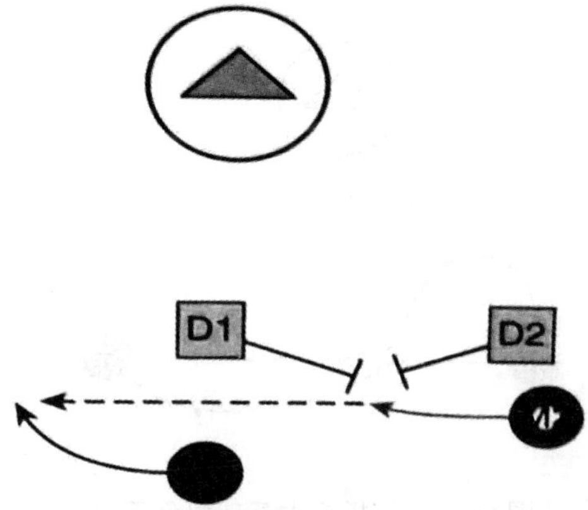

图11-11　进攻区域防守中区域连接区的示例

第三节　进攻的配合

一、球队进攻

个人进攻始于单个进攻队员和单个防守队员的对抗；团队进攻始于两人配合进攻，发展为三人配合进攻以及6V6进攻模式。两人基本配合进攻战术是球队进攻的基础，在两人进攻配合的基础上继续增加进攻队员进行外线和内线的三人配合进攻战术，再继续增加进攻队员进行战术配合，就形成6V6进攻配合战术模式。

二、二人配合

球队的进攻始于二人配合，目的是让两名进攻队员以协同方式在进攻上对防守创造优势，利用顺位切入或传切配合等方法创造攻击机会，进攻方队员及时理解、领会队友动作并通过传球配合，局部形成两名进攻队员攻击一名防守队员的优势。

（一）挡拆

带球的中场队员1位于位置5，中场队员2位于位置3。中场队员2向左切入并为中场队员1进行挡拆。中场队员1利用挡拆摆脱进攻，中场队员2则沿弧线切入到位置5附近（图11-12）。

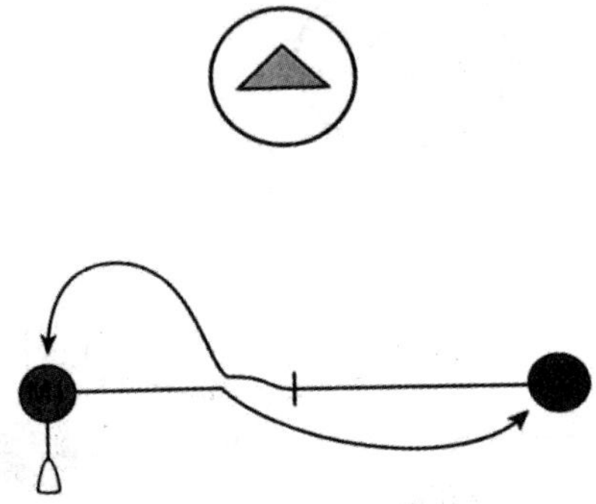

图11-12　挡拆战术基础配合示例

（二）传切配合

中场队员1持球位于位置5，中场队员2位于位置3。中场队员1将球传给中场队员2后迅速向右切入，接中场队员2回传球进攻（图11-13）。

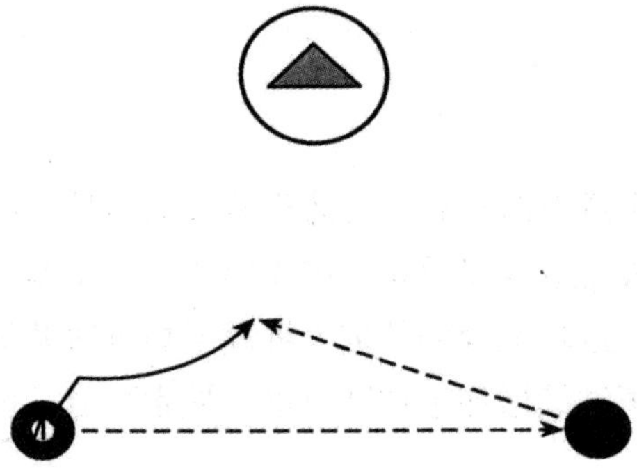

图11-13　传切配合示例

（三）突破配合

中场队员1带球位于位置5，中场队员2位于位置3。中场队员1从左向右躲闪（变向）突破，中场队员2通过左右移动为中场队员1腾出空间。中场队员2及时领会同伴（中场队员1）的意图并配合他的行动（图11-14）。

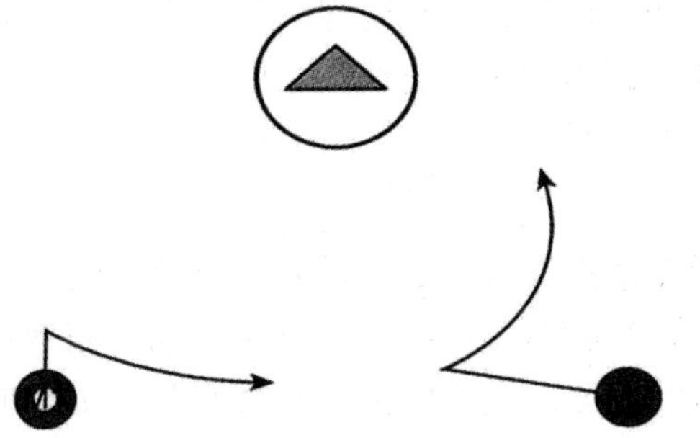

图11-14　队友间默契配合示例

（四）换位通过

中场队员1带球位于位置5，中场队员2位于位置3。中场队员1使用右手（惯用手）持棍横移并向球门前方突破，中场队员2在中场队员1下方更靠近球门的位置切入（图11-15）。中场队员2切入并占据防守队员位置，迫使防守队员向队友（中场队员1）的方向移动，此时中场队员2突破后进入场区附近开始进攻。

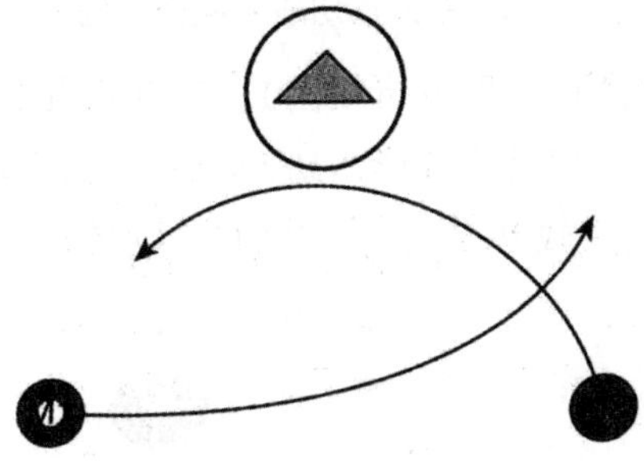

图11-15　换位通过配合示例

三、三人战术

三人战术的基本原理类似于两人战术的抢断、假抢断、清场等。在二人战术组合中增加第三名队友会增加战术执行的难度，但三人战术配合会在比赛中提供更多进攻机会，使防守队员在比赛中增加更多防守难度。三人组合战术配合大多是为内线进攻设计的战术，有些也是为外线进攻设计的战术。

（一）内线三人配合

内线三人战术是一种固定打法，旨在将球从外围送入内线折线区域。两名进攻队员在场外互相传球设置各种抢断（抢球、断球、挑球）机会，诱使对方防守队员脱离有利的防守位置，一旦防守队员失去对进攻队员的防守控制，在球门后的持球队员应立即将球送入折线区，同伴接球后就可从折线区获得高质量的射门。

1. 挡切

进攻队员1处于左侧折线区，进攻队员2处于右侧折线区，进攻队员3在位置2持球。进攻队员2向左切入为进攻队员1挡拆，进攻队员1利用挡拆摆脱防守寻找进攻队员3的传球，进攻队员2作为次要进攻者（接应）转入折线区（图11-16）。

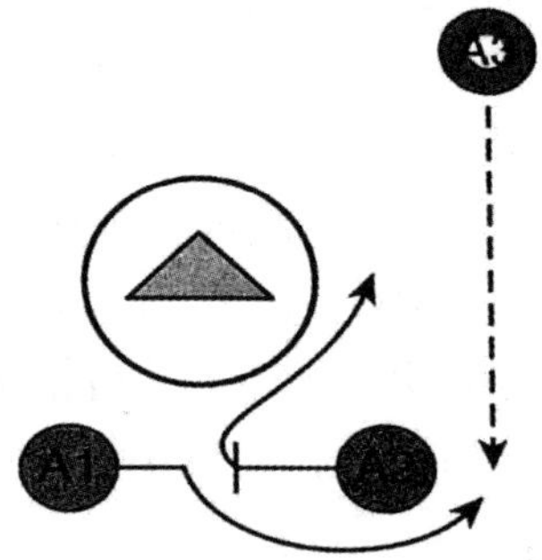

图11-16　三人挡切战术配合示例一

进攻队员1位于较低位置（靠近折线区），进攻队员2位于较高位置（距离折线区较远）。两名队员在折线上呈I形。进攻队员1和进攻队员2都往折线一侧（右侧）切入，造成两点进攻优势，进攻队员3则传球给切入者射门进攻（图11-17）。

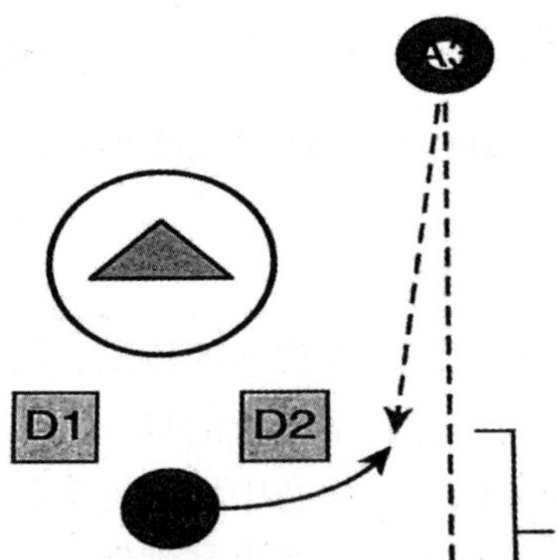

图11-17　三人挡切战术配合示例

2. **抢位弹出**

进攻队员1和进攻队员2在折线区一前一后使用相同的站位形式。进攻队员2沿高位的行进路线切出，然后弹离折线区，接进攻队员3的传球射门进攻（图11-18）。

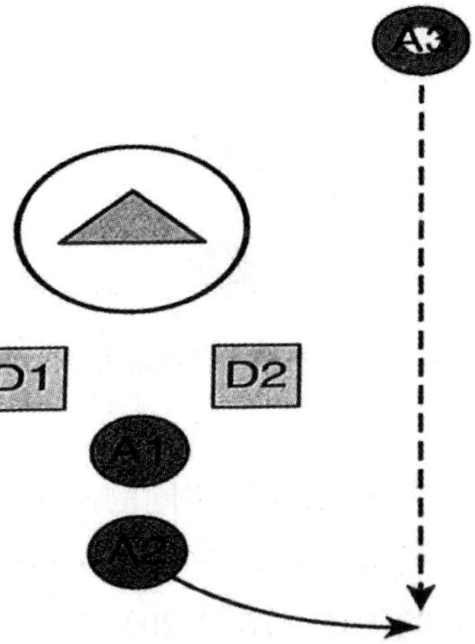

图11-18　三人战术的抢位弹出配合示例

（二）外线三人战术

外线三人战术配合是一项进攻组合形式，队员们试图通过战术配合给外线队友提供进攻机会。例如：接球与射门、喂球与接球等。如果战术配合不能完成，外线球员则设法为持球队员创造机会，腾出进攻空间。外线三人战术一般分为传统战术风格和现代战术风格两种。

1. **传统三人战术**

传统三人战术从20世纪60年代至90年代比较盛行。以中场区域的中场队员发动进攻为例，其进攻环节包括五种动作：挡拆、换位弹出、重复挡拆、假挡和换位通过，这五种进攻顺序也可以用于进攻队员从球门后发动的攻击。

（1）挡拆

中场队员1在5号位置，中场队员2在4号位置持球，中场队员3在3号位置。中场队员2将球传到中场队员3后，向中场队员1切入并为中场队员1设定挡拆，中场队员1利用挡拆摆脱切入接中场队员3的传球射门进攻（图11-19）。

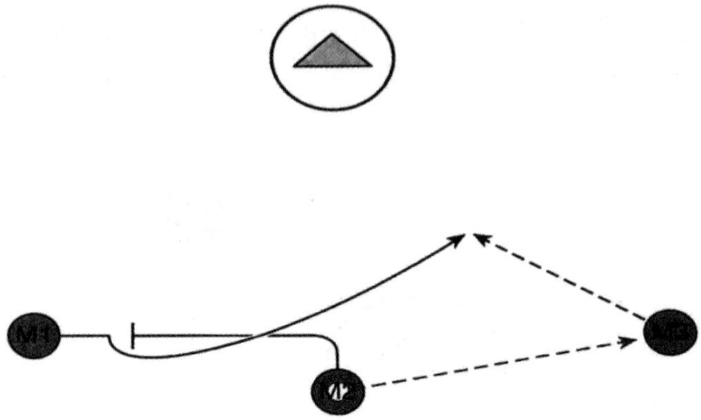

图 11-19　三人传球、挡拆和切入战术示例

（2）换位弹出

球员使用与“传球、挡拆和切入”相同的站位。中场队员 2 把球传给中场队员 3 后，切入中场并为中场队员 1 设定挡拆。中场队员 1 利用中场队员 2 的挡拆弹出，然后接中场队员 3 的传球（图 11-20）。

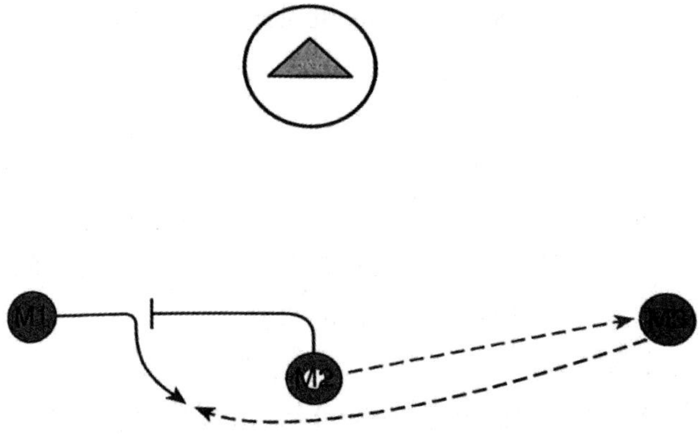

图 11-20　三人换位弹出战术示例

（3）重复挡拆

球员使用与“传球、挡拆和切入”相同站位策略。中场队员 1 利用队友（中场队员 2）的挡拆帮助切向同伴并接来自中场队员 3 的传球，如果他没有获得空位且无法接球时，中场队员 1 随后反过来为中场队员 2 提供挡拆，中场队员 2 利用中场队员 1 的挡拆接中场队员 3 的传球射门进攻（图 11-21）。

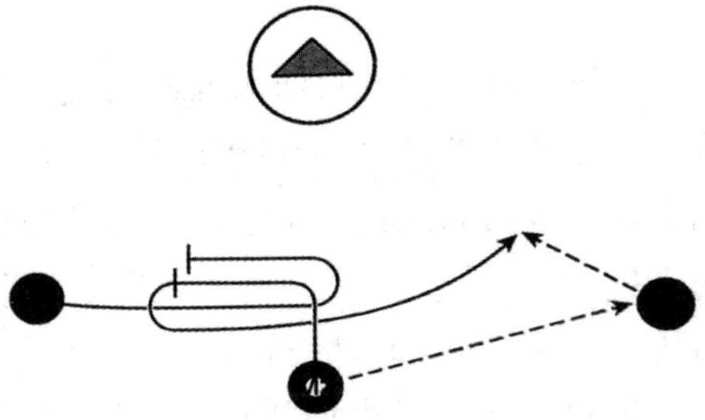

图 11-21　三人重复挡拆战术示例

（4）假挡

球员使用与“传球、挡拆和切入”相同的站位策略。中场队员 2 将球传给中场队员 3 后，切向中场队员 1 方向，假装要进行挡拆并迅速切回接中场队员 3 的传球射门进攻（图 11-22）。

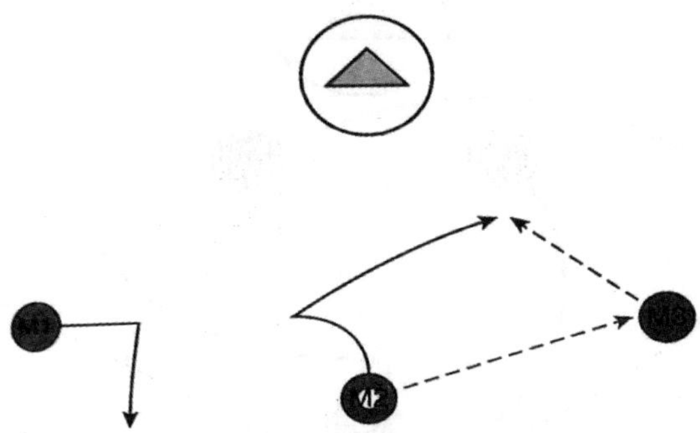

图 11-22　三人假挡战术示例

（5）换位通过

球员使用与“传球、挡拆和切入”相同的站位策略。中场队员 2 将球传给中场队员 3，此时没有空位。中场队员 1 和中场队员 2 在中场队员 3 下方靠近球门的区域切入，此时中场队员 3 向左突破并跑过球门前方寻找机会射门（图 11-23）。

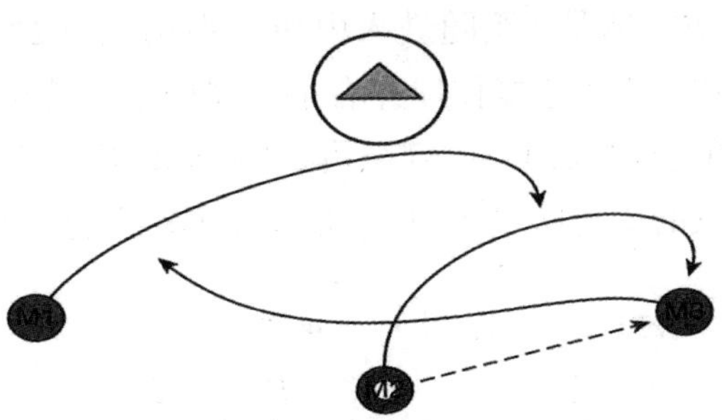

图 11-23　三人换位通过战术示例

2. **现代三人战术**

现代三人战术配合是进行两个对立攻防策略的反应。持球队员在进行高质量射门之前，防守队员首先从折线区移动到中场持球队员面前；防守队员同时阻断中场持球队员到达球门区后面的路径，这样会导致持球队员重新带球离开球门区，寻求另外的进攻方向。

（1）中场队员回传

进攻方使用回传球的进攻组合。中场队员2和中场队员3在折线区，中场队员1在球门上方控球。中场队员1用右手持棍向球门突破，中场队员3切入位置4，中场队员2切入位置5。中场队员1从折线区移动并躲避防守，此时进攻方在外线球门前方占据攻击优势，中场队员1向中场队员3回传球，中场队员3随即传球给中场队员2射门（图11-24）。

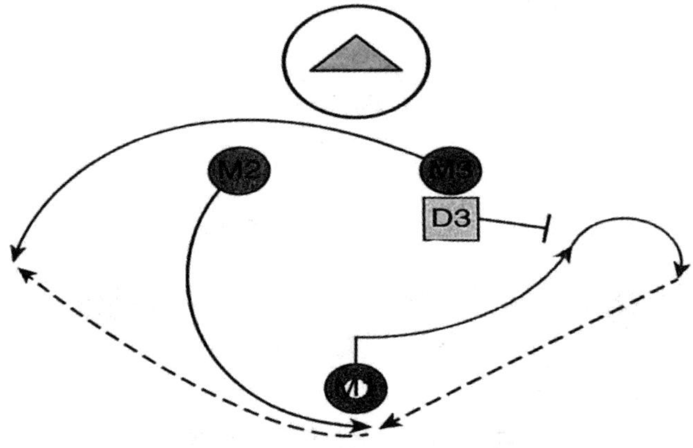

图11-24　中场队员回传球进攻战术示例

（2）滑行

中场队员1处于位置5并被防守队员1防守，中场队员2持球处于位置4，被防守队员2防守，中场队员3处于位置3，被防守队员3防守。中场队员3向折线区下方切入，防守队员3跟随进入内线。中场队员2将球传到中场队员1，并切向位置3。中场队员1接住球并右手（惯用手）持棍向中场突破移动，防守队员2补防中场进攻队员1。防守队员2滑行到位后，中场队员1迅速把球传给（弹出式）空位的中场队员2，中场队员2不再滑行，直接射门进攻（图11-25）。

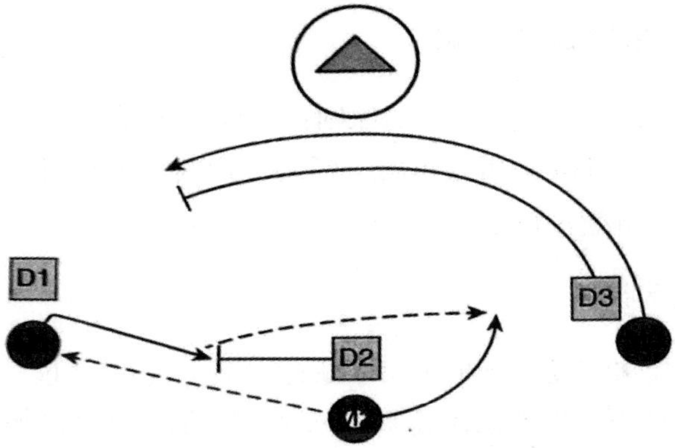

图11-25 三人滑行进攻战术示例

（3）早期模式

使用早期模式是当防守方迫使持球队员使用弱侧手（也叫非惯用手）通向场地中央时采用的进攻战术。中场队员1处在位置5并被防守队员1防守，中场队员2在位置4，中场队员3处在位置3并被防守队员3防守。由于防守队员3强迫中场队员3进入该区域的中间，中场队员3持球并向左侧转移；中场队员2从早期的位置中脱离出来并在中场队员3下方（靠近球门）跑动来打开进攻空间。当中场队员2在中场队员3下方靠近球方向移动并且中场队员3被迫移动到中间时，防守方可能需要交换防守位置。如果防守方试图进行换防，则中场队员3可将球掷回中场队员2。如果防守队员1滑行到位，则中场队员3可把球传给中场队员1。如果防守方从折线处滑出，中场队员3就将球传入内线射门进攻（图11-26）。

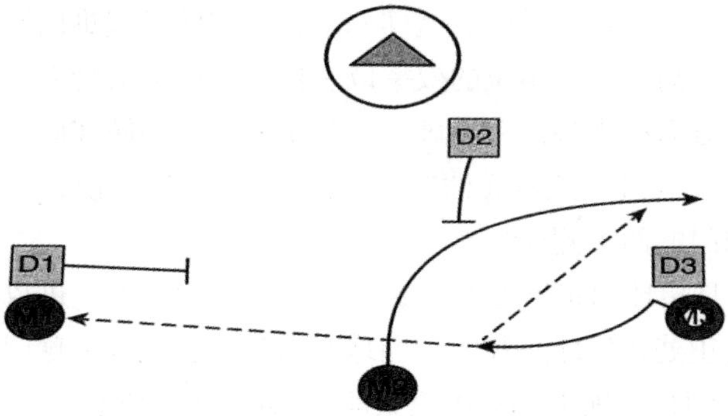

图11-26 三人进攻早期模式战术示例

四、全队6V6进攻的策略

完整的6V6进攻需要遵循一定的原则：①维持比赛场地的平衡，进攻球员需要了解场地上的三个主要方块区域（后端、内线、外线）；②根据团队攻防特点和实力，运用有效进攻组合的手段。

（一）场地平衡

进攻队员需要占据场上三个主要区域：后端、内线、外线（图11-27）。进攻队员在方块区域里帮助本队维持场上均衡，使场上某些区域不能形成拥塞。进攻队员要有足够的空间才能运用各种进攻技战术，如保持控球权，获得高质量射门，将对手快攻机会降至最低。

图11-27　场地方块区域示意

（二）后端

后端区域主要由传球队员和突破进攻队员占据，他们在场上的主要责任就是为进攻提供支持并保持控球权。长曲棍球运动有一个独特之处：在球门后面有一块很大的区域，当进攻队员从球门后方到球门侧面区域时，防守队员会面临突破进攻队员或传球队员的双重威胁。进攻时球处于后端的优势在于：防守队员必须在球门前方转身向后退。这样一来，防守队员就难以同时留意球和他们的对手，从而提高了无球跑位的效率以及传切配合的成功率。但应注意，虽然该区域在传球方面有优势，在突破方面却不利，因为防守队员可以穿过折线区并追上突破队员（进攻队员无法穿过折线区）。一般来说，在球门后面的传球区域主要在球门的两个侧面。

X防守区域是指球门正后方的位置。球门正后方并不是进攻队员的最佳位置，因为守门员正处在传球路径上。当球在后端时，把球从球门的一侧转移到球门后面的另一侧是一项重要的进攻策略。如果进攻是采用的1-4-1阵型，并且只有一名队员在球门后方，就不得不频繁调整自己的位置，任何时候，只要球门后方只有一名进攻队员时，他必须根据阵型的变化判断落位并掌握如何利用该位置来发挥自己的优势。

（三）内线

内线主要是射手活动的区域，场地内线队员的职责是在场上占据最危险的进攻位置并完成高成功率的射门。在内线区域中，内线队员不仅要单独进行射门，还必须要与外线进攻队员进行更多配合。在所有射门中，内线射门命中率最高，守门员必须全力以赴阻止此类射门进球；为获得高命中率射门，进攻方有时会设定各种传球战术，调动防守移动并失衡，从而给队友提供足够的射门空间。

内线队员起初一般离球较远，与球相对。当球在球门后面时，内线队员应处于较高位置，以拉开突破通道并留出切入的空间；如果球在高位时，则内线队员应处于低位，便于腾出突破的路线。

同样，进攻队员绝不希望内线里有太多的球员，从而导致折线区域拥挤。如果有人切入折线区，那么其他人需要离开折线区并进入外线。也就是说，当球员向内线切入时，他应创造进攻的机会，没有机会进攻时尽快退出（切入或退出）。一般来说，进攻队员大多在折线区摆脱并与对手对抗，如果没有攻击机会，则要退出。内线进攻的规则与篮球比赛三秒规则一样，球员不能在三秒限制区内停留时间过长。

从传统意义上讲，内线位置是用于阻挡外部攻击球门的有利位置。进攻队员会故意尝试与射手的杆头和守门员的位置对齐，为射手提供定位掩护，然后射手试图把球弹射到掩护队员脚下弹进球门。在现代的比赛中，由于人造草坪和对安全问题的考虑，掩护守门员的作用微乎其微，大多数比赛都是在人造草坪上进行的，如果射手在草坪上弹地射门，则草坪会给守门员提供可预测性的“真实反弹”，并且球一旦与地面接触，就会放慢速度。因此，大多数球员倾向于高射。当射手进行高射时，掩护守门员就变得很困难，更重要的是，对掩护队员来说，齐胸高度射门的威胁极大。过去，由于长曲棍球器材设备的原因，球员在射门后球落地时再弹跳，射门速度较慢，而现代长曲球棍采用棒式设计，导致射门速度会更快，防守的难度也就会更大。有时，进攻队员的切入也会造成无意的打击。例如，进攻队员可能会从球场内侧切入内线，这会分散守门员的注意力。同样，当进攻队员直接切入内线时，他将防守队员也带入内线，这也变成了守门员的双人掩护，导致守门员观察视线和角度受阻，极易造成救球失败。

（四）外线

外线区域主要由具备三重威胁的球员占据。对攻方来说，外线队员的主要职责是防守和减少对方的反击。进攻队员射门时必须要准备好回到自己的位置并进行防守，这些射门队员是由攻转守的第一道防线，如果进攻是从球门正前方与侧45度角区域发起，进攻方未能成功破门并失去了控球权，而进攻方的队员不能及时回防，这时将面临对手突破、传球和射门三重威胁。

（五）进攻组合

球队使用何种进攻方式要依据球队人员的配备来选择，每个队都有自己不同的攻防技术特点。比赛中球队全力发挥本队的优势，根据队员相互间的默契度、技术水平和技术能力进行互补，进行分工定位，确定球队使用何种进攻组合，以确定每个区域（球门后、折线区、侧翼和外线）中的队员数。

（六）后端进攻

后端通常不会多于3名进攻队员。进攻时球队主控队员可以在球门周围任何地方控球，主控队员一般都保持在后端，如果后端有能力突出的进攻队员控制进攻，那么队友不应回来阻碍他的攻击；如果后端有两名进攻队员，他们必须保持很好的配合，因为另一名进攻队员来到后端，同时也会把他的防守带来，这时就会有4名队员在后端，造成后端区域的拥堵，这将对进攻产生不利影响，当然，这个原则同样适用于外线。

（七）折线区进攻

进攻球队在折线区可能有三名或三名以上的球员，但不应让该区域过分拥挤。球队需要清楚本队进攻时，应该有更多的外线队员还是内线队员，如何进行战术组合。例如：当有一名优秀的内线进攻队员和一名优秀的中场队员时，则可使用1-4-1战术组合；当有两名优秀的中场队员时，则可使用2-2-2或1-4-1战术组合；当有两名优秀内线进攻队员，可以使用2-2-2战术组合。

（八）侧翼与外线进攻

教练员要了解球队有多少进攻型球员？是将所有进攻型球员放在一个中场区域，还是分散到两个区域或多个中场区域？应该综合所有因素的考虑，从而决定和选择相应的最适合的进攻方式。团队进攻取决于球员的个人能力，球员选择的进攻方式应使其感到舒适和自信并处在最有效的位置，这样才能实现进攻目标（高成功率射门）。要想发挥球员优势，球员应该设法在理想的场地位置将球传到最有效的突破者、传球者和射手手中，为了掌握球员的个人技术特点，发挥他们的优势，教练员可以让球员回答“当需要突破或射门以赢得比赛时，你希望球在哪里?”这一问题，掌握答案后，教练员就能根据团队的情况进行人员合理的安排和搭配。

五、球队的进攻战术配合

球队使用的进攻战术配合方式主要包括以下几种。

（一）1-4-1进攻战术配合

1-4-1进攻战术配合的优势是进攻方在球门前（靠近球门区域）方有较宽的突破空间。

中场区域的中场队员有整个外线区域可以发挥。攻击能力强的中场队员可以从外线任一方向进行突破；侧翼上队员可以后退到绝佳的位置来发起突破；球门后的队员有整个后端区域进行自由移动和突破。在1-4-1进攻战术中，折线区的两名队员可以互相拉开进行配合并提供空间，为进攻队员提供攻击机会。但1-4-1进攻战术的弊端是传球距离较长，防守对方反击的能力较低（图11-28）。

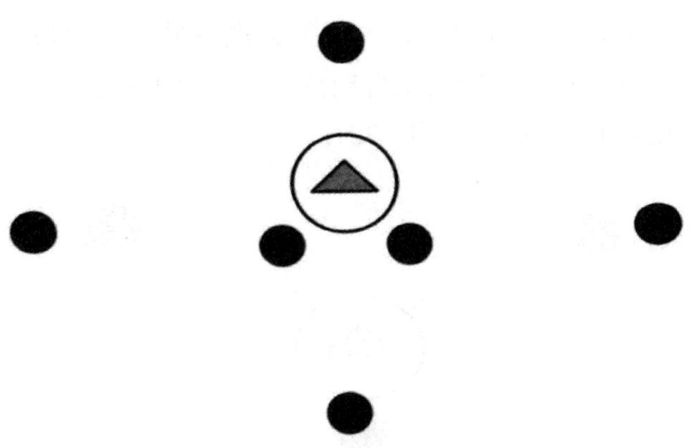

图11-28 1-4-1进攻战术配合

（二）2-3-1进攻战术配合

2-3-1进攻战术配合的优势在于它有5个潜在的突破者或者射手在球门的前

方。这种战术配合中外线的两名队员可以共同配合进攻。与1-4-1进攻战术配合相同，位于球门后方的队员可以从球门后进行突破和传球，侧翼也有很多空间让队员获得射门得分机会。2-3-1组合是非常流行的一种战术配合形式，适合于“移动风格”的进攻模式。进攻的优点是让队员可以很好地动起来，适合经验不足的球员，为其提供更多进攻阵型变化；缺点是球员有时会为了移动而做多余的移动（图11-29）。

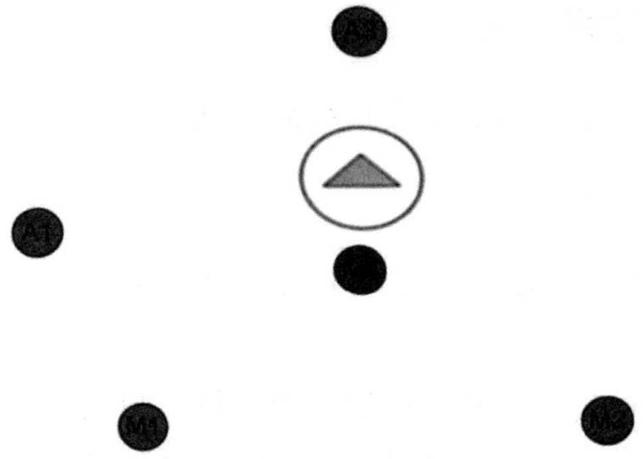

图11-29　2-3-1进攻战术配合

（三）3-1-2进攻战术配合

3-1-2战术配合的优势是3名中场队员可以在外线区域内配合，这是进行3人中场队员战术配合的主要手段。2名进攻队员可以在球门后互相协作，且当进攻队失去控球权并转为防守时，这种阵型会提供最强大的防守能力。3-1-2进攻战术配合的缺点是外线区域会变得拥挤，侧翼攻击机会不多，中场队员和内线进攻队员的传球时间更长（图11-30）。

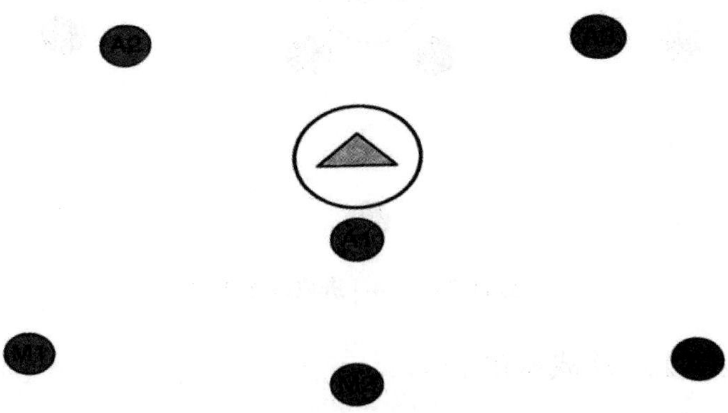

图11-30　3-1-2进攻战术配合

（四）1-3-2进攻战术配合

1-3-2进攻战术配合优势是在球门上方区域（靠近球门附近）的突破通道比较宽敞，与1-4-1阵型相同。中场队员可以在整个外线区展开进攻，另外2名中场队员则位于侧翼区域，与3-1-2阵型类同，进攻队员可以在球门后进行进攻配合与1-4-1阵型的缺点相同，这种战术阵型传球的距离也较长，由攻转守时进攻队的防守能力也较低（图11-31）。

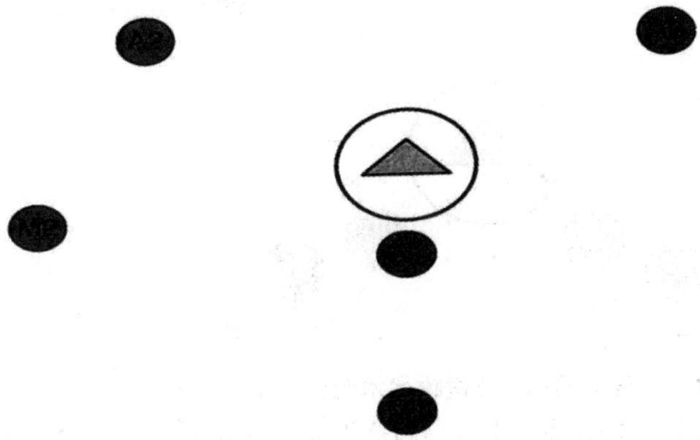

图11-31　1-3-2进攻战术配合

（五）2-2-2进攻战术配合

2-2-2进攻战术配合的外线、内线和后端分别是2名球员一组，这2名球员相互支撑创造进攻机会。球员使用挡拆配合方式让彼此有机会进行传球，射门或突破（图11-32）。

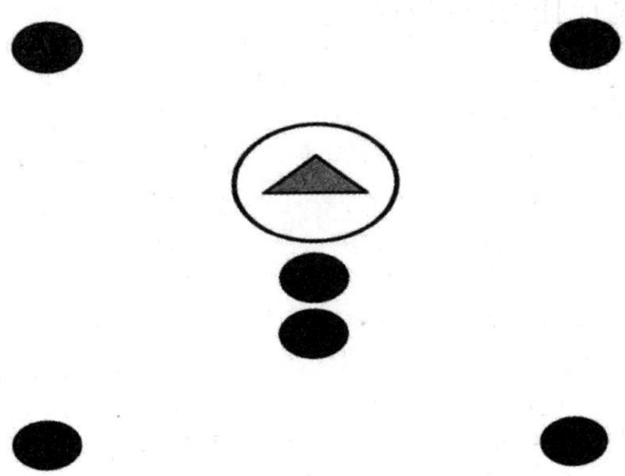

图11-32　2-2-2进攻战术配合

（六）4-2进攻战术配合

4-2战术配合阵型是在折线区的两侧采用对称的方式，后端有2名传球队员，这2名队员在场地两侧来回变换位置控球，寻找球门上方（靠近球门区域）的防守空当传球助攻，目的是给在折线区附近切入的球员传球，以便在更靠近球门的距离射门（图11-33）。

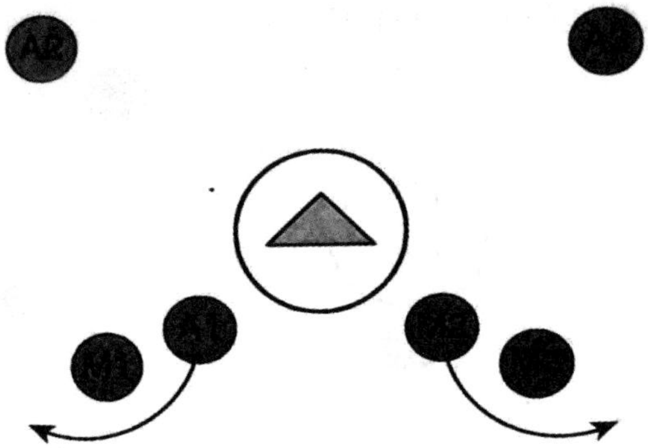

图11-33　4-2进攻战术配合

说明：上图中的数字命名从外线球员开始，然后是侧翼和折线区，最后是后端的球员。

总的来说，团队进攻的目的是进球得分，球员还需要了解球门正后方X位置的各种进攻的原则。本章从两人进攻战术配合讨论开始，到围绕球门的6V6进攻配合论述。在长曲棍球比赛中，6V6进攻要熟练使用各种战术组合，以充分利用队员的优点，使进攻得以平衡进行。团队进攻还要求队员必须能够对某些防守策略（滑行防守、盯人防守和区域联防）做出快速反应，而训练有素的团队进攻能够适应任何防守的变化。

第十二章　防 守 转 换

第一节　防守转换概述

防守转换和进攻转换类似，也分为两个组成部分。防守转换包括管控对手在本方的进攻端到防守端（双方人数均衡）的移动；以及防守对方球队时，在本方占人数优势或打破对方防守优势的情况下，通过防守转换可以获得很好的得分机会。对于防守方来说，目标是限制进攻方的突破，让进攻方按6V6阵形进攻。长曲棍球比赛中的防守转换就像篮球比赛一样，防守队员应随时准备破坏对手的进攻并将其赶回后场，从而及时建立有效的防御阵形。长曲棍球运动员还需要掌握防守转换的核心原则，包括控球、防止球的移动、团队沟通以及区域的人数优势等方面。一般来说，球队防守都力图抢回球权，但前提是不能给对手过多的突破机会，在无力完全阻止对手进攻的前提下，防守方更希望进攻方带球穿越场地，而不是进行传切配合，防守方还期望在防守区域中有更多的身体对抗以及占据防守人数的优势。通常来讲，当对方守门员扑球后获得控球权，或者本方因失误失去控球权时，本方则立即进入防守转换，争夺控球权。控球权可以在不失去防守位置的前提下，通过抢断动作主动获得。防守转换中，防守队员要保持积极移动，还要运用压迫性防守动作尽可能使对手向后场转移球。一方面，对手突破时，防守队员需要全神贯注，防守方通常不可能完全阻止进攻方射门，但是可以积极干扰迫使射门的命中率降低，或者尽可能迫使进攻队员远离球门进行射门，如进攻队员在外线射门，防守队员要尽力施加干扰，影响其射门的成功率；另一方面，防守队员应全力阻止高命中率的投球射门，在防守转换时首先要控制球的移动，阻止对手快速移动和限制对手的任何突破，防止对手带球突破以及长传快攻，应尽可能地利用边线迫使对手失误，把球传出场外。

在长曲棍球比赛中，进攻方希望占据人数的优势，防守方却希望面对进攻的人数更少（特别是在球场靠近球门的区域），这是攻防双方希望的有利局面。防守时需要更多的队友回到防守区域，参与防守的人数越多越好，倘若能够回到球门区，进攻方得分概率就越低。例如：6V5防守效率就比3V2更好。如果球队有6名球员回到防区防守，对手进攻人数就不再重要，即使是在最坏的情况下，也可以摆出6V6阵形，与进攻方对抗。最后，一旦进攻方开始攻击射门，且射失球门或球出界，此时就算对方保留控球权，防守方也完成了任务。

在比赛中，防守队员应该在比赛暂停前、暂停期间和暂停之后相互沟通，核对自己防守对手的球衣号码，这有助于避免出现两名防守队员都同时防一名对手，而漏掉其他防守对手。在防守转换的情况下，防守者可能会不止与一名对手对抗，所以对防守者来说，相互沟通，确定他们所防守的对手则显得更为重要，否则将会导致转换时出现对手无人盯防的短暂时间（即漏人），这极容易造成对方以多打少的优势。

第二节　防守突破

一、突破类型概述

防守转换包括防守各种类型的突破进攻：6V5、5V4、4V3、3V2和2V1。防守方希望通过回到球门区域来压缩防守的区域（图12-1）。球门区是从球门正前方伸展出12米的区域，防守队员为把球打出自己的球门，应跑到球门区协防同伴，防守队员应该更快进入球门区和更慢出来与对手进行对抗（即快进，慢出），防守队员一般不要在外线寻找对手，即使对手在外线，而应该先进入球门区内，确保这一区域的安全，然后再寻找自己的对手。防守突破进攻的基本原则是“绕着球门转”。在防守转换和防守阵型不稳定情况下，进攻方希望更多的球员挤进球门区，此时防守方应该保持收缩阵型，并控制传球路线，不给对手太多突破通道和空间；防守队员还应转头观察，互相交流、互相提醒，从而使团队防守的效果最大化。

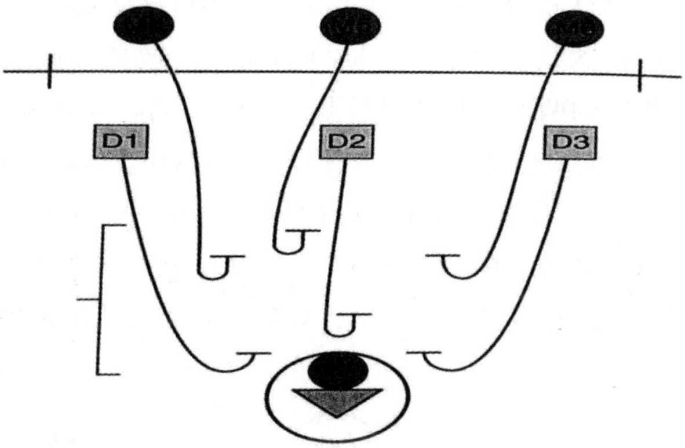

图 12-1 防守突破进攻的球员站位示例

二、防守 6V5 突破进攻

对于防守方来说，6V5 突破进攻（图 12-2）阵形没有其他突破阵型优势明显。防守方需要对进攻球员的防守并与队友进行沟通，确定每名队员的对手；如果进攻方采用6V5突破的进攻阵型，防守方采用平行站位，则人数上可以弥补被动落后的局面，但如果防守方没有意识到对手的突破，则容易在局部造成2V1，这时位于后方的防守队员应指挥防守队员后退，直到对手放弃突破，形成局部范围6V6的团队防守。

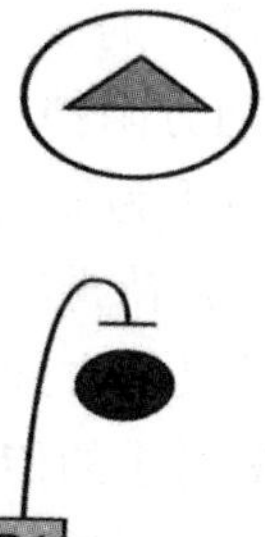

图 12-2 防守 6V5 突破进攻示例

三、防守 5V4 突破进攻

防守方针对 5V4 进攻阵型的典型防守模式是方框阵形（图 12-3）。通常情况下，防守方在局部形成三角形防守阵型，防守队员 4 回到禁区内防守，防守队员 1 或防守队员 4 阻挡持球者突破并逼其传球，其他防守队员要以折线移动的方式去断球。防守队员必须确保对防守区域和持球者都能兼顾，还应盯住每一次传球，此时的持球队员最危险，防守方可以先放离球最远的进攻队员，尽量将与持球队员相邻的两名进攻队员分隔开。低位的防守队员（靠近球门附近）一般不要到球门后，而应留在球门前方区域，如果对方进攻队员从球门后方冲到球门区，协防的队友可以滑过折线区进行防守。如果一名无球进攻队员切入内线，防守队员要马上阻挡，并将他赶向位于折线区域的防守队员处，以便先前的防守队员可以回到轮换阵容之中。当然，如果一名防守队员正尾随着球，他应随着球的移动而离开。

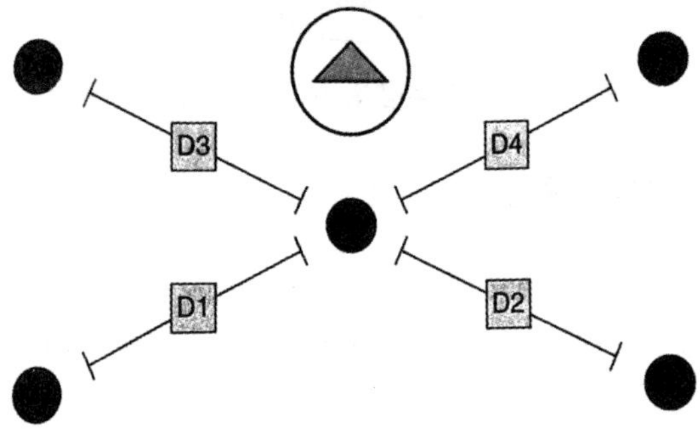

图 12-3　防守 5V4 突破进攻示例

四、防守 4V3 突破进攻

防守方对付 4V3 突破的防守阵型时，一般应采用缩小的三角形阵型（图 12-4）。例如：防守队员 1 在球门前方阻挡攻击点进攻队员 1，防守队员 2 在低位（靠近球门附近）阻挡右手（右手为惯用手）持棍的进攻队员 2，防守队员 3 在低位阻挡左手（左手为惯用手）持棍的进攻队员 3，每个人都按照先滑到内轴线，然后再滑向自己的进攻队员的方式进行防守。这样的滑行方式可以保持三角形的阵型稳固，有助于切断对手的传球路线和传球角度。

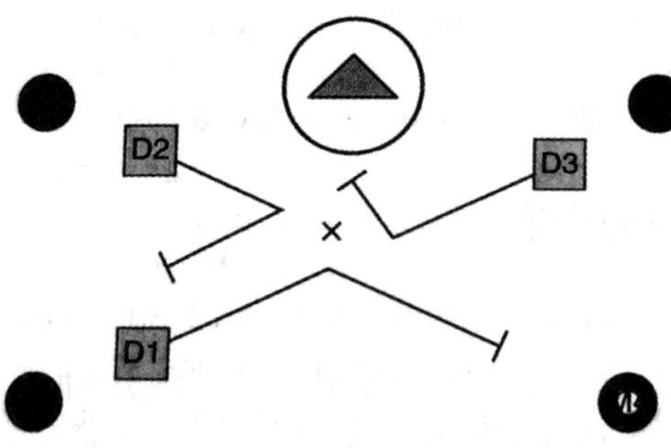

图 12-4　防守 4V3 突破进攻示例

我们看以下几种场景：防守队员1在位于12米线外的位置，他滑过去防守中场进攻队员4，防守队员1的目标是迫使中场进攻队员4把球交给进攻队员1。如果中场进攻队员4没有传球，防守队员1必须停下来防守进攻队员4；如果中场进攻队员4开始移向12米以内，防守队员1应全力干扰其射门，迫使他的射门命中率降低。如果中场进攻队员4把球传给了进攻队员1，防守队员1应滑进轮轴线再滑向进攻队员1；如果此时中场进攻队员4传球给进攻队员3，这是防守4V3突破中最难防的环节，这时防守队员1必须滑过球场，先阻止中场进攻队员4，紧跟着还要快速切断进攻队员1和进攻队员3之间的传球线路。

当中场进攻队员4传球给进攻队员1时，防守队员2应先滑进轮轴线，然后再滑到进攻队员1处防守，防守队员2应选择最佳角度，球棍控制在合适的位置，并阻止进攻队员1的突破，找准时机拦截其传球和阻挡射门。

当中场队员4传球时，防守队员3先滑到轮轴线，再滑向进攻队员2，防守队员滑动时，必须进行有控制的滑动，防止被进攻队员突破。遇到此种情况，有些球队会将防守队员3越过折线区域来防守进攻队员1向进攻队员3的传球，但应该注意在这种情况下，防守队员3不能挡住本方守门员的视线，以免影响守门员对对方射门的判断和扑救。

五、防守3V2突破进攻

对3V2突破进攻的防守阵型应该有一定的层次（图12-5）。例如，防守队员2位于球门前方的折痕区，防守队员1在距离球门10到12米的位置。防守队员1的任务是在12米外阻止和截住有球的对手。当进攻队员1传球给进攻队员2或3时，防守队员2负责去断球，防守队员1则迅速转到内线补位，降低重心，并观察进攻队员1的下一步行动。

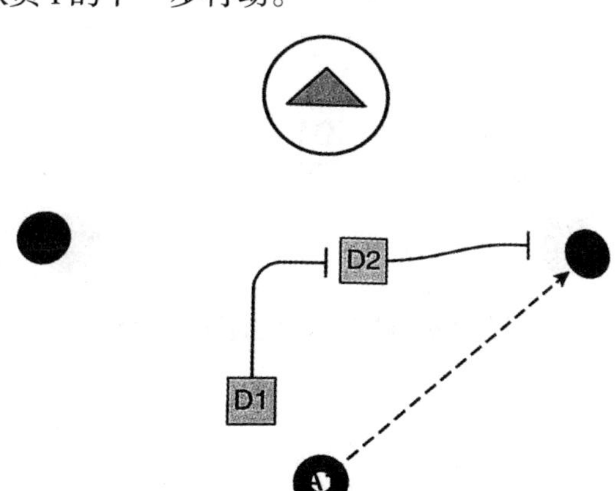

图12-5 防守3V2突破进攻示例

六、防守2V1突破进攻

当防守面对接近球门的2V1突破进攻时（图12-6），防守队员需要下移到球门前的折痕区域，为的是压缩自己的防守区域。当两名进攻队员连续向内靠近进攻时，他们的控制区域相对较挤（球门顶部除外，两名进攻队员在球门顶部有较大的空间）。防守队员会千方百计延缓对手的进攻，以便为队友前来补防争取时间，防守队员可以使用半侧身（面向持球进攻队员1）的防守姿势，做到对持球进攻队员1和非持球进攻队员2兼顾防守。防守队员此时不能只是盯球，可以在进攻队员1和进攻队员2之间进行进退式的防守。在防守2V1的突破进攻中，防守队员有时假装防守带球进攻队员1，而实际是朝着进攻队员2的方向移动防守，虽然防守队员看似远离球，不能更好地控制持球进攻队员1，但他的球棍有一个伸展距离并保持在合适位置，他可以随时抢断持球进攻队员的传球。但当持球进攻队员1非常靠近球门，无论进攻队员1是传球还是要射门，防守队员都必须尽快滑到进攻队员1的身旁进行贴近防守。也就是说，防守队员最后一定要向球滑去进行防守，但应有所控制，不能太早，如果太早的话，持球进攻队员就会很从容地选择传球给同伴。这里需要遵循的一个基本准则是：防守队员应该随时防备球被对手移动到最佳的射门地点。

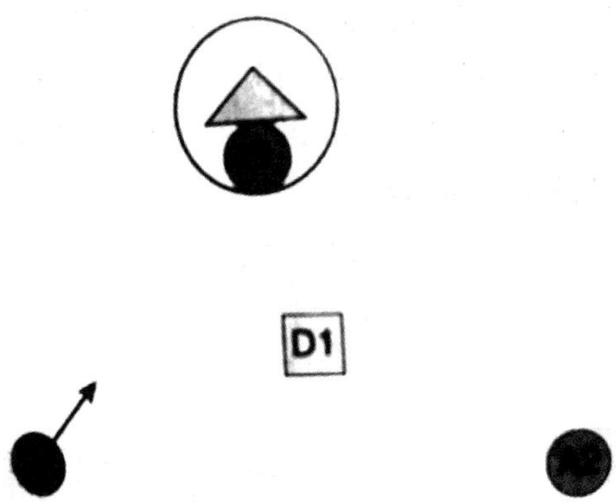

图12-6　防守2V1突破进攻示例

第三节 团队防守的策略

当对方球队通过本方守门员的扑救失误或者通过拦截传球、接地滚球或抢断球而获得控球权时，本方球队的每一名队员都要积极移动，进行防守配合，力图夺回控球权，以下是在几种情况下，不同位置的防守队员的应对策略。

一、内线进攻的防守策略

多数球队在内线进攻时，依靠积极的跑动进行攻击。当3名内线进攻队员面对对方守门员和3名防守队员时，每名进攻队员要面对两个对手（图12-7）。如果守门员做出扑救，内线进攻队员的首要任务是用身体影响守门员的视线，并迅速准确地接住任何传球。另外，本方传出第一次球后，内线进攻队员的责任是通过急停、变向移动，接住任何传向中线方向的球进行攻击。防守方则要与对手全力争夺被守门员扑出的球，获得控球权并迅速防守转换。

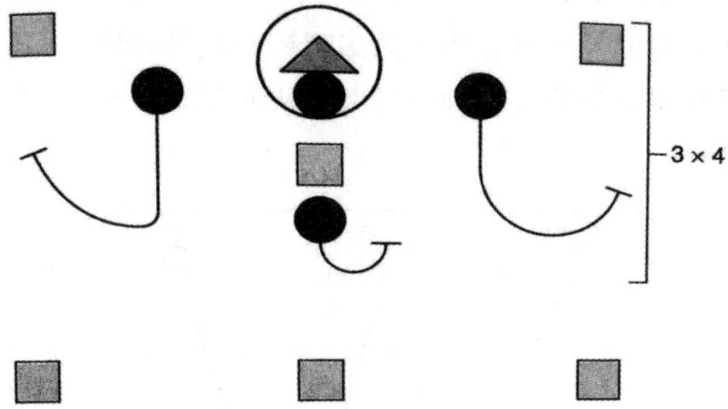

图12-7 内线进攻示例

二、中场进攻的防守策略

多数球队倾向于保守，不愿意冒失误的风险造成出现空门或单“刀”的情形。不希望进行孤注一掷的攻防，这种孤注一掷的攻防战术可能会给对手带来优势，球队不能因做出错误的决策造成被动的局面。比赛中，当中场队员没有机会抢球时，一般很少会移动到前场，中场队员必须清楚：一旦本方失球，必须马上退后，参与到6V6的防守中去（图12-8），对全队来说，无论是进行全员攻防还是出现被突破的情势，防守队员都需要尽快在球门区中占据防守位置。

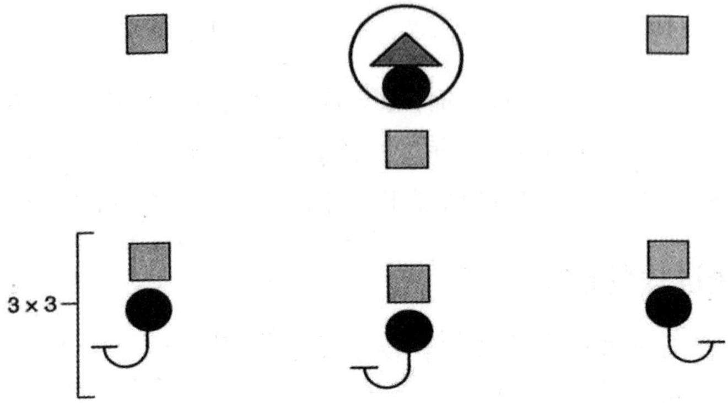

图 12-8　失球后中场球员落位示例

三、贴身进攻的防守策略

防守团队（D1 、D2、 D3）须从中线开始到球门都对进攻队员进行贴近防守（图 12-9）。倘若防守队员想要抢断球，一般需要至少 50%的把握确保安全控球，才能进行抢断。另外，当本队出现控制失误的时候，控制失误的队员要在第一时间就地进行逼抢，其他队员要尽快回到球门区里，并尽量减少出现防守漏洞。

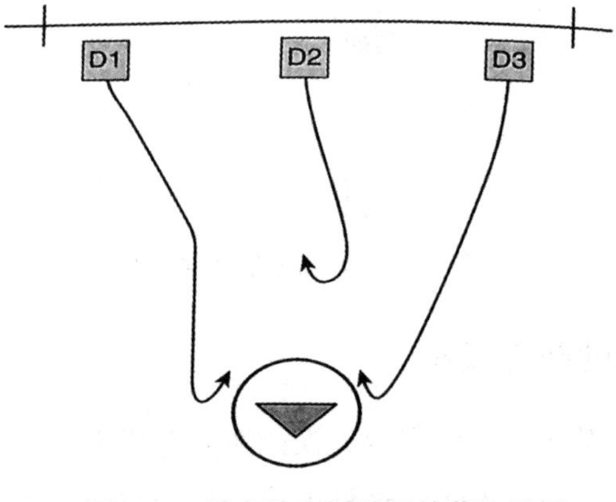

图 12-9　贴身防守时队员的落位示例

四、守门员的防守策略

在内线防守中，守门员是防守的核心和指挥中枢。守门员随时会意识到对手突破的情况，并及时向本方队员传达适当的防守指令。例如：防守队员可能在空地上滑倒，在他继续防守之前，要先找一名防住他的替补对手，或防守方为获得控球权而拦截对手传球失误，导致进攻方在防区内拥有进攻人数的优势，遇到这种情况，防守将处于不利的局面。当场上出现紧急的情况时，守门员要会识别并大喊“危险”或“突破”来提示队友，如果守门员大喊“突破”，防守队员要立即做出反应，回到球门区里；当防守队员听到“危险”的召唤时，每名队员必须转身冲刺，回到球门区里；当防守队员听到“突破”或“危险”的指令时，就不能只防自己的对手，而应该防住这个区域。此时此刻，什么防守阵型都不重要了，所有的战术考量都应该抛到脑后，防守队员需要冲回球门区内，挤进内线参与防守，消除当前的危险情况。

五、空位防守的策略

空位防守可能发生在对手的进攻半场或对手的防守半场。一般来说，大部分的防守转换都是在空位上进行的，空位上的防守队员需要设定可行的目标。如果防守队员很有侵略性，当防守转换为进攻时，他会直接带球冲过防线射门进攻。但如果防守队员没有足够的侵略性，就无法有效地将球从球场一端移到另一端。在人员不密集的空地上，防守一般会处于劣势，进攻方有很多场地可以使用，为了更好地防御，防守方会主动向自己的防守半场收缩，但当球接近球门区域时，防守队员将被迫全力冲向带球进攻队员进行贴身防守。

（一）进攻半场的防守策略

在本队的进攻半场中，由于本方的失误导致对手拥有控球权，此时加上守门员，对方会在进攻人数上占优，对手一般会用三根持长棍的队员控球，他们可能是身手敏捷的控球手或是离开球门参与攻击的守门员。在本方的进攻半场，一旦出现防守转换，防守的球员要记住他是在一个区域打球，同时面对两个不断互相转移球的对手，此时需要预测对方的下一个传球线路是什么，并准备参与防守轮换；在球场的进攻端，有些防守球队试图抢球并伺机创造突破进攻的机会，有些球队却不会，但无论情况如何，最好不要试图做完全没有把握的抢断球，而是要保持防守阵型，迫使对方犯错。

（二）本方防守半场的防守策略

因为长曲棍球越位的规则，在本方的防守半场，对手虽不再拥有人数的优势，但对手仍然具备威胁从而导致出现无法预测的情势。防守队员可能一时找不到自己应该防守的对手。这时一般的做法是：防守方应该先看折线区域，如果防守队员正在被对手甩开，防守队员不应该紧追对方，除非能确认可以阻挡对手；如果防守队员落后于球，防守队员不应该去追球。在这种情况下，防守队员应该获得空位同伴的帮助，这样靠近折线的队友才不必滑到前场。作为一名防守队员，首先，他应该守住折线区域，密切注意阻挡折线区域附近的对手，而不应该只盯住球。其次，他的视线应该做到人球兼顾，观察可能打开本方防守缺口的攻击。最后，如果他不需要去接防持球队员，他可以观察球并挡住一侧的对手（图12-10）。

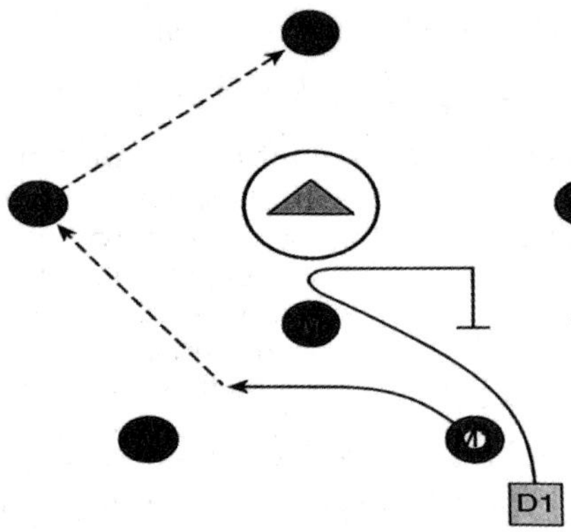

图12-10　半场防守队员落位示例

这一章讨论了防守转换、团队防守的策略等内容，在防守转换中，沟通、耐心和相互协调起到非常重要的作用。一般来说，防守转换是建立在某些基本的要素上的。当球队进行防守转换时，每名球员都应该以一种聪明、高效、无风险的方式重新获得控球权，防守转换应该归结为一个球队和球员如何处理另一个球队2V1进攻的优势，在开放的场地区域，防守队员应先放弃空位的进攻队员，在球门区防守的最好策略是压缩场地，这样有利于防守队员使用最少的移动来追防；但当进攻已推进到球门附近时，防守队员已经没有任何选择，必须优先防守持球队员或者威胁最大的进攻队员。

第十三章 进 攻 转 换

进攻转换是长曲棍球比赛中最令人兴奋的部分之一。进攻转换是指球员和球从防守端移动到进攻端。由于6V6阵地防守在限制得分机会方面非常有效，球队只有依赖于快速进攻转换，在比赛中获得进球。转换包括（但不限于）防守方通过获得控球权转化为进攻方，利用进攻人数上的优势以获得高质量的射门。

第一节 进攻转换的原则

比赛中的进攻转换包括三个要素：失误、控球和传球。当失误发生时，转换比赛就会立即开始，比赛中的失误可以是对方的非受迫性失误和受迫性失误。一旦球队因对方失误获得控球，就会立刻处于进攻状态，控球意味着发动进攻，而进攻的首要任务是把球移向对方的球门，创造得分机会。

一、影响进攻转换的要素

（一）失误

失误意味着控球权的丧失，它是进攻转换的分水岭，一旦球队获得控球权，转换就会向着控球一方期望的方向发展。失误可以是对方的非受迫性失误，进攻球员会因丢球、传球失误或无法接住队友传来的球而造成失误。防守方的防守坚决性和球杆技能对夺得控球权非常重要，而进攻方的受迫性失误可以由棍击、身体冲撞或守门员扑救等引起。

（二）控球

控球是指球由本方队员持有，或者球在本方队员之间传递的情形。如果球队想要发动进攻，其中获得控球权是关键。而转换是一种平衡之举，有些球队进攻非常激进，而有些球队进攻则比较保守。其实，每一名球员都不想犯错而丢球，比如4V3的进攻局面可能得分机会很好，但有时球员太过冒险，反而会失去进攻的好机会。不同的球员有不同的风格，有的激进，有的保守。在场地限制线之间，部分球队希望防守时两根短棍防守球员和一根长棍防守球员停留在球场上，并推动转换快速进入进攻区域（图13-1）。部分球队则希望防守型的中场队员被替换，这样，本队的进攻型的中场队员就可以上场（图13-2）。但是，无论球队的进攻方式选择哪种，球队都应该专注于控球，并利用任何可能的机会破门，球队一旦获得控球权，就应该迅速突破对手，把球向前场推进。在6V6攻防对抗情况下进球会非常困难，球队一旦有机会利用这种转换的优势攻击，应该快速推进到前场并完成有效射门。例如：内线防守队员获球后，应该第一时间寻找并传球给在球前方最有威胁的队友。

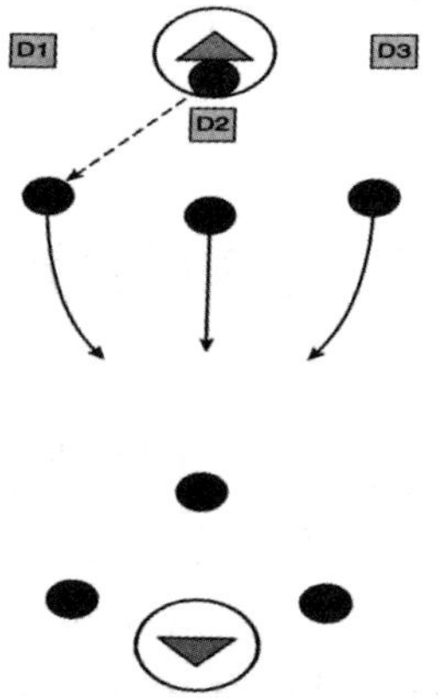

图13-1　控球进入进攻区域的转换示例

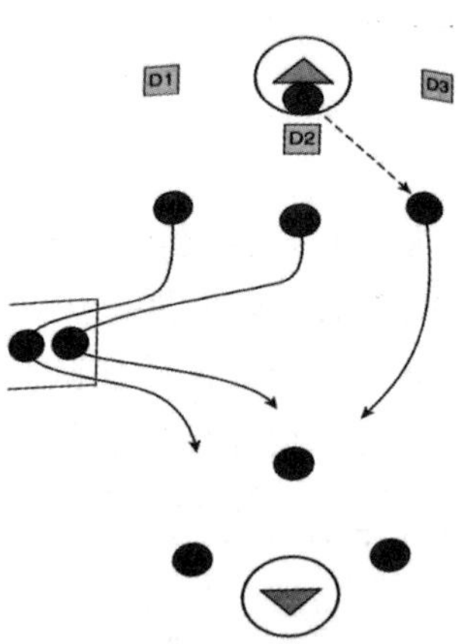

图13-2　进攻型中场队员上场的转换示例

（三）传球

当队员带球在无防守压力的场地区域移动时，要尽可能高效、放松和保持运动姿态，移动中要随时准备调整身体姿势以便衔接下一个技术动作。在进攻转换的过渡时期，场上有可能会出现防守空缺，此时如果有防守队员向自己滑动过来抢球，注意观察他是从哪里滑动过来的，并及时将球传给滑开的队友，传球落点要准确，否则会有很大的失误风险，而高命中率的传球可以帮助队友有效地衔接下一个技术动作，并选择最佳打法。

长曲棍球比赛中球的移动速度总是比人快。当进攻队员带球移动时，防守队员可以紧跟对手并贴近进攻队员进行干扰，这样其攻击优势就会减小。如果进攻方通过传球来转移球，球的移动速度比防守方的移动速度快，进攻方就有机会突破防守寻找到机会得分。对进攻方来说，如果对方后退以防止进攻突破，进攻队员将球转移到进攻区域时要控制传球失误的风险；倘若对方防守队员没有向后回防，进攻方应该快速并突破对方的防守将球移动到前场。

二、进攻转换的类型

进攻转换是从对方的失误开始的，可能是传球失误，球滚向中线，可能是守门员扑救失误，也可能是发生在空旷场地上的失误。失误有非受迫性失误，如无人防守的传球失误；还有受迫性失误，如拦截传球造成的漏接；还有对方防守队员球棍干扰造成的接球失误。以下主要讨论三种涉及失误的情况下的进攻转换：中线丢球、守门员扑救以及在空旷场地出现的丢球（也叫“空位失误”）。

1. 中线丢球的转换

在6V6情况下，对方在本队的防守半场拥有控球权，本方的防守队员和中场队员要发挥积极的作用，本方的进攻队员应在自己的中线后参与防守。前场的内线进攻一般采用三角形阵型：两名进攻队员在中线附近，一名进攻队员在三角形的顶点处（图13-3）。两名前场进攻队员不能跑到中线边缘，应该在离中线1米到1.5米的地方停下，这样他与对手对抗时，将不会超过图13-3所示的前场进攻队员定位的假想线；此时两名前场进攻队员要跟随球进行位置调整，当对方传球或球通过时，可以在中场挡住球。另外，中场休息前，前场进攻队员需要知道自己的职责，当球在另一端时，队友之间必须进行交流，确认谁去另一端、谁留在此地，谁去左边、谁去右边（图13-4）。如果球落在防守端，教练员决定换人上场，替换上场的队员要与两名进攻队员保持一致；如缺乏沟通或沟通不畅会阻碍球队发动快攻。当球滚到中线时，一名进攻队员会阻挡防守队员的球棍，让球穿过中线，另一名进攻队员则上去抢球（如果抢到球，可能形成2V1的机会），而第三名进攻队员则应向球门区移动，准备接球射门。在图13-4的示例中，当对方球队失去控球权，进攻队员2阻截对手的球棍，进攻队员3冲向飞出的球，进攻队员1冲向球门接球射门。

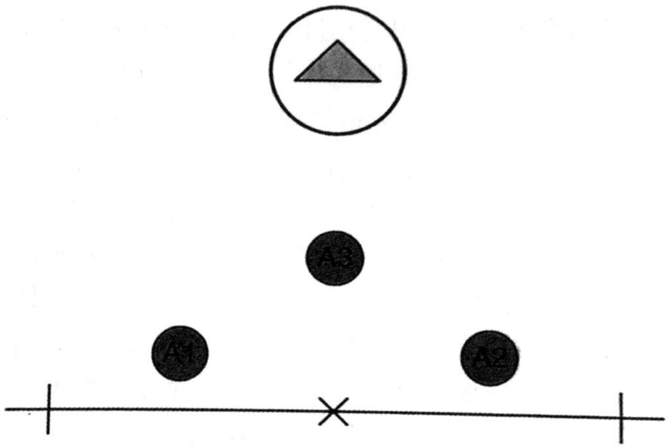

图13-3　中线丢球的进攻转换示例一

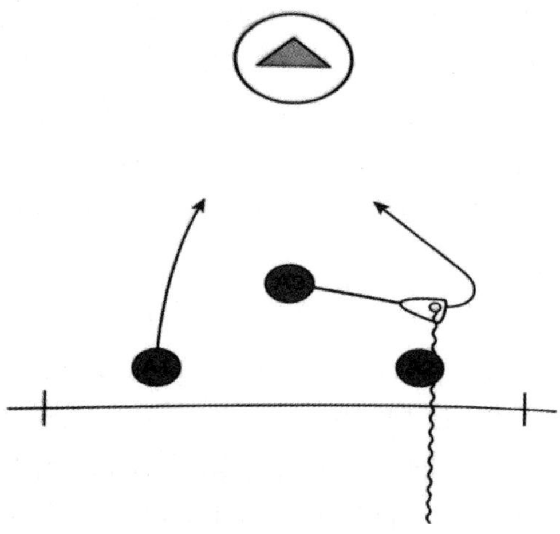

图13-4　中线丢球的进攻转换示例二

2. 守门员扑救的转换

当对方球员射门时，守门员要全力阻止进球。守门员对射向球门的球做出扑救并大喊“突破”，整个防守队伍就要执行突破模式，球员从球门向外扩散并远离球门（称为越界清除）。此时防守方的中场队员需要快速突破、切向前场，扩大前场范围并提供前场传球空间，由防守转换为进攻的中场队员想要处于轻松的接球位置，就必须快速冲刺并领先于对方的防守队员，把自己和对方的防守队员尽量分开，然后放慢速度，轻松接球攻击。需要注意的是：有些球队会利用贴身防守以减少对手接球的机会（图13-5）。

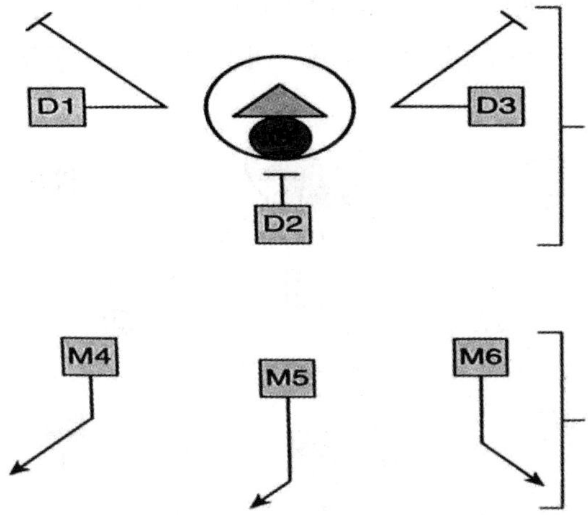

图13-5 守门员扑救球的转换示例一

当守门员控球时，两名后场防守队员应从球门后方弧形切出，为传球提供安全保护，其他队员中有一名防守队员保护折线区域（图13-6）。

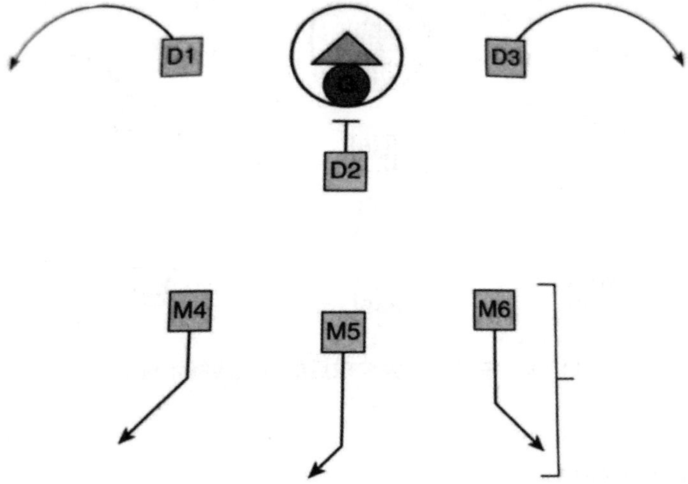

图13-6 守门员扑救球的转换示例二

当守门员在对方射门后一旦控球，可进行三个步骤。第一步，守门员应首先观察前场，此时本方队员不应该背对球跑向前场，而应该边侧身跑边转头看球，如不这样，如果这时本队失去控球权，将为对方创造一个6V5的有利局面。第二步，守门员在前场寻找队友并传球，守门员控球后应该尽量远离禁区一侧进行传球，这样可以减少对方换人的机会。第三步，为减少传球失误，守门员最好是将球传给就近的防守队员，如果不行，守门员可以自己带球向前，创造自己带球的转换进攻，从而避免传球失误。图13-7是守门员第一步、第二步处理球的示例，图13-8是守门员第三步的处理球的示例。

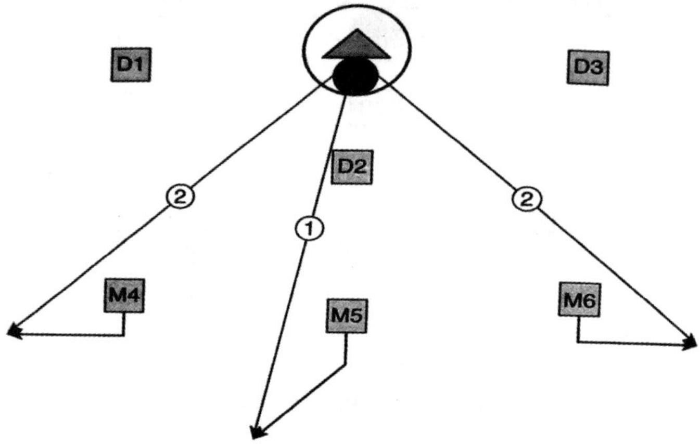

图13-7　守门员扑救控球后的进攻转换示例一

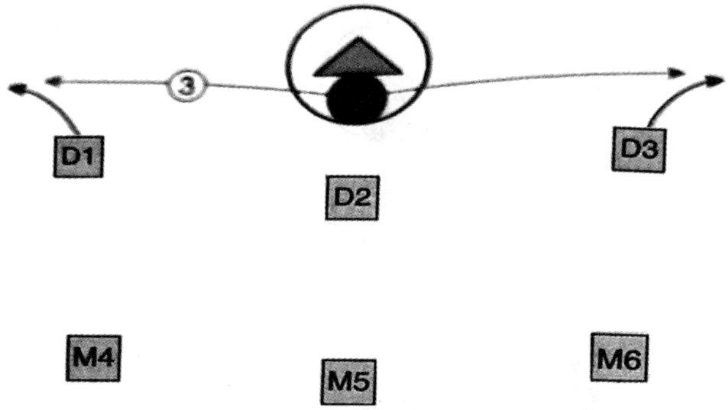

图13-8　守门员扑救控球后的进攻转换示例二

3. 空位失误的转换

对于任何一种空位失误，球员都会使用与守门员相同的方法对出界的球进行扑救。空位失误可能发生在进攻半场或防守半场，可能是因守门员扑出射门的球而使对方获得控球权。倘若由于进攻队员的冒险进攻或中场队员的低威胁射门导致本方球队失误，在这种情况下，对于失误的球队而言，此时的防守尤其脆弱。转换为进攻的球队首先找到并传球给本方的内线，内线队员接球后会在第一时间寻找快速射门的机会。通常情况是：球队在自己的防守半场造成空位失误，对方的前场防守队员或者中场队员会轻松接起球或者拦截失误的传球，向进攻半场带球或传球进攻。

三、进攻转换的策略

（一）2V1进攻转换的策略

球队获得控球权后，场上经常可能出现2V1的情况，这种人数的优势可以出现在球场上任何地方，而出现在对手球门附近尤为关键。从本质上讲，所有人数的优势中最简单的情况是两名进攻队员攻击一名防守队员，其中一人持球，另一人通过移动获得更好的接球进攻机会，这时两人要通过非语言或语言交流来协调配合，达到最大限度的默契。无球进攻队员一般会使用以下进攻指令来与同伴进行联系："提前""平传""再来一次"或"马上"。这些指令也适用于靠近对手球门的4V3快攻（"提前"或"平传"），或者是更接近球门的3V3或2V1快攻（"再来一次"或"马上给球"）。

当处于2V1的进攻情形时，持球者的进攻威胁更强。一个比较有效的进攻策略是：无球队友大喊："提前"（意思是"早传球"），带球队员把球早早传给队友，防守队员就会将注意力和精力转移到接球的队友身上，此时防守队员会上前防守持球队员，接球的队友再及时回传球进行攻击（图13-9）。

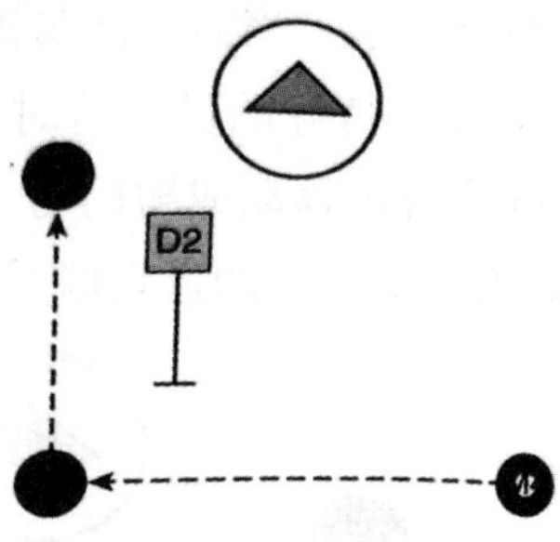

图13-9　2V1的进攻转换示例一

在2V1进攻优势的情况下，防守队员逼防持球队员，两名进攻队员相互传球，无球队友大喊："平传"（平行方向传球）。诱使防守队员贴近防守持球进攻队员（吸引防守队员靠近球），这时无球队友就有获得传球和射门得分的机会（图13-10）。

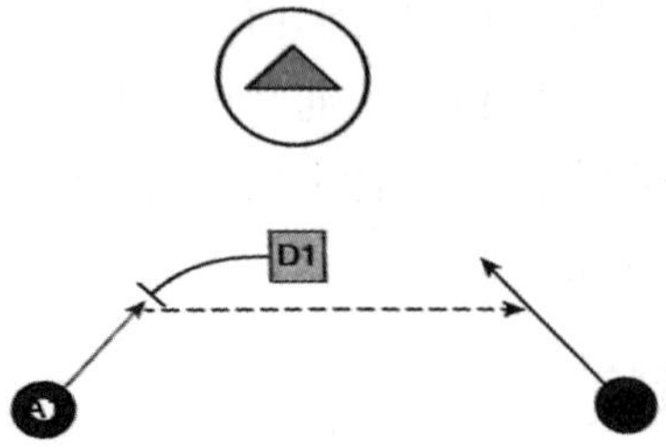

图13-10　2V1的进攻转换示例二

在进攻方处于2V1的情况下，如果持球队员有很好的得分机会，应随时准备射门进攻，倘若无球进攻队员位置也很好，可以大声喊："再来一个"。在这种情况下，持球者可以自由选择行动——射门或传球，若无球队友有更好的进攻射门机会，持球队员也可以选择再次传球给无球队员（图13-11）。

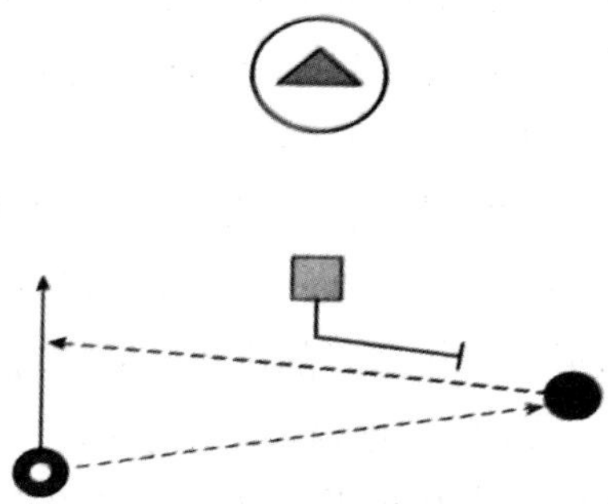

图13-11　2V1的进攻转换示例三

还有一种2V1进攻的打法是：当防守队员滑行并全力向持球者冲去进行防守时，一旦发现防守队员冲向持球队员，这时无球队友应大喊"马上传"，持球者如果没有很好机会进行持球移动或射门时，应该马上传球给同伴。一般来说，"马上传"的呼叫是场上最紧急的进攻联系（图13-12）。

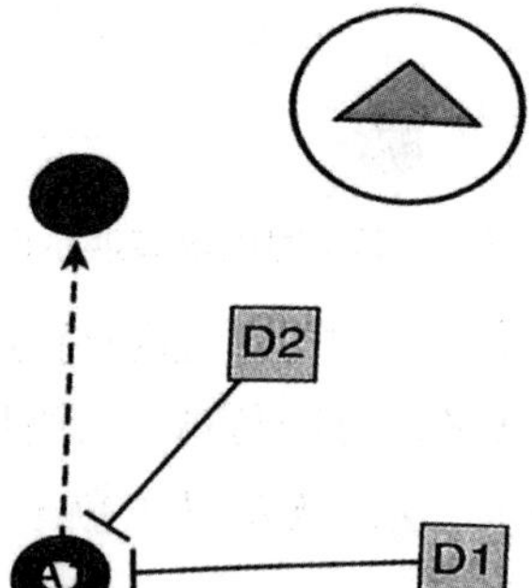

图13-12　2V1的进攻转换示例四

（二）内线进攻的转换

当进攻球队一旦在前场获得控球权时，进攻队员应从中线向前冲刺到最佳进攻位置或靠近球门的位置，并在出现快攻机会时尽快建立起快攻阵型。外线位置的进攻队员（例如进攻队员2，进攻队员3）应该冲刺到靠近球门延伸线较低的位置（图13-13），然后转向内线，头部转动——看球和调整自己在场上的位置，这时外线的进攻队员的眼睛不能离开球，否则，同伴会因为不能与他进行联系而错失一次绝佳的传球机会。当本队已获得控球权时，进攻队员在球门附近已经接近最佳进攻位置，这时他不应该再跑回到中线为队友策应，如果这样做，这名进攻队员和队友可能会被一名对手防住，形成“一防二”的局面（防守队员同时防守两名进攻球员）。

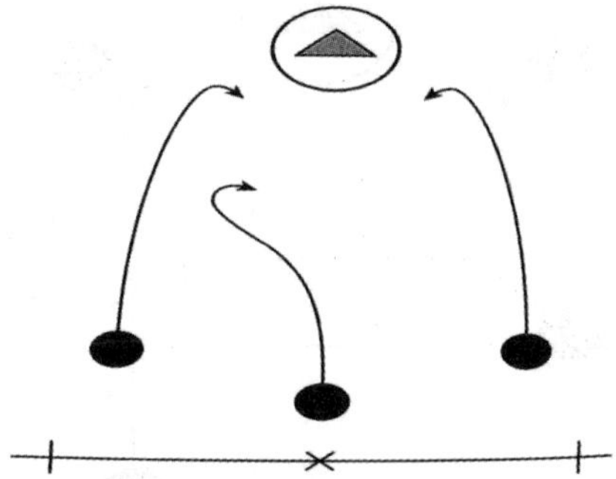

图13-13　内线进攻转换策略示例

1. 建立内线进攻的三角形攻击阵形

前场进攻队员围绕球门形成三角形阵型，持球队员将球传给三角阵型的另外两名队友进行进攻（图13-14）。下面介绍的是构成内线攻击组合的三名攻击者的正确阵形定位。例如：进攻队员1被防守队员1防守，进攻队员2被防守队员2防守，进攻队员3被防守队员3防守。

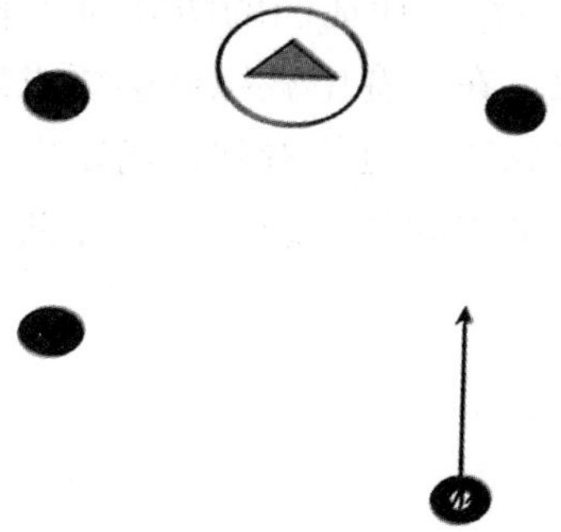

图13-14　内线进攻的三角攻击阵型

2. 点攻击的位置

如图13-15所示，进攻队员1（称为点进攻队员）起始位置在靠近限制线的附近，距离场地中心10米左右。进攻队员1调整位置在能看到球的地方接队友的传球，他一边观察球，一边判断防守队员2的意图，此时他应该保持向场内侧探肩，压低肩部，保证能看到三角形阵型里的情况并做好攻击准备。

进攻队员1的手臂要伸展并放松，以便更好地操控他的球棍，另一只手向后以保护球棍。特别需要注意的是：进攻队员1不应正对球，也不应该只盯着球，如果队员正对着球，容易造成视野狭窄致使他失去对周边情况的观察和预测。进攻队员1应保持与球门的距离，不要离球门太近，否则，当防守队员1滑动到带球的中场队员处，会缩短防守队员2滑动协防的距离（图13-15）。

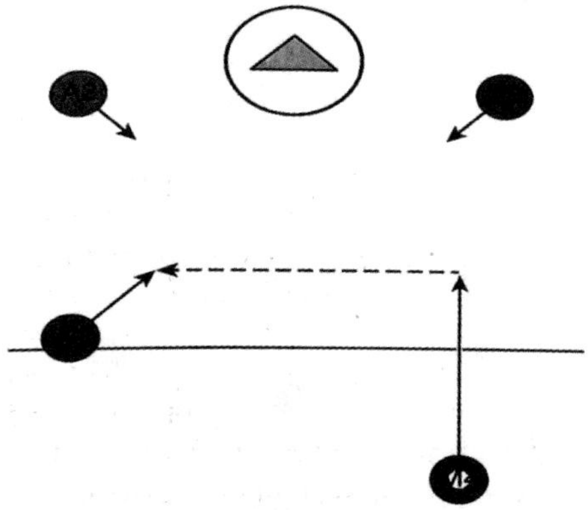

图13-15　点攻击站位示例

3. 低位攻击的位置

进攻队员2位于球门前方右侧位置，点攻击者（进攻队员1）和进攻队员2在同一条假想线上。进攻队员1面对进攻队员2，进攻队员3则位于靠球门前方的左侧位置，他们都必须预判未射中的球的方向，并随球追到终点线外。进攻队员2和进攻队员3不希望让他们的防守对手轻易判断出射门未中球的落点位置。对防守方来说，在比赛中教练员会要求防守队员要随时调整防守站位，这样他们才能既看到球，也能看到自己防守的进攻队员。否则，如果防守队员站在球和进攻队员之间的直线上，防守队员将无法观察到球并无法主动出击（图13-16）。

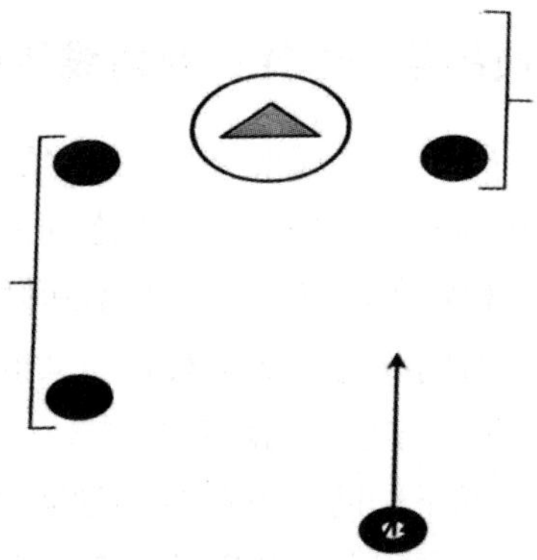

图 13-16　低位攻击的站位示例

第二节　攻击点进攻队员的进攻选择

一、攻击点进攻队员接球

进攻队员 1（攻击点队员）应该以 45 度角向球门方向移动，在平行于限制线的折痕区域的切线处接球（图 13-17）。如果防守队员 2 正在失去对进攻队员 1 的控制，进攻方就创造了极好的分球进攻和 3V2 突破进攻的机会，这种情况下的突破可能会让防守队员保持原来的防守位置。进攻队员 1 这时需要观察到进攻的空位和缺口，并瞬间察觉到传球的路线，虽然寻找空位主要是另一名无球进攻队员的责任，但如果进攻队员 1 不通过移动去接球而是仍然待在原地，就不可能作为移动的目标吸引防守队员 2，从而为队友创造空位的机会，实现很好的突破进攻。

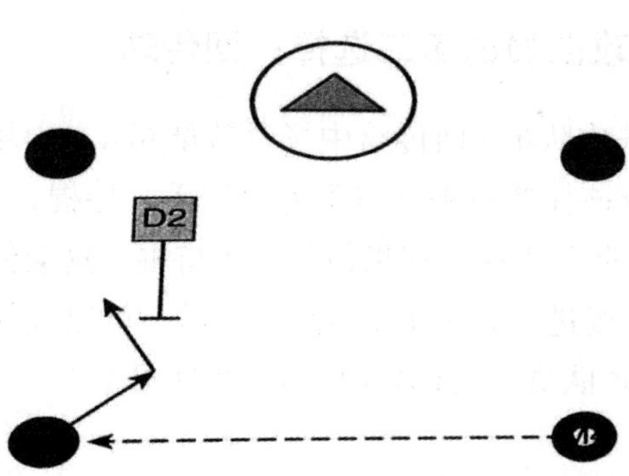

图 13-17　攻击点进攻队员移动吸引防守的进攻示例

二、攻击点进攻队员的第一选择：对角线传球

第一种方案是进攻队员1要先观察并考虑对角传球给进攻队员3（图13-18），为了兼顾防守进攻队员1到进攻队员3之间的传球路线，防守队员1必须在滑向中场进攻队员3时停止继续靠近，并不断做后退和前进的防守动作防住他的区域，这样的防守对内线防守队员有相当大的难度，为协助防守队员1防守所留下的空档区域，防守方会调动防守队员3穿越折痕区直到防守队员1回防到传球路线。大多数情况下，防守方都会调动防守队员3前去协防，但防守队员1必须要先明确并主动去配合，防守队员3在折痕区的位置主要取决于进攻队员1是传球给进攻队员2还是进攻队员3。如果防守队员3是在折痕区的右侧，进攻队员1可能会传球给进攻队员3；如果防守队员3是在折痕区的左侧，进攻队员1可能会传球给进攻队员2，此时进攻队员1如何选择，关键是观察防守队员3的移动，而不必过多考虑防守队员2的位置。

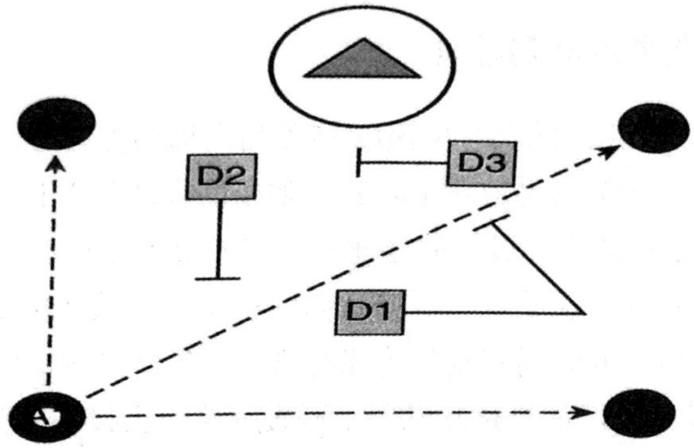

图13-18　攻击点进攻队员对角线传球示例

三、攻击点进攻队员的第二选择：回传球

第二种方案是进攻队员1回传给中场进攻队员4，中场进攻队员4去接齐胸高度的传球时，应该保持右手（右手为惯用手）持棍，并用身体保护球棍，防止位于身后的防守队员干扰，如果他用左手持棍，这会使他失去动作结构和对球棍的保护。当中场进攻队员4接到回传球后，可以选择传球给对角的进攻队员3，或者传给进攻队员2，或者回传给进攻队员1。

四、进攻队员3从攻击点接球

进攻队员3可以根据防守队员1位置的变化进入两个接球进攻点，进攻队员3首先要向球门下方移动（靠近球门区），如果防守队员1不能回防这条传球路线，进攻队员3就会靠近球门区，寻找机会获得同伴传球进行射门。如果防守队员1迅速回防传球路线，进攻队员3应立即向球门上方（远离球门附近）移动（除了不去他的对面移动），并突然弹出，在防守队员1的后方寻找同伴的传球进行射门（图13-19）。

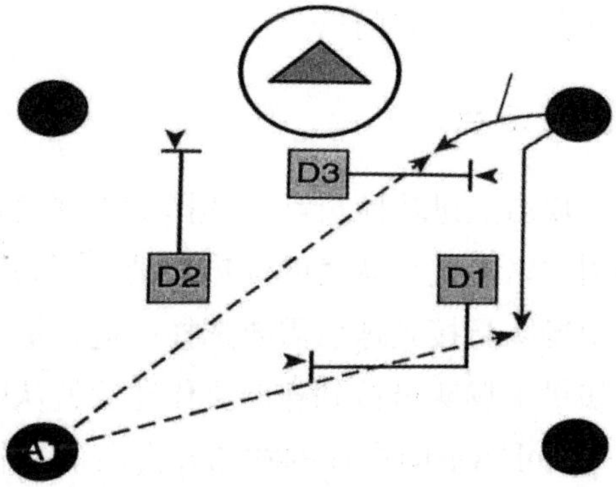

图13-19　进攻队员接球进攻位置示例

第三节　限制线间的进攻转换

一、限制线间的进攻转换概述

转换的限制线是从球门的沿线向外延伸20米，且平行于球场两端的（球门）线，这些线与边线组成了球队进攻区域和防守区域的边界。长曲棍球比赛中大部分转换动作都发生在两条限制线之间：自由滚动的球被捡起，传球被拦截，守门员扑出对手的球并将球传给前场的队友。如前所述，进攻转换是指球从防守端移动到进攻端。一方面，这可以是一个攻守平衡（没有突破）的情况，因为防守队员已经跟上了进攻球员，进攻方没有出现明显的人数优势；另一方面，进攻球队转换时可能占据进攻人数上的优势，球队如果一旦拥有这种人数优势，就可以采取多种进攻组合，比如6V5、5V4或4V3。

二、4V3突破快攻转换

在长曲棍球比赛中，经典的进攻转换是4V3突破快攻。当持球者在一次突破中将球带进进攻区域时，通常会有三个内线进攻队员靠近球门，经典的4V3快攻起点是传球者，这名传球队员一般是防守队员或中场队员，拥有控球权或在防守半场带球。我们可以假设传球者是一名中场队员，这名中场队员（或者是本方其他队员）试图安全将球带到前场攻击点并传球给靠近球门的进攻队员射门进攻。当然，传球者也可能是球队的其他任何队员，包括是一名接近本方球门区的防守队员，甚至是一名守门员。

三、持球者设置攻击点

在大多数情况下，攻击点进攻队员都会选择从右侧发动进攻。在空当上跑动的球员应该尽量利用攻击点进攻队员的优势力量。例如：守门员扑球成功并将球抛给中场队员，中场队员接到球后需要选择一边，最好是与进攻点队员优势力量相对的一侧；如果中场队员接到守门员传球后就从中场往下跑，攻击点进攻队员（进攻队员1）可能不明白他的意图并会向前沿相同的方向移动（图13-20）。因此，带球的中场队员需要尽早在球场选择好自己的位置，这样进攻队员才能读懂他的意图，并知道接球的方向（图13-21）。如果进攻点队员的右手是惯用手，而守门员正向进攻点队员的同侧移动，对中场持球队员来说就必须作出选择，中场持球队员要判断自己是否有足够的时间和空间将自己的防守对手甩在身后，如果不能甩掉对手的话，中场队员需要沿边线向前，这样会迫使同队的攻击点进攻队员用非惯用手（左手）进攻；如果中场持球队员有足够的时间和空间，他应该带球向斜前方移动，建立攻击阵型，以加强进攻区域的攻击力量（图13-22）；如果中场带球队员因防守堵截被迫下到左侧边路，导致攻击点进攻队员无法使用惯用手进攻，则攻击点进攻队员则需要移动到左手（左手为惯用手）球员的攻击点位置（图13-23）。

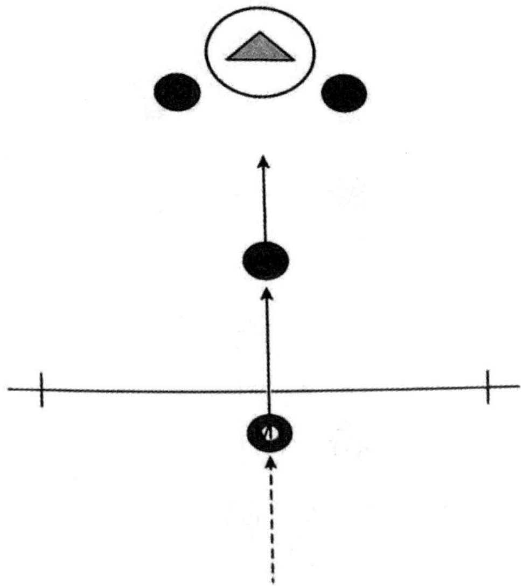

图 13-20　持球队员避免直接从场地中间设置攻击

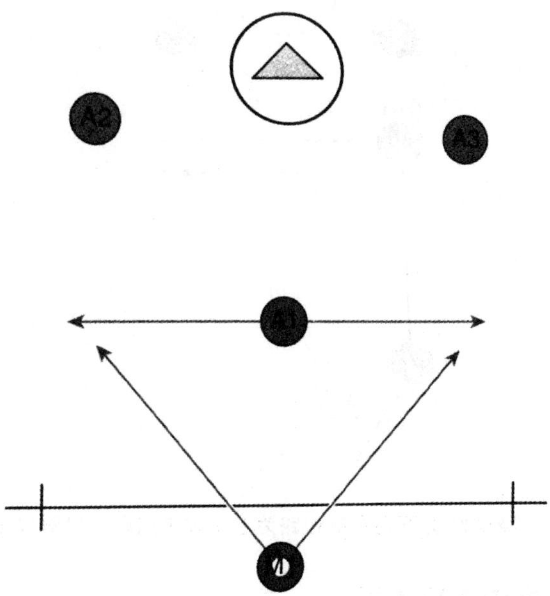

图 13-21　持球者选择场地一侧，进攻点队友据此做出反应

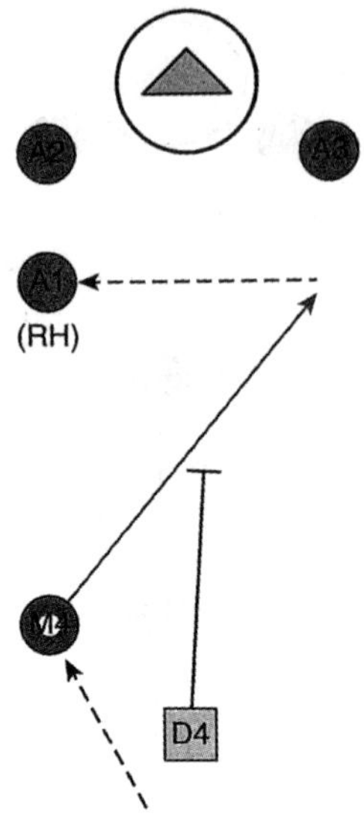

图 13-22　持球队员穿过场地为右手攻击点队员设置攻击示例

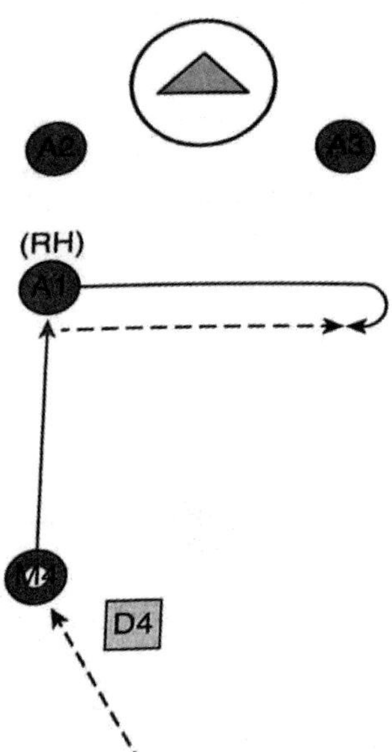

图 13-23　持球队员下到左侧边路为左手攻击点队员设置攻击示例

四、持球队员进入攻击区

一旦中场队员带球进到进攻半场，内线进攻队员就应该进入球门附近形成三角形攻击阵型。如果这名中场队员并没有直接从中场跑进内线攻击区，而选择移动到靠近球门禁区一边的位置，这样他还可以回传，这种选位特别是在防守站位（不移动）的情况下非常有用。持球的中场队员应该在移动过程中进行观察，且不应放慢移动速度，倘若持球的中场队员在冲刺时放慢速度，观察并寻找空位的队友，他们就容易被防守队员挡住并失去传球机会。另外，中场队员传球时应做到："要快，但不要匆忙"，他必须集中精神准确传球；当中场持球队员4到达进攻半场时，如果防守队员1不能及时滑到他身前防守，此时最好的方案是他应该继续冲向球门并准备射门（图13-24）。否则，当防守队员1及时滑到中场持球队员4面前进行防守时，他就只有两个选择：传球给进攻队员1（第一点）或传球给进攻队员2（第二点）射门进攻（图13-25）。

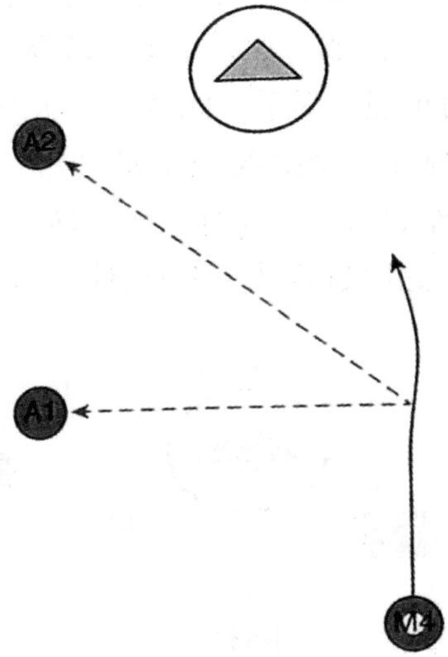

图13-24 持球队员带球进入攻击区自己射门示例

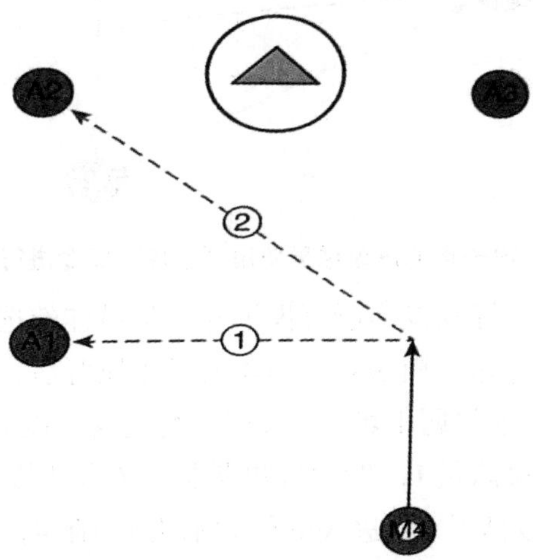

图13-25 持球队员进入攻击区传球给队友射门示例

五、中场进攻转换的策略

（一）中场进攻队员第一选择：传球给攻击点的进攻队员1

攻击点进攻队员可以做出两个呼叫来帮助中场队员选择最好的战术配合。为了做出正确的判断，攻击点进攻队员必须了解球队队员的个人特点，在这种情况下，攻击点进攻队员可以呼叫“早传”或“平传”。如果攻击点进攻队员没有进行联系或呼叫，则就是默认“平传”的意思。如前所述，“早传”的意思是持球者应该提前把球传给队友，然后再接队友快速回传球，“早传”的口令是为了安排中场队员射门。例如，如果中场进攻队员4带球进入进攻区域，且这名球员是一名攻击能力很强的射手，此时进攻队员1会进行“早传”的呼叫指令（图13-26），进攻队员1会摇晃或抽动球杆，寓意是“现在把球给我”，当中场队员4把球传给进攻队员1时，防守队员1防住持球的进攻队员1，而没有滑向中场队员4，这时进攻队员1和中场队员4互换角色：中场队员4就成了攻击点的进攻队员。

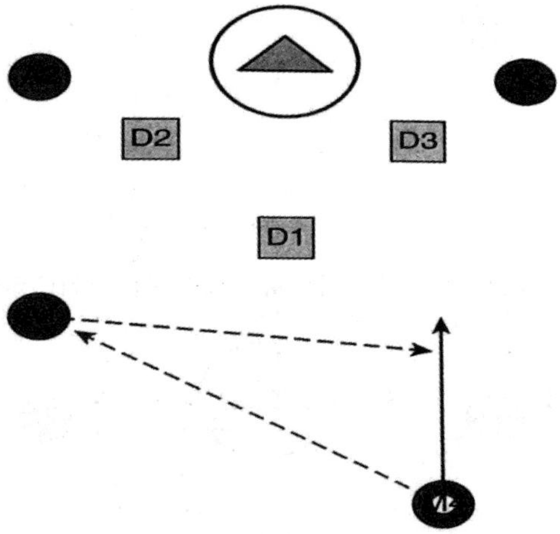

图13-26　攻击点的进攻球员使用“早传”口令进行配合示例

但在某些情况下，提前发出语言提示并不是最佳的选择。例如：场地中间持长棍的进攻球员4持球，而防守队员4正好在他背后，进攻队员1此时不应该叫“早传”，不应提前暴露中场队员4传球给进攻队员1的意图。如果中场进攻队员4将球传给进攻队员1，然后进攻队员1又将球传回给中场进攻队员4，防守队员4对中场进攻队员4或进攻队员1射门进行阻挡，当中场进攻队员4继续向球门区移动，试图将防守队员4甩在背后，防守队员1可能会考虑上前补防，如果他仍停留在原位（图 13-27），这可能是防守队员 1 认为防守队员 4 会阻挡中场进攻队员 4，或者是防守队员 1 假装补防，骗中场进攻队员 4 传球给进攻队员 1，如果是这样的话，反而为中场进攻队员 4 继续进攻提供了机会。

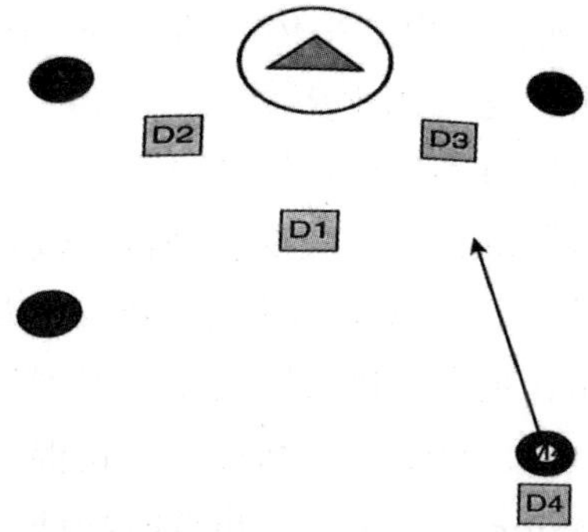

图 13-27 中场持球队员吸引防守并保持攻击示例

应该注意，在“早传”的情况下，进攻队员必须要发出指令明确传达他的意图，不要主观地认为队友能够猜出自己的意图。此外，发出指令的时机也很重要，进攻队员不能太迟发出指令，也就是说，当中场队员来不及采取行动时，在“早传”的指令发出时不一定会付诸执行。例如：假设中场进攻队员 4 带球处于无防守压力的放松状态，进攻队员 1 大喊“早传”的指令，这时中场进攻队员正越过中线，此时中场进攻队员距离进攻队员 1 有 25 到 30 米远的距离，这个“早传”的指令意味着中场进攻队员也不用立即把球传给进攻队员 1，只是意味着进攻处于“早传”配合状态。中场进攻队员 4 可以跑到前场准备传球给进攻队员 1，这取决于持球者（在这种情况下应该是中场队员）做出的正确决定，而持球的队员要对下一步行动负责。在长曲棍球比赛中，鼓励所有进攻队员都去接球，但是否能获得持球队员的传球，这取决于持球者对队友空位做的判断和决定。当然，在实际的比赛中，部分球员有时没有空位也经常要球。

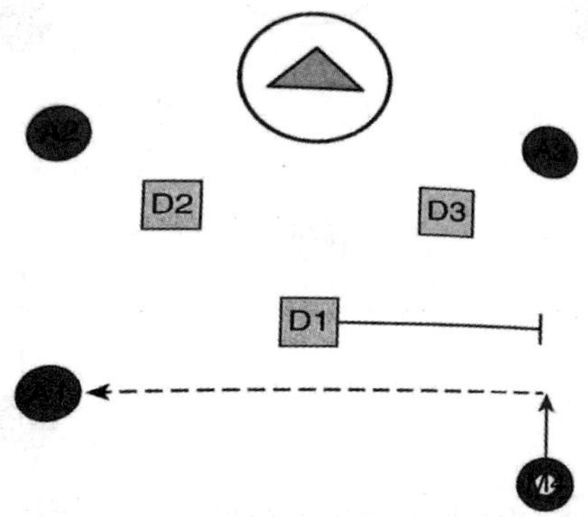

图 13-28 中场队员与队友提前呼应配合示例

如前所述，一名防守队员在两名进攻队员之间进行滑动防守，进攻方可能要使用“平传”的呼叫，呼叫的目的是迫使防守队员选择其中一名进攻队员进行防守——通常是持球队员。例如，如果中场进攻队员4后方有一名防守队员4离他很近，进攻队员1就会发出“平传”的指令（图13-28），而这个决定权都掌握在进攻队员1手中，他会用手势示意“平传”。如果是长棍中场进攻队员带球继续向前移动，进攻方不希望使用“早传”指令把球传回给长棍中场进攻队员，这种呼叫“平传”的行动一般都会进行。倘若长棍中场进攻队员过早传出球，长棍中场进攻队员就会落位到攻击点进攻队员的位置，防守队员1会停下来防守他，而这不是长棍中场进攻队员想要得到的结果。

这里也有一个例外：如果球队有一名优秀的长棍中场进攻队员，名中场队员可能会在攻击点进攻队员发出“平传”指令时把球分给攻击点进攻队员，然后接回传球在球门区射门。例如，如果中场进攻队员4选择在“平传”的情况下传球给进攻队员1（图13-29），中场进攻队员4首先要吸引点进攻队员1的防守队员1注意并使他靠近自己进攻防守，但不能让防守队员1攻击到自己的球棍下部。中场进攻队员4需要调动防守队员1向自己跑一、两步，并侧身面向点进攻队员1，但要防止防守队员1兼顾防守进攻队员1和他自己。一旦防守队员1被调动到位，中场进攻队员4就可转身观察进攻队员1的球棍，与此同时进攻队员1需要给中场进攻队员4一个明确的接球点，当传球时机一到，中场进攻队员4立刻转身瞄准，把球传给进攻队员1。如果中场进攻队员4没有成功骗过防守队员1并传球给同伴，他应该用右手持棍自己运球，慢慢回位重新传球。

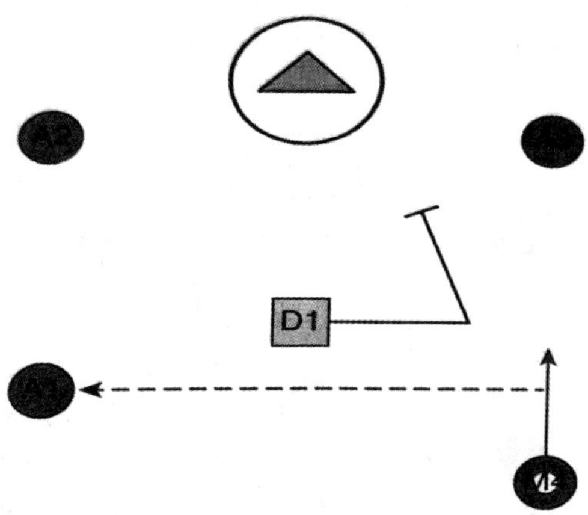

图13-29　中场队员使用“平传”口令进行配合示例

（二）中场进攻队员的第二选择：传球给进攻球员 2

中场队员可以有第二个选择：传球给进攻球员 2（图 13-30）。中场进攻队员 4 首先要确认防守队员 2 如何滑向进攻球员 1，且防守队员 2 必然会滑向进攻队员 1，进攻队员 4 的目光应该注视防守队员 2 和进攻队员 2，观察防守队员 2 是否假装滑向进攻队员 2，而实际上是滑向进攻球员 1。此时防守队员 2 看到中场进攻队员 4 在注视自己，因担心进攻队员 2 会向球门方向移动造成威胁，他可能还是坚持滑向进攻队员 2。如果这样，将为攻击点进攻队员 1 赢得更多时间。当然，如果防守队员 2 被彻底骗到，而放弃防守进攻队员 2，中场进攻队员 4 就可以替代进攻队员 1 的位置，向球门区移动并传球给进攻队员 2。但要注意：如果防守队员 2 判断正确未被骗到，就会回防进攻队员 2，对中场进攻队员 4 的传球进行拦截开抢断。因此，中场进攻队员 4 选择向进攻队员 2 进行的跳跃式传球是一种孤注一掷的传球，意味着要么成功，要么失败，这有点类似于棒球运动的本垒打或三振出局。

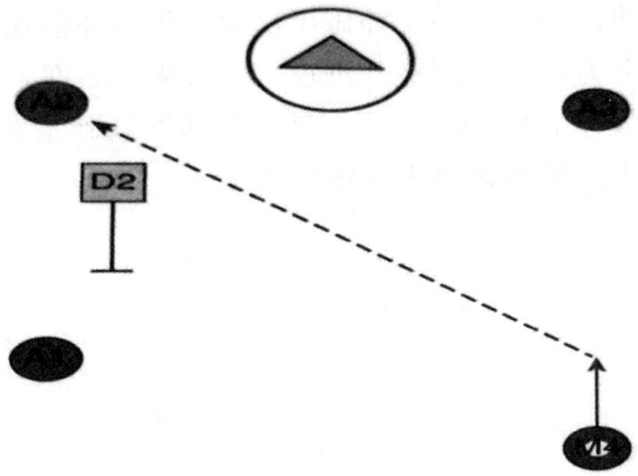

图 13-30　中场队员跳跃式传球进攻示例

在比赛转换中，进攻方还可以使用虚晃一枪的手段。例如：当中场进攻队员 4 持球向前场推进时，他可能会看一看进攻队员 1，让防守队员 2 感觉他要给进攻队员 1 一个随意的传球，当防守队员 2 过早暴露他的意图并滑向进攻队员 1 时，中场进攻队员 4 突然侧身拉开并传球给进攻队员 2。这个例子中，中场进攻队员 4 通过对进攻队员 1 的观察吸引了防守队员 2 的注意，他看起来要随意的传球，使防守队员 2 认为可以拦截或抢断并滑向进攻队员 1，实际上防守队员 2 被吸引到进攻队员 2 的后面并远离球门区的位置，已失去了对进攻队员 2 的有效控制（图 13-31）。

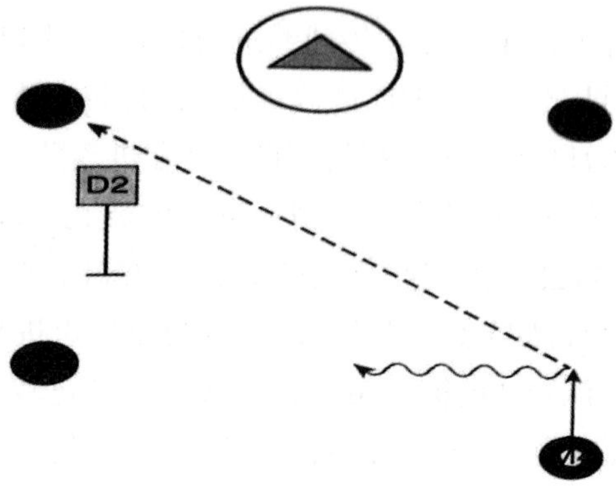

图 13-31　中场队员虚晃传球进攻示例

本章描述了利用各种方法进行进攻转换的使用原则。进攻转换是长曲棍球进攻的关键组成部分。进攻转换包括失误、控球和球移动。失误在转换中占了很大部分，常见的失误有中场丢球，守门员扑救失误，空位丢球。当以上情况发生时，内线进攻队员必须立即做出反应，进入他们在球门周围的三角位置，便于他们准备好利用转换展开进攻。一般来说，在长曲棍球比赛中，大多数转换机会都发生在限制线之间，进攻转换的基础是发生转换时进行2V1进攻，而经典的进攻转换是4V3的突破快攻。

参考文献

[1] MITCHELL S A, OSLIN J L, GRIFFIN L L. Teaching Sport Concepts and Skills: A Tactical Games Approach[M]. Champaign: Human Kinetics, 2013.

[2] ROTER A B. The Dark Side of the Workplace: Managing Incivility[M]. London; New York: Routledge, 2018.

[3] GLICK I D, STULL T , KAMIS D. The ISSP Manual of Sports Psychiatry [M]. London; New York: Routledge, 2018.

[4] AN X. Teaching Level Evaluation Approach Based on AHP for Yoga Training in Colleges [C].2016 International Conference on Smart City and Systems Engineering (ICSCSE), 2017.

[5] BLANCHARD J. Institutional Failures: Duke Lacrosse, Universities, the News Media, and the Legal System [M]. Baltimore: Johns Hopkins University Press, 2013.

[6] WARNER K, SAVAGE J, KUENZE C M, et al. A Comparison of High School Boys' and Girls' Lacrosse Injuries: Academic Years 2008 – 2009 Through 2015-2016[J]. Journal of athletic training, 2018, 53(11).

[7] JACK K, RICHARD D. Lacrosse Essentials[M]. Champaign: Human Kinetics, 2015.

[8] PISTILLI E E, GINTHER G, LARSEN J. Sport-Specific Strength-Training Exercises for the Sport of Lacrosse[J]. Strength & Conditioning Journal, 2008, 30(4): 31-38.

[9] RANDOLPH A M. Analysis of the Effectiveness of a Preseason Strength and Conditioning Program for Collegiate Men's and Women's Lacrosse. [D]. Lindenwood University, 2012.

[10] PATERSON. Teaching sport concepts and skills: A tactical approach for ages 7-18 [M]. Champaign: Human Kinetics, 2013.

[11] GUTOWSKI A E, ROSENE J M. Preseason Performance Testing Battery for Men's Lacrosse[J]. Strength and conditioning journal,2011,33(2): 16-22.

[12] ZIMMERMAN D, ENGLAND P. Men's Lacrosse[M]. Champaign: Human Kinetics, 2013.

[13] VINCENT H K, CHEN C, ZDZIARSKI L A, et al. Shooting motion in high school, collegiate, and professional men's lacrosse players[J]. Sports Biomechanics, 2015, 14(4): 448-458.

[14] CASWELL S V, DEIVERT R G. Lacrosse Helmet Designs and the Effects of Impact Forces[J]. Journal of Athletic Training, 2002, 37(2): 164-171.

[15] DOWNEY A. The Creator's Game: Lacrosse, Identity and Indigenous Nationhood[M]. Vancouver: UBC Press, 2018.

[16] COOMBS D S, BATCHELOR B. American history through American sports: from colonial lacrosse to extreme sports [M]. Santa Barbara: ABC-CLIO, 2018.

[17] 马全军.网棒球(长曲棍球)[M]. 北京:北京体育大学出版社,2007.

[18] CARTER E A, WESTERMAN B J, LINCOLN A E, et al. Common game injury scenarios in men's and women's lacrosse[J]. International Journal of Injury Control & Safety Promotion, 2010, 17(2): 111-118.

[19] PUTUKIAN M, LINCOLN A E, CRISCO J J. Sports-Specific Issues in Men's and Women's Lacrosse[J]. Current Sports Medicine Reports, 2014, 10(Volume 13): 334-340.

[20] BAECHLE T R, EARLE R W. Essentials of Strength Training and Conditioning / National Strength and Conditioning Association[M]. Champaign: Human Kinetics, 2008.